高等职业教育高素质技术技能型人才培养
"双高计划"国家级示范专业物流管理类精品教材

编委会

总主编
许建领　深圳职业技术大学

副总主编（以姓氏拼音为序）
姜　洪　深圳职业技术大学
聂　华　浙江经济职业技术学院
王桂花　南京工业职业技术大学
张　龙　昆明工业职业技术学院
张润卓　辽宁经济职业技术学院

编　委（以姓氏拼音为序）

冯进展	江西外语外贸职业学院	彭　敏	南宁职业技术大学
葛启文	武汉城市职业学院	邱春龙	漳州职业技术学院
郭秀颖	广东机电职业技术学院	邱浩然	青岛职业技术学院
何波波	吉安职业技术学院	涂建军	广东交通职业技术学院
黄红如	惠州城市职业学院	万义国	江西交通职业技术学院
黄焕宗	黎明职业大学	王超维	陕西能源职业技术学院
贾广敏	广州工程技术职业学院	吴春涛	湖北三峡职业技术学院
黎　聪	广西物流职业技术学院	吴庆念	浙江经济职业技术学院
李道胜	宁夏工商职业技术学院	吴砚峰	广西职业技术学院
李　锋	岳阳职业技术学院	杨　晋	武汉交通职业学院
李陶然	河南工业职业技术学院	袁德臻	贵州职业技术学院
刘　琳	河北交通职业技术学院	袁世军	湖南现代物流职业技术学院
刘　明	济南职业学院	周昌红	嘉兴职业技术学院
孟军齐	深圳职业技术大学	周　芳	江门职业技术学院
明振东	杭州自动化技术研究院	周　蓉	武汉职业技术大学

◆ 新形态一体化教材 ◆

高等职业教育高素质技术技能型人才培养
"双高计划"国家级示范专业物流管理类精品教材

总主编　许建领

物流企业模拟经营

Simulated Management of Logistics Enterprise

主　编	郭秀颖	广东机电职业技术学院
	宋　玲	广东机电职业技术学院
	王超维	陕西能源职业技术学院
副主编	周　芳	江门职业技术学院
	张炜文	广东机电职业技术学院
	周小锋	深圳市中诺思科技股份有限公司广州分公司
	彭　鑫	宝供物流企业集团物流信息技术管理发展中心
	廖　鸣	广州集制供应链科技有限公司

华中科技大学出版社
http://press.hust.edu.cn
中国·武汉

图书在版编目(CIP)数据

物流企业模拟经营 / 郭秀颖，宋玲，王超维主编. -- 武汉：华中科技大学出版社，2024.11.
(高等职业教育高素质技术技能型人才培养"双高计划"国家级示范专业物流管理类精品教材).
ISBN 978-7-5772-1346-0

Ⅰ.F253.9

中国国家版本馆CIP数据核字第2024PG9282号

物流企业模拟经营

Wuliu Qiye Moni Jingying

郭秀颖　宋　玲　王超维　主编

策划编辑：周晓方　宋　焱　庹北麟
责任编辑：黄　军
封面设计：原色设计
责任校对：张汇娟
责任监印：周治超

出版发行：华中科技大学出版社（中国·武汉）　　电话：(027) 81321913
　　　　　武汉市东湖新技术开发区华工科技园　　邮编：430223
录　　排：华中科技大学出版社美编室
印　　刷：湖北新华印务有限公司
开　　本：787mm×1092mm　1/16
印　　张：19　插页：2
字　　数：453千字
版　　次：2024年11月第1版第1次印刷
定　　价：59.90元

本书若有印装质量问题，请向出版社营销中心调换
全国免费服务热线：400-6679-118　　竭诚为您服务
版权所有　侵权必究

内容简介

本书依据党的二十大"加快发展数字经济""推动绿色发展，促进人与自然和谐共生"的理念，贯彻落实党的二十届三中全会提出的"降低全社会物流成本"的改革任务，由具有丰富物流企业管理经验的校企双元团队合作开发，从物流企业经营管理的核心岗位技能出发，以项目为引领，以任务为驱动，以问题为导向，全面系统地阐述了物流企业经营的基本知识、通识能力和核心技能。全书共分6类项目、19项工作任务，主要包括物流企业的创建、商务管理、运作管理、人力资源管理、成本管理与绩效评价、质量管理与安全管理等物流企业经营管理的核心环节。

本书以项目任务作为内容串联主线，通过行动锦囊、学习加油站、知识拓展、直通职场、素养课堂、赛场竞技、项目实战、同步训练等元素设计，实现"岗课赛证"的深度融通。另外，本书还充分运用数字技术，增加了大量的微视频数字化教学资源，努力做到图文并茂、动静结合，进一步提升学习者的阅读体验感和参与度，切实提高其物流企业经营管理能力。

本书可作为应用型本科和高等职业院校供应链管理、现代物流管理、工商企业管理等相关专业的教材，也可以作为物流企业从业人员的参考工具书和培训机构的培训用书。

网络增值服务

使用说明

欢迎使用华中科技大学出版社人文社科分社资源网

1 教师使用流程

（1）登录网址：https://bookcenter.hustp.com/index.html（注册时请选择教师身份）

注册 > 登录 > 完善个人信息 > 等待审核

（2）审核通过后，您可以在网站使用以下功能：

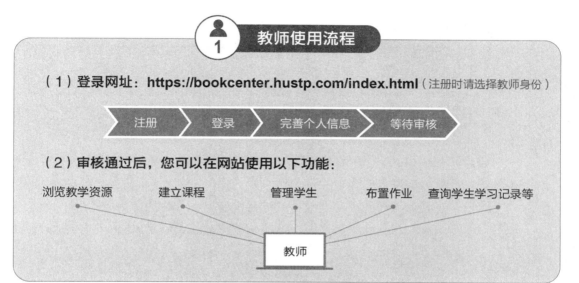

2 学生使用流程

（建议学生在PC端完成注册、登录、完善个人信息的操作）

（1）PC 端操作步骤

① 登录网址：https://bookcenter.hustp.com/index.html（注册时请选择学生身份）

② 查看课程资源：（如有学习码，请在"个人中心 — 学习码验证"中先验证，再进行操作）

（2）手机端扫码操作步骤

获取本书数字资源，可联系编辑：15827068411；tuobeilin@hustp.com

总　序

物流业是国民经济和社会发展的先导性、基础性、战略性产业，加快发展现代物流业对于促进产业结构调整和提高企业市场竞争力都具有非常重要的作用。党的二十大报告指出，要"加快发展物联网，建设高效顺畅的流通体系，降低物流成本"。现代物流业已经从经济辅助产业转变成了具有战略意义的基础产业，对保障产业链供应链稳定、增强国民经济韧性、促进产业优化升级具有重要意义。2020年9月，习近平总书记在中央财经委员会第八次会议上强调，流通体系在国民经济中发挥着基础性作用，构建新发展格局，必须把建设现代流通体系作为一项重要战略任务来抓。要贯彻新发展理念，推动高质量发展，深化供给侧结构性改革，充分发挥市场在资源配置中的决定性作用，更好发挥政府作用，统筹推进现代流通体系硬件和软件建设，发展流通新技术新业态新模式，完善流通领域制度规范和标准，培育和壮大具有国际竞争力的现代物流企业，为构建以国内大循环为主体、国内国际双循环相互促进的新发展格局提供有力支撑。

2022年，国务院办公厅发布了我国现代物流领域第一份国家级五年规划《"十四五"现代物流发展规划》，对构建现代物流体系的基础、挑战、目标和要求等做出了全面、系统的阐释，提出到2025年，基本建成供需适配、内外联通、安全高效、智慧绿色的现代物流体系；到2035年，现代物流体系更加完善，具有国际竞争力的一流物流企业成长壮大，通达全球的物流服务网络更加健全，对区域协调发展和实体经济高质量发展的支撑引领更加有力，为基本实现社会主义现代化提供坚实保障。《"十四五"现代物流发展规划》描绘了我国现代物流高质量发展的"新蓝图"。为落实习近平总书记关于物流发展的系列指示，将我国现代物流高质量发展"新蓝图"变为现实，需要加强物流业供给侧结构性改革，并统筹解决我国产业结构失衡、资源分布不均衡的问题，其关键在于要培养和输送大量的高素质物流技能人才。各高校亟须加强物流学科专业建设，提升专业设置的针对性，培育复合型高端物流人才，助力现代化物流业的持续发展。

高等职业（高职）教育是培养大国工匠的重要途径，是高素质物流技能人才的第一来源。近年来，我国高等职业教育取得了长足的发展：《中华人民共和国职业教育法》的颁布在法理意义上明确了我国职业教育是与普通教育具有同等重要地位的教育类型，《国家职业教育改革实施方案》的出台为职业教育的创新发展搭建了全面的工作框架，《职业教育提质培优行动计划（2020—2023年）》等则进一步落实了职业教育高质量发展要求。在这样的大背景下，我国物流职业教育同样取得了巨大发展，具体表现在专业目录和教学标准实现了大升级，职业技能大赛和职业技能证书渗透率大幅提升，一大批一流课程和规划教材涌现出来，实训条件得到很大改善等诸多方面。高等职业教育必须始终面向现代物流发展实际，有效推进产教融合、校企合作，更好反映物流产业的成功经验和现实需求，更好发挥职业教育在人才培养和技术攻关方面的优势，让教学内容和实训内容更真实、更务实、更扎实，使学生掌握合格的物流职业技能和素质，具有卓越发展的潜力。

在职业院校专业人才培养体系中，教材建设是极其重要的基础工程。本套教材由华中科技大学出版社和深圳职业技术大学联合策划。为了凝聚物流职业教育已经取得的有益经验，进一步丰富优质教学产品供给，更好满足学生成长成才的需求，我们在全国范围内集合了一批物流专业优质院校的资深教师来编写这套全新的高等职业教育物流类专业教材，期待以教材这一载体来展示优秀的教学改革成果，推进教学形式的创新和教师能力的提升，为培养卓越的物流技能人才提供有力支撑。

本套教材坚持以学生为中心，力求让高等职业教育满足学生成长成才的需求和对未来美好生活的向往，将学生成长成才需求与经济社会发展需求结合起来，使他们能够在未来的职业生涯中发现自己的优势和价值，同时体现我国现代物流发展的经验和成果。与物流新技术新模式新业态快速涌现形成鲜明对比的是，物流教材建设的进度相对滞后，对物流新趋势的反映不够全面和成熟，本套教材力争具有探索性和先导性，为现代物流业人才培养提供高质量教学素材，在业界发挥引领作用。

基于此，本套教材的主要特点如下：

（1）以课程思政为引领。本套教材以习近平新时代中国特色社会主义思想为指导，坚持落实立德树人根本任务，围绕现代物流高素质技能人才培养要求，将教学目标分解为素养、知识、能力三维目标，精选教学案例和材料，突出家国情怀、诚信服务、工匠精神、国际视野，努力培养更多让党放心、爱国奉献、能担当民族复兴重任的时代新人。

(2) 以专业教学标准为指导。标准化建设是统领职业教育发展的突破口，教学标准和毕业学生质量标准是标准化建设的两个重要关口。2022 年，国家对职业教育物流类专业目录做出了重大调整，一些新的专业被引入进来，还有一些专业通过更名和调整归属被赋予了新的内涵，以更好反映现代物流对未来技能人才的需求。以新专业目录为基础的专业教学标准为具体开展物流职业教育教学提供了基本指南。

(3) 科学构建知识技能体系。产教融合、校企合作是职业教育高质量发展的基本路径。本套教材在组建编写团队时注重"校企行"三方力量的协同参与，将行业的标准、企业的需求和学校的教学有机结合，系统梳理每门课程的知识技能树，合理取舍，突出重点和难点，注重知识技能培养的循序渐进。

(4) 突出智慧物流特征。随着贸易规模的扩张和智能技术的加速迭代，物流业和供应链管理进入"智慧时代"。一方面，与低空经济、无人驾驶等结合起来的物流新技术新模式新业态持续涌现；另一方面，传统物流模式也在推进内涵升级、结构优化。本套教材在书目的设置和材料的选择方面都充分体现了智慧物流的特征。

(5) 突出基础性和前瞻性，与职教本科教学体系适度衔接。高职教育是培养大国工匠的重要途径，职教本科有助于完善职业教育学历认证体系。本套教材从整个职业教育体系的高度出发，以高职教育人才培养为基础，致力于加强高职教育与职教本科课程体系的衔接，尤其是为未来职教本科物流专业教材的编写打下基础，贯通职业教育人才培养"立交桥"，为学生发展创造"立体通道"。

(6) 打造丰富实用的数字资源库。教材是教学的基础材料，但教学也离不开其他辅助教学材料。本套教材配备电子教案、拓展案例、练习与解析等基础数字材料，同时积极开发微课视频、动画视频、仿真视频等音视频资源，部分教材还有知识图谱等互动资源，可以最大程度方便教师教学。在教材后续使用过程中，我们还将及时更新"岗课赛证"一体化的培训资料，为学生学习提供全周期辅助。

本套教材分为基础课、核心课和拓展课三个模块。基础课包含智慧物流与供应链基础、供应链数字化运营、数字化物流商业运营、物流法律法规、智慧物流信息技术、物流专业英语等。核心课包含智慧仓配实务、国际货运代理、物流运输技术与实务、物流项目运营、采购与供应链管理、区块链与供应链金融、物流成本与绩效管理、智慧集装箱港口运营、供应链管理实务、冷链物流管理实务、物流系统规划与设计、智能物流装备运维管理等。拓展课包含物流企业模拟经营、物流安全管理实务、物流企业数字化管理、跨境电商物流、进出境通关实务、企业经营创新、电子商务实务、物流机器人流程自动化、物流包装等。同时，丛书编委会将依据我国物流业发展变化趋势及其对普通高等学校、高职高专院校物流专业人才培养的新要求及时更新教材书目，不断丰富和完善教学内容。

微光成炬，我们期待以编写这套高等职业教育物流类专业教材为契机，将物流职业教育的优秀经验汇聚起来，加强物流职业教育共同体的建设，为师生之间、校企之间的沟通和对话提供一个公益平台。我们也诚挚地期待有更多优秀的校园教师、企业导师加入。应该指出的是，编撰一套高质量的教材是一项十分艰巨的任务。尽管编者们认真尽责，但由于理论水平和实践能力有限，本套教材中难免存在一些疏漏与不足之处，真诚希望广大读者批评指正，以期在教材修订再版时补充和完善。

全国物流职业教育教学指导委员会副主任委员
深圳职业技术大学党委副书记、校长
2024 年 3 月于深圳

前言

本书依据党的二十大"加快发展数字经济""推动绿色发展,促进人与自然和谐共生"的理念,贯彻落实党的二十届三中全会提出的"降低全社会物流成本"的改革任务,通过大数据、人工智能和智慧物流技术等创新场景的应用,通过低碳、绿色物流质量管理理念的植入,凸显数字经济、绿色经济特征,赋能产教融合、科教融汇,将降本增效的物流发展战略和精益求精、追求卓越的工匠精神以颗粒化课程思政元素潜移默化地植入教材。

本书基于物流业发展的新方向和新技术,围绕物流企业的创建、商务管理、运作管理、人力资源管理、成本管理与绩效评价、质量管理与安全管理等物流企业经营管理的核心环节,设置了6类项目、19项工作任务,形成了"岗位+理论+实战"的立体化学习场景。本书重在培育学生现代物流企业运营能力、大数据分析能力、市场拓展能力和管理优化能力,提升学生分析决策能力、团队协作能力,培养学生创新创业意识和企业家精神。本书编写着力呈现以下特色:

第一,双标准引领,以真实岗位需求确定任务点。本书以现代物流管理国家职业技能标准和高等职业教育专科专业简介两个标准为引领,细分现代物流岗位能力,形成岗位典型工作任务及岗位知识能力结构要求,并以此精准定位现代物流管理课程的教学目标和教学内容。

第二,全场景贯通,构建完整的物流企业运营体系。本书注重系统性,科学完整地构建了现代物流企业运营体系框架,全方位阐述了现代物流企业关键性运营管理环节,确保学生对现代物流企业运营有清晰的宏观认知。此外,本书配套了丰富的课程资源,嵌入大量的数字化学习资料和教学视频,便于学生碎片化学习和教师动态化教学。

第三,新技术植入,紧密对接产业新应用和新场景。本书跟进物流产业最先进的数字智慧物流应用技术和应用场景,通过案例剖析、平台模拟操作等环节,实现理论与实践相结合，帮助学生快速掌握实用、易学的方法与技巧，实现现代物流企业高素质技术技能型人才培养目标。

第四，高品行护航，有机地融入课程思政素养教育。本书将物流产业诚信服务、德法兼备的职业道德，从事物流行业新技术探索、勇于创新的进取精神，以及助力民族产业数字化发展的家国情怀，润物细无声地融入教学的各个环节，以实现高品行高素质现代物流人才培养的目标。

本书是由国家"双高"计划建设单位广东机电职业技术学院、陕西能源职业技术学院牵头，联合江门职业技术学院以及国家高新技术企业深圳市中诺思科技股份有限公司、宝供物流企业集团、广州集制供应链科技有限公司共同编写的校企双元教材。编写团队成员具有丰富的现代物流企业运营管理经验，包括全国物流职业教育教学指导委员会物流业制造业融合专业委员会委员、中国物流学会特约研究员、广东省物流标准化技术委员会委员、广东省物流职教集团副会长、广东省技术能手以及物流企业高管。

本书由广东机电职业技术学院物流学院院长郭秀颖教授负责整体审核，并负责项目一的内容编写，项目三、项目六分别由该校现代物流管理专业副教授宋玲、高级讲师张炜文编写，项目二由陕西能源职业技术学院经济管理学院副教授、经济师、律师王超维编写，项目四、项目五由江门职业技术学院经济管理学院讲师周芳编写。在此衷心感谢深圳市中诺思科技股份有限公司广州分公司总经理周小锋、宝供物流企业集团物流信息技术管理发展中心总经理彭鑫、广州集制供应链科技有限公司总经理廖鸣等企业专家给予的物流技术和应用场景指导，感谢华中科技大学出版社人文社科分社社长周晓方，策划编辑宋焱、虞北麟和本书责任编辑黄军对本书出版给予的大力支持和帮助。由于编写时间有限，不当之处，还请各位读者多给出宝贵意见和建议。

编　者

2024 年 5 月

目 录

项目一　创建物流企业 ·· 001
　　任务 1　认知物流业与物流企业 ··· 003
　　任务 2　创建物流企业的核心环节 ·· 012

项目二　物流企业商务管理 ··· 031
　　任务 3　物流项目招投标与风险管理 ··· 033
　　任务 4　物流企业品牌推广管理 ··· 043
　　任务 5　物流企业供应商管理 ·· 051
　　任务 6　客户服务与投诉处理 ·· 055
　　任务 7　国际物流运作 ··· 067

项目三　物流企业运作管理 ··· 084
　　任务 8　订单管理与信息技术支持 ·· 086
　　任务 9　物流企业运输管理 ··· 098
　　任务 10　物流企业仓储管理 ·· 110
　　任务 11　物流配送与快递运营 ··· 132
　　任务 12　物流网络设计与优化 ··· 150
　　任务 13　物流大数据与智慧物流技术应用 ··· 167

项目四　物流企业人力资源管理 ··· 194
　　任务 14　物流企业人力资源管理概述 ··· 195
　　任务 15　物流企业人力资源管理的主要环节 ····································· 201

项目五　物流企业成本管理与绩效评价 ·· 216
　　任务 16　物流企业的资金和成本管理 ··· 217
　　任务 17　物流企业运营的绩效评价 ·· 250

项目六　物流企业质量管理与安全管理……………………………………………… 266
　　任务 18　物流企业质量管理 ……………………………………………… 267
　　任务 19　物流企业安全管理 ……………………………………………… 277

参考文献 ………………………………………………………………………………… 291

项目一 创建物流企业

思维导图

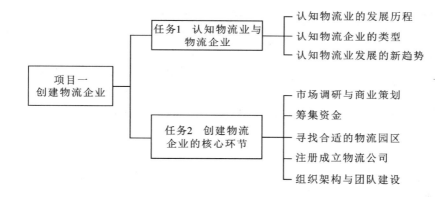

任务目标

◆ 知识目标
- 了解物流业的发展历程和未来发展趋势;
- 掌握物流企业的基本类型;
- 掌握物流企业的创建流程与注意事项。

◆ 技能目标
- 能够开展物流企业市场调研、撰写商业策划书;
- 能够依法依规注册成立物流公司;
- 能够合理确定物流公司组织架构、组建团队。

◆ 素养目标
- 培养物流业、制造业深度融合服务制造强国的自信与奋斗精神;

- 培养精益求精、追求卓越的工匠精神；
- 培养物流经理人职业操守，能够降本增效，能够提供绿色、安全、高效的物流服务。

王经理毕业于某高职院校现代物流管理专业，10年来一直深耕于物流行业，积累了较丰富的物流企业运营管理经验，恰逢当下物流业高速发展的机遇，决定与朋友合资创立一家物流企业。通过对物流市场的深度调研，他了解到我国当前已经成为世界物流大国，并且连续10年都是全球快递量第一大国。2023年，全国社会物流总额352.4万亿元，同比增长5.2%，社会物流总费用与GDP的比率为14.4%，回落到近年来较低水平。2024年2月23日，习近平总书记主持召开中央财经委员会第四次会议，会议强调"降低全社会物流成本是提高经济运行效率的重要举措"，进一步提升了现代物流在国民经济中的战略地位。

面对我国物流业前所未有的发展机遇与挑战，王经理与合伙人更加坚定了开启物流创业的设想，他们共同确定了企业愿景：未来成为一家领先、可靠的现代物流服务提供商，通过技术创新，为客户提供高效、便捷的物流解决方案和优质的服务，推动我国物流行业的发展。同时，他们确定了拟创建物流企业的核心业务与创新亮点，如图1-1所示。

图1-1 拟创建物流企业的核心业务与创新亮点

为了成功创立物流企业，实现企业的愿景和建设目标，王经理团队需要做好哪些准备工作？为了回答这个问题，我们共同开启下面的学习任务，获取行动锦囊，帮助王经理一起做好企业创建策划。

任务 1　认知物流业与物流企业

行动锦囊

1.1　认知物流业的发展历程

物流业是支撑国民经济发展的先导性、基础性、战略性产业,是畅通流通体系和强化现代产业体系、服务构建新发展格局的基础保障。物流(Logistics)的概念起源于 20 世纪 30 年代的美国,原意为"实物分配"或"货物配送",1963 年被引入日本,并逐渐以"物流"取代了"物的流通"概念。物流通常是指根据客户的需求,通过运输、保管、配送等方式,为实现原材料、半成品、成品或相关信息从产地流向消费地而计划、实施和管理的全过程。1998 年,美国物流管理协会重新修订物流的定义,指出"物流是供应链活动的一部分,是为满足顾客需要对商品、服务及相关信息从产地到消费地高效、低成本的正向和逆向的流动和储存而进行的规划、实施、控制过程",该定义进一步拓展了物流的内涵和外延,物流业也开启了现代物流发展阶段。物流业发展大体经历了四个阶段,如图 1-2 所示。

图 1-2　物流业的发展阶段

我国自 1978 年引进物流概念，经历了理念内化、实践探索、地位确立和创新发展等阶段。2001 年，《国家标准物流术语》发布，将物流定义为"物品从供应地向接收地的实体流动过程。根据实际需要，将运输、储存、装卸、包装、流通加工、配送、信息处理等基本功能实施有机结合"。改革开放 40 多年来，我国物流业在市场经济中的地位逐渐凸显，物流体系不断完善，行业运行日益成熟和规范。党的二十大报告更是明确提出"加快发展物联网，建设高效顺畅的流通体系，降低物流成本"，为物流业未来高质量发展进一步指明了方向。截至 2023 年，我国物流市场规模已连续 7 年位居全球第一，快递业务连续 10 年居世界第一，取得了巨大成就，走出了一条具有中国特色的物流发展之路。

1.2　认知物流企业的类型

物流业是融合运输业、仓储业、货代业和信息业等产业的复合型服务产业，是国民经济的重要组成部分，涉及领域广，吸纳就业人数多，促进生产、拉动消费作用大，在促进产业结构调整、转变经济发展方式和增强国民经济竞争力等方面发挥着重要作用。20 世纪 90 年代以来，随着新经济和现代信息技术的迅速发展，出现了专门从事物流运输、仓储、配送和相关服务的组织或公司，即物流企业。它们在供应链中扮演着重要角色，帮助将货物从生产地点运送到目的地，确保物流流程的高效和顺畅。物流企业的分类可以从多个维度进行，其中按作业类别分为运输企业、仓储企业、流通加工企业和配送企业，如图 1-3 所示；按服务主体分为第一方、第二方、第三方和第四方物流企业，如图 1-4 所示。此外，按所有制形态，可以分为外资物流企业、合资物流企业、国有物流企业和民营物流企业；根据业务范围，可以分为单一物流企业和综合物流企业；根据区域范围，可以分为国内物流企业和国际物流企业；根据物流作业能否自行完成，可以分为自理物流企业和代理物流企业。

1.3　认知物流业发展的新趋势

2024 年 2 月 23 日，习近平总书记主持召开中央财经委员会第四次会议。他在会上发表重要讲话强调，物流是实体经济的"筋络"，联接生产和消费、内贸和外贸，必须有效降低全社会物流成本，增强产业核心竞争力，提高经济运行效率。未来，我国物流业将迎来 AI 大模型、数字化、跨境市场等新机遇，将继续融入国家发展战略，坚持稳中求进、以进促稳、先立后破，围绕降本增效、绿色低碳、韧性安全、创新驱动等关键词实现高质量发展，呈现以下发展趋势：

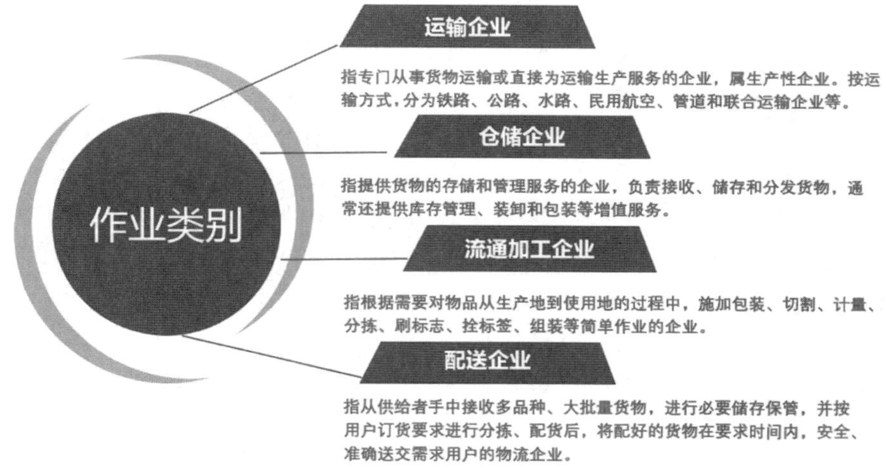

作业类别

运输企业：指专门从事货物运输或直接为运输生产服务的企业，属生产性企业。按运输方式，分为铁路、公路、水路、民用航空、管道和联合运输企业等。

仓储企业：指提供货物的存储和管理服务的企业，负责接收、储存和分发货物，通常还提供库存管理、装卸和包装等增值服务。

流通加工企业：指根据需要对物品从生产地到使用地的过程中，施加包装、切割、计量、分拣、刷标志、拴标签、组装等简单作业的企业。

配送企业：指从供给者手中接收多品种、大批量货物，进行必要储存保管，并按用户订货要求进行分拣、配货后，将配好的货物在要求时间内，安全、准确送交需求用户的物流企业。

图 1-3　物流企业按作业类别分类

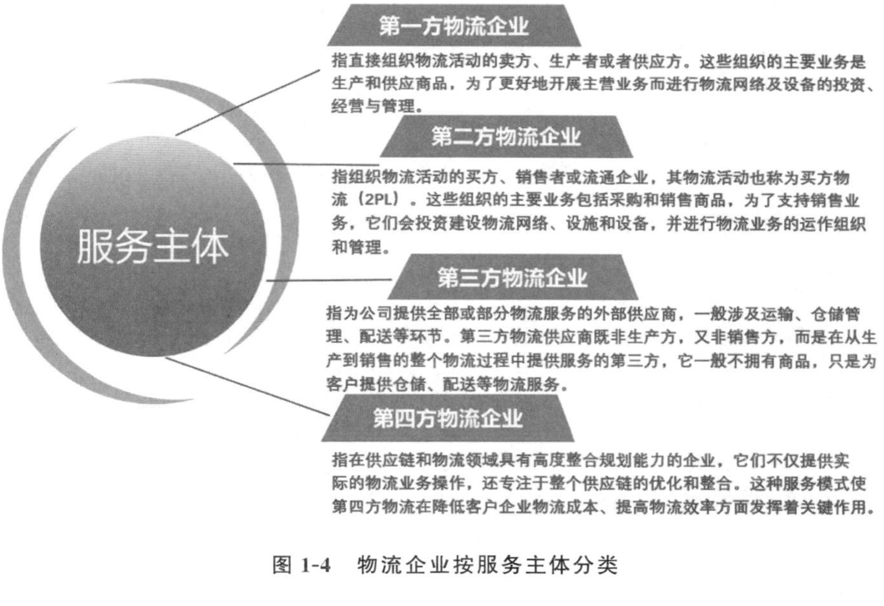

服务主体

第一方物流企业：指直接组织物流活动的卖方、生产者或者供应方。这些组织的主要业务是生产和供应商品，为了更好地开展主营业务而进行物流网络及设备的投资、经营与管理。

第二方物流企业：指组织物流活动的买方、销售者或流通企业，其物流活动也称为买方物流（2PL）。这些组织的主要业务包括采购和销售商品，为了支持销售业务，它们会投资建设物流网络、设施和设备，并进行物流业务的运作组织和管理。

第三方物流企业：指为公司提供全部或部分物流服务的外部供应商，一般涉及运输、仓储管理、配送等环节。第三方物流供应商既非生产方，又非销售方，而是在从生产到销售的整个物流过程中提供服务的第三方，它一般不拥有商品，只是为客户提供仓储、配送等物流服务。

第四方物流企业：指在供应链和物流领域具有高度整合规划能力的企业，它们不仅提供实际的物流业务操作，还专注于整个供应链的优化和整合。这种服务模式使第四方物流在降低客户企业物流成本、提高物流效率方面发挥着关键作用。

图 1-4　物流企业按服务主体分类

1. 物流服务新模式进一步发展

物流业高质量发展是适应现代产业体系对多元化、专业化现代物流服务需求的必由之路。在大数据、云计算、人工智能等技术加持下，以服务与解决方案的落地为核心的"物流即服务"（LaaS）业务将带动物流业与制造业、商贸业深度融合，集成商贸、物流、金融、信用等综合服务，形成具有产业特色的物流产业盈利模式，冷链物流、即时物流、数字货运、跨境电商、低空物流等细分新兴领域也将迎来快速发展。

2. 物流绿色低碳 ESG 进一步转型

在政策和市场的双向驱动下，物流行业从"减碳"到"脱碳"的绿色低碳转型进展迅速，中外运、顺丰、京东物流等物流企业从社会责任和企业可持续发展需求出发，主动引领行业绿色创新。未来，物流企业将从 ESG（Environmental, Social, and Governance）建设出发，进一步深化探索 ESG 的具体实践，聚合 ESG 视角与生态化资源，开展绿色基础设施投资建设、绿色运营、绿色技术研发和产品创新等多重实践，主动参与完善 ESG 评估标准体系建设。政府、行业和社会从 ESG 治理切入，将持续建立和完善 ESG 监管、评级、投融资等多重保障体系，为物流行业绿色低碳发展提供源源不断的动力。

学习加油站 1-1
《顺丰控股碳目标白皮书（2021）》

3. 物流供应链韧性进一步提升

在自然灾害、地区冲突等高频高损冲击成为"新常态"的背景下，提升物流供应链韧性逐渐成为国际共识。美国、日本等发达国家积极打造韧性交通体系，我国《"十四五"现代物流发展规划》提出要"提升现代物流安全应急能力"，"强化现代供应链安全韧性"。随着我国经济加快融入全球市场、"走出去"步伐进一步提速，物流业保供稳链的作用将更加突出，越来越多的企业认识到供应链韧性的重要性，将其作为物流供应链规划与挑战的考虑因素之一，持续加强供应链安全风险监测、预警、防控、应对等能力建设，发展应急物流，为维护全球产业链供应链韧性与稳定积极贡献中国智慧和力量。

4. 数据成为物流新质生产力

AI 大模型引领的新一轮技术变革为物流业发展带来了全新机遇，科技型企业纷纷进军物流大模型领域，通过与大数据、物联网等前沿技术及物流供应链理论的融合应用，实现更精准的需求预测，提升供应链的运作效率和可追溯性，推动新质生产力加速赋能物流增值服务。随着 AI 大模型技术的不断发展和"数据二十条""数据要素×"等政策举措的相继出台，数据要素的作用和价值将更加凸显，应用广度和深度将大幅拓展，从而赋能供应链数字化平台、智慧仓储、智慧园区、智能驾驶等新型运作方式蓬勃发展，提升物流要素质量和资源配置效率，加快物流业数智化转型和物流新质生产力形成。

5. 物流跨境出海进入新阶段

我国物流企业深度嵌入国际物流产业体系，为基础物流工程建设、优化寄递服务品质、促进跨境贸易发展做出了积极贡献。站在新起点，"一带一路"产能合作发展动力保持强劲，助力全球价值链重构、提升产业链供应链稳定性的使命更加突出。物流"跨境出海"将迈向全链路业务整合和全球化多点布局发展新阶段，实现以规模化、网络化、平台化为特征的高质量发展。"一带一路"沿线优质物流资产投资、国际供应链服务延伸、地面业务团队搭建将成为物流"出海"的发展重点，通过快速提升全球化物流服务能力，畅通供应链，服务产业链，融入价值链。

知识拓展

我国《"十四五"现代物流发展规划》

《"十四五"现代物流发展规划》（以下简称《规划》）是我国现代物流领域第一份国家级五年规划，是"十四五"时期推动现代物流发展的纲领性文件，具有重要里程碑意义。《规划》聚焦构建现代物流体系这一主题，明确了"十四五"时期现代物流发展的总体思路、空间布局、重点任务和重大工程，共7章、33条，以及11个专栏、14项重大工程，如图1-5所示。

《规划》有三个方面的主要特点，概括起来就是"三个坚持"。一是坚持问题导向。重点聚焦物流成本高而效率低、物流基础设施和服务体系结构性失衡、现代物流大而不强、部分领域短板较为突出等问题，提出系统性、针对性解决举措，包括推动物流提质增效降本、加快物流枢纽资源整合建设、完善现代物流服务体系以及补齐大宗商品物流、农村物流、冷链物流、应急物流、航空物流短板等。二是坚持创新驱动。发挥创新在建设现代物流体系中的引领作用，促进物流业与制造业深度融合，强化物流数字化科技赋能，推动绿色物流发展，培育枢纽经济、通道经济等物流经济新形态。三是坚持系统推进。统筹加强国家物流枢纽和国内国际物流大通道建设，"点""线"结合加快构建内外联通、安全高效的物流网络；统筹发展物流新业态、新模式，提升传统物流服务质量和效率，"创新""转型"并重加快完善集约高效的现代物流服务体系；统筹健全现代物流发展支撑体系和强化政策支持引导力度，"强基础""优环境"协同发力加快现代物流高质量发展。这一系列举措必将有力推动构建现代物流体系，推进物流提质增效降本，提升产业链供应链韧性和安全水平，有效助力稳增长、稳就业、稳物价，为构建新发展格局、推动高质量发展、推进中国式现代化提供有力支撑。

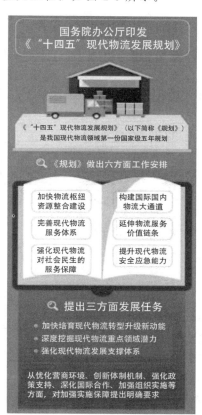

图1-5 《"十四五"现代物流发展规划》要点

中国物流——新创造、新制造、新建造

中国作为世界物流市场和全球快递量第一大国,正在基于中国创造、中国制造和中国建造革新物流业,向世界物流业输出新标准和新模式。

一、前置仓——中国创造

为满足消费者需求,进一步提高物流配送速度,我国电商和物流公司依据大数据智能分析的结果,预先判断当地消费者的需求,提前备货,开始建设靠近消费者的前置仓,主要包括智能快递柜、菜鸟驿站和各类生鲜电商平台。截至2023年,我国前置仓智能快递柜行业的市场规模已突破4.48亿元,预计2025年快递柜存量将达到200万套;菜鸟驿站超过17万个;前置仓仅盒马生鲜就有732家、朴朴生鲜420家,此外更有美团骑手724万人、饿了么骑手154万人、顺丰快递员55万人进行送货,用户通过App、小程序等在线上下单后,订单通过智能系统下达到就近的前置仓,产品将在1小时内、最快30分钟左右送到消费者手中,其业务模式如图1-6所示。

图1-6　前置仓业务模式

相比之下,世界电商之王亚马逊在中国才刚刚开始建设前置仓,而京东物流"织网计划"的建设成果目前已初见成效,以43座"亚洲一号"大型智能物流园区和全国范围内运营的约1 400个仓库为核心,京东搭建了高度协同的多层级物流基础设施和仓配网络,其无人物流仓库如图1-7所示。京东要把中国平均每件商品搬运次数从7次降到2次。以前置仓为突出代表的物流设施,反映的是背后一整套的先进生产方式,正在神州大地上如火如荼地开展,将来也许会改变这个世界,就像几十年前的标准集装箱与多式联运改变了国际物流那样。

图 1-7　京东的无人物流仓库

二、生产物流——中国创造

伊利建设智能工厂，正是物流反向促进制造业的典范。自动化的生产线与智能化装箱机器人、码垛机器人、缠绕机器人无缝配合，极大地提高了生产效率，其智能生产物流线如图1-8所示。此外，伊利整合500多万销售终端、10亿级消费者和数量庞大的合作伙伴提供的信息，搭建了大数据雷达平台，精准把握消费者需求，不断优化产品和配送渠道。物流的革新推动着生产制造、电子商务和智慧物流三者联动、迭代更新。

图 1-8　伊利智能生产物流线

三、供销社——中国建造

中国的供销社是一个独特的存在，最近供销社体系重新启动。供销社已经远远超越一般意义上的物流企业，能够在特定条件下发挥保障国计民生、稳定经济社会秩序的作用。2010年，国务院批准成立我国大型涉农流通产业集团——中国供销集团有限公司,这是中华全国供销合作总社全力打造的系统企业"国家队",其发展战略如图 1-9 所示。

图 1-9　中国供销集团发展战略

直通职场

对于物流公司来说,初创期核心岗位为董事长和总经理,其岗位职责如表 1-1 所示。

表 1-1　物流公司董事长和总经理岗位职责

岗位	岗位职责
董事长	1. 负责公司经营战略决策,主要包括:修改公司章程,制定公司内部管理机构的设置方案,并提交董事会审议;负责指导制定、修订公司基本管理制度;指导研究公司中长期发展战略规划;根据公司中长期发展战略,在董事会授权范围内,主持并对企业对外谈判及合同签订等事宜进行决策 2. 对公司合并、分立、撤资、解散、清算或变更公司形式,以及其他影响公司发展的重大事项进行研究;指导制定公司的年度财务方案、决算方案、利润分配方案和弥补亏损方案,并提交董事会审议;董事会批准实施后,董事长将对其进行全程监控和跟踪管理 3. 负责公司监督、审计,重点监察和督导公司股东会决议的执行情况;监察和督导公司董事会决议的执行情况;监察和督导公司经理层的执行职务情况;监察和督导公司的日常经营管理情况;对监事会提出的关于经营行为存在的问题进行调查,提出整改意见;审核公司总经理提出的年度经营计划;检查公司内部审计制度及其执行情况 4. 负责公司重大人事管理,根据公司的经营发展需要和岗位职能需要,向董事会提名公司总经理人选;决定提名进入控股、参股公司的董事、监事和高级管理人员的候选人;根据董事及高管人员岗位的使命、职责、工作范围,审定公司董事和高管人员的薪酬方案并提请董事会审议 5. 负责对公司的薪酬制度进行评价并对其执行情况进行审核和监督;同时根据市场和公司发展需要对薪酬制度、薪酬体系进行审核和监督

续表

岗位	岗位职责
总经理	1. 负责公司全面行政管理，制定公司总体发展战略、业务流程方案和相关制度，开展组织机构建设，以专业方法运作，使公司高质量、高效率开展各项工作 2. 建设产品运营体系，包括搭建运营体系、流程及标准规范等制度文件框架，组织制度文件编写、审核、呈批及跟进发布，并持续进行完善更新 3. 制定产品规划及公司业务规划，设计运输产品工艺流程，解析与固化产品服务，制定功能产品模式，细分产品流程与产品标准并分类固化，输出产品说明书、流程、标准及标准操作程序（SOP），并组织培训、监督实施考核 4. 确定产品功能及服务范围，监督产品实施过程，考核产品运营质量，定期组织盘点分析以及时发现问题，并优化产品功能、流程，提升产品运营效益 5. 根据业务变化、生产工具与技术提升，研究产品运营模式创新，包括但不限于产品功能和生产工艺流程创新、运营效率改善措施及工具的推广和落地 6. 结合实际业务，规划网络建设，推动全国三级配送网络建设落地，确保三级网点覆盖功能实现与运营模式变革 7. 根据运营优化及降本增效要求，以提质增效为目的，分析区域业务现状，研究制定产品运营解决方案、创新解决方案，制定推动计划，组织培训，监督实施，定期复盘，优化运营模式、流程、运作场景方案，确保运营优化及成本优化目标实现 8. 根据产品价格标准，制定产品线路出厂价格、采购成本价格，制作产品线路成本价、出厂价模型，提高效率，确保产品价格的高效输出，确保产品内部结算标准、采购成本指导价标准的应用与执行 9. 根据前端业务投标计划及需求，提供运输类解决方案，方案包含业务需求解析、资源需求解析、运营模式设计，依据产品指导价，制定成本模型设计及测算，输出需求、运营方案及成本结果，为投标工作提供运营方案及成本依据，确保投标工作的顺利开展 10. 根据公司年度预算要求，全面参与年度产品运营预算工作，设计产品线路运营模式方案、降本方案及目标，确保预算工作顺利完成 11. 根据产品落地实施计划，定期复盘产品落地实施效果，分析问题、推动改善，不定期检查产品调度规则应用、模式、流程及标准应用，确保产品落地预期效果达成和产品标准满足复核要求 12. 完成上级交代的其他工作任务

任务 2　创建物流企业的核心环节

行动锦囊

创建一家物流企业，主要包括市场调研与商业策划、筹集资金、寻找合适的物流园区、注册成立物流公司、组织架构与团队建设等核心环节，需要我们系统了解相关工作内容与技巧。

2.1　市场调研与商业策划

市场调研与商业策划是创建物流企业的重要步骤。通过市场调研，可以了解物流行业的竞争情况、市场需求和潜在客户。其中，市场调研主要包括确定研究目标、收集市场数据、分析竞争对手、分析目标客户、分析市场趋势以及进行问卷调查和访谈，如图 1-10 所示。

设计问卷或进行访谈，向潜在客户和业内专家收集反馈意见，以便更好地了解市场需求和客户期望　**进行调查和访谈**

研究物流行业的最新趋势和发展，如技术创新、可持续发展、电子商务等。了解这些趋势将有助于抓住机遇并调整战略　**分析市场趋势**

确定目标客户群体，例如大型企业、中小型企业、特定行业等。了解其物流需求、偏好和痛点，以便提供有针对性的解决方案　**分析目标客户**

调查现有的物流服务提供商，了解其服务范围、定价策略、品牌形象、客户群体等。还可以研究竞争对手的优势和不足之处，以寻找定位的空间　**分析竞争对手**

收集关于当地物流行业的市场数据，包括行业规模、增长趋势、主要参与者、市场份额等　**收集市场数据**

明确调研目标，例如了解当地物流行业的竞争情况、市场需求和潜在客户　**确定调研目标**

图 1-10　市场调研的步骤

在市场调研的基础上，可以撰写商业策划书。商业策划书主要包括概述和执行摘要、公司描述、市场分析、产品与服务、销售与营销策略、组织与管理、运营计划、财务计划、风险管理、实施计划和时间表以及附录，如图 1-11 所示。其

学习加油站 1-2
怎样做市场调研？（视频）

中，附录主要提供支持和补充信息，如市场调研数据、调查问卷、访谈记录、财务报表等。

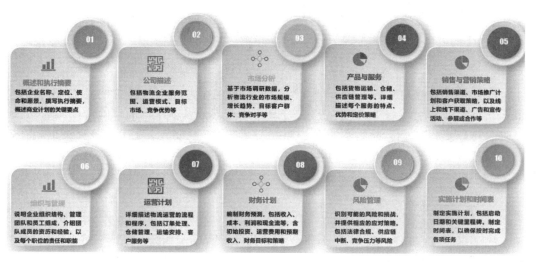

图 1-11　商业策划书的主要内容

市场调研和商业策划是一个持续的过程，需要不断更新和调整。在编写商业策划书之前，务必进行深入的市场调研，以便基于准确的数据和见解制定战略。如果需要进一步的指导和帮助，建议咨询专业的商业顾问或参加创业培训课程。

2.2　筹集资金

在创业初期，初创企业常常面临资金短缺的问题，需要通过各种方法筹集资金来支持企业的发展。初创企业可以通过多种渠道融资，以下是一些常用渠道。

学习加油站 1-3
获得创业资金的
注意事项（视频）

1. 自筹资金

最常见的自筹资金方式是创始人投入个人储蓄或者从亲友那里获得资金支持。这种方式相对简单且灵活，不会给企业带来很大的压力和束缚。然而，这种方式的缺点是自筹资金通常有限，可能无法满足初创企业的需求。此外，这种方式存在一定的风险，如果企业运营失败，创始人可能会失去已经投入的资金。

2. 贷款

向银行或非银行金融机构借款是我国目前各类企业的重要筹资方式，这种筹资方式手续简便，企业可以在短时间内取得所需资金，但是企业需要向银行支付借款利息，并且到期必须归还本息。银行提供贷款的条件受到借款人自身资信情况、有无担保等因素的影响。例如，对高校毕业生的创业贷款，可由高校毕业生作为借款主体，担保方由其家庭或直系亲属家庭成员担任，以其稳定收入或有效资产提供相应的联合担保；对于借款人资信良好、还款有保障的，在风险可控的基础上可适当发放信用贷款。

3. 天使投资人

天使投资人是愿意为初创企业提供资金支持的个人或群体。这些投资人通常具备和初创企业相关的行业经验和专业知识，并愿意分享创业者的风险和回报。天使投资人可以提供资金、网络资源和战略指导等方面的支持。与其他融资渠道相比，与天使投资人合作可能相对简单，因为他们更愿意接触初创企业并能够更快做出决策。

4. 风险投资

风险投资是指投资公司或机构为初创企业提供的资金支持。风险投资通常是以股权投资的形式出现，投资公司或机构通过购买企业的股份来获得投资回报。与天使投资人相比，风险投资通常需要进行更详细的尽调和谈判，并且他们更关注投资企业的潜力和长远发展前景。

5. 众筹

众筹是一种向大众募集资金的方式。在互联网时代，众筹已经成为一种常见的融资方式。通过在线平台，企业可以向公众展示其产品或服务，并向对此感兴趣的人们募集资金。众筹不仅能够提供资金支持，还能够提高企业的知名度，树立品牌形象。

筹集资金时还需要注意以下事项：一是在寻求资金之前，要制定详细的商业计划，并做好展示企业愿景、市场潜力和预期回报的准备，因为投资者通常会要求看到有关企业规划和财务预测的详细信息；二是如果以大学生身份创建物流企业，可以先考虑以小规模启动、降低风险，并寻求符合实际的启动资金，逐步再寻求更多的支持和投资；三是与创业导师、投资顾问或企业咨询公司合作，可以获得有关筹集资金和寻找投资者的专业建议和支持；四是了解并遵守相关法规和规定，包括财务报告、税费义务和知识产权等方面的要求；五是在寻找投资者时，要对投资者进行背景调查，确保与可靠的投资者合作。

2.3　寻找合适的物流园区

物流企业选址布局合理与否直接影响到物流空间的分布和系统最优化功能的实现，而物流园区对物流过程的优化具有重大作用。建设物流园区，不仅可以大大降低企业库存，减少流动资金占用，而且可以提高运输效率，降低物流费用，从而保证物流系统有序运转。物流园区选址需注意五大原则，如图1-12所示。

图 1-12　物流园区选址的五大原则

基于上述选址原则，还要注意以下问题：一是物流园区的建设具有一定的超前性，前期的建设投入往往会存在一定的盲目性和不切实际的想法，这可能带来不必要的资金投入和资源浪费，因此必须坚持循序渐进的原则，结合地区和企业发展实际，在客观分析物流业发展现状和未来趋势基础上，合理选择和建设物流园区；二是物流园区的选址需在规划先行的基础上，充分考虑地价是否低廉、面积是否充足、劳动力的素质高低、是否靠近消费市场以及时完成商品的分拨与高效转运、是否靠近物流企业与生产企业等因素，这些都是影响物流园区发展的关键；三是园区的选址应注意绿色、健康发展，综合考虑气候、绿化、对城市生活的干扰、资源利用等因素。此外，在选择物流办公场所时，还要确保所选择的办公场所能够满足日常办公要求，并为团队提供一个舒适、高效的工作环境。寻找办公场所的流程如图 1-13 所示。

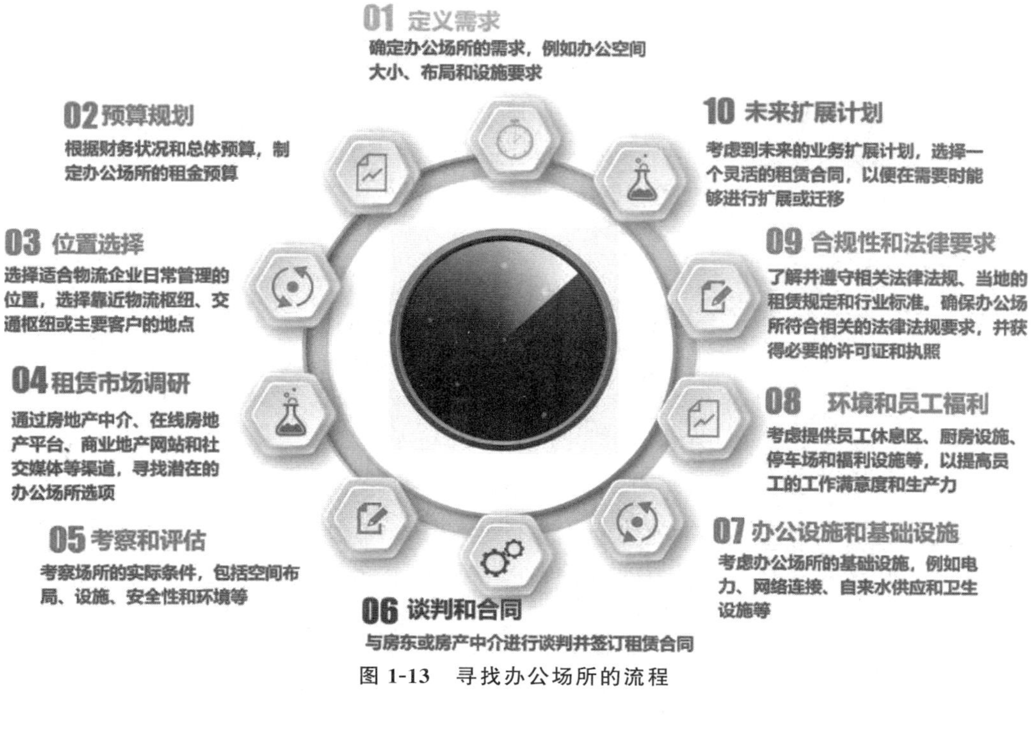

图 1-13　寻找办公场所的流程

2.4 注册成立物流公司

在完成商业计划和市场调研后,可选择合适的企业形式完成注册,主要包括以下工作内容。

学习加油站 1-4
小型公司如何
注册?(视频)

1. 前期准备

在注册物流企业之前,需要做好以下几个方面的准备工作。

(1)注册资本。根据公司形式和出资人数,收集、整合注册资本,并确定好后期利益分配的原则和方式。

(2)公司名称。公司起名要注意简洁性、独特性、品牌一致性、法律合规性、可用性、未来扩展性,还要注意与行业相关。例如,可以在名字中使用与物流相关的词汇,如"快递""配送""仓储"等。

(3)登记地址。公司注册登记地必须真正可查。在创业初期,如果资金紧张,可以选择入驻创业孵化器(集中办公区),使用它们的注册地址;在选择注册地址时,因为税务登记跨城区变更比较麻烦,最好先确定好未来发展的城区,并且尽量保证公司注册地址与未来发展地址的城区一致;如果注册地址是租用的,一定要取得并留存好租房费用发票,后期办理股权变更、公司注销等事项时,都需提供租房发票。

(4)营业范围。要确定好公司今后计划的从业范围,或未来可能要涉足的经营项目范围。

(5)公司形式。要确定好公司的形式,不同形式的公司注册要求不同。对于普通有限责任公司,最低注册资金 3 万元,需要 1~50 个股东,股份不必等额,注册资本为在公司登记机关登记的全体股东认缴的出资额;对于股份有限公司,最低注册资金 500 万元,股东人数无上限,注册资本为在公司登记机关登记的全体发起人认购的股本总额。

2. 注册企业

做好以上前期准备,就可以开始注册企业、办理道路运输许可和货运站经营许可了,主要有以下步骤。

1)办理营业执照

(1)工商局核名。到工商局去领取一张"企业(字号)名称预先核准申请表",填写准备取的公司名称,由工商局上网(工商局内部网)检索是否有重名,如果没有重名,则可以使用这个名称,并被核发一张"企业(字号)名称预先核准通知书"。目前每次检索手续费为 30 元,可以检索 5 个名字,因此应尽量选择稍微特殊的名字,防止因重名浪费检索费用。

（2）租房，缴纳印花税。按需求租房后要签订租房合同，并让房东提供房产证的复印件。签订好租房合同后，还要到税务局去缴纳印花税，通常以年租金为计税依据，按照1‰的税率缴纳，并索取印花税票，贴在房租合同的首页，后面凡是需要用到房租合同的地方，都需要贴了印花税票的合同复印件。

（3）制定公司章程。可以在工商局网站下载"公司章程"的样本，按公司实际修改形成公司章程，并在章程最后由所有股东签名。

（4）刻法人私章。到市面刻印章社刻法人私章（方形）。

（5）领取银行询证函。联系一家会计师事务所，领取一张"银行询证函"，银行咨询函必须是原件，并且由会计师事务所盖章。

（6）开立公司验资户。所有投资人（股东）需要带入股资金到银行，同时携带公司章程、工商局发的核名通知、法人代表的私章和身份证、用于验资的资金、空白询征函表格，到银行去开立公司账户（开验资户）。开立好公司账户后，各股东按出资额向公司账户中存入资金，银行发给每个股东缴款单，并在询征函上盖银行的章。根据公司法的规定，注册公司时，投资人（股东）必须缴纳足额的资本，可以用货币、实物、房产、知识产权等多种形式出资。其中银行只办理货币出资，其他出资需到会计师事务所鉴定其价值后再以其实际价值出资。

（7）办理验资报告。携带银行出具的股东缴款单、银行盖章后的询征函，以及公司章程、核名通知、房租合同、房产证复印件，到会计师事务所办理验资报告。

（8）注册公司。到工商局领取公司设立登记的各种表格，包括设立登记申请表、股东（发起人）名单、董事经理监理情况、法人代表登记表、指定代表或委托代理人登记表。填好后，连同核名通知、公司章程、房租合同、房产证复印件、验资报告一起交给工商局，大概3个工作日后可领取营业执照。

（9）刻公章与财务章。凭营业执照到公安局指定的刻章社刻公章与财务章。

（10）去银行开基本户。凭营业执照去银行开立基本账号，最好在原来办理验资银行的同一网点去办理，可以减少验资账户费用。此外，需要携带营业执照正本原件、身份证、公章、财务章、法人章。开基本户时，还需要购买一个密码器，用于公司开支票、划款时生成密码。

（11）办理税务登记。领取营业执照后，30日内到当地税务局办理税务登记。办理税务登记时，必须至少有一位确定的会计，因为税务局要求提交的资料中有一项是会计资格证和身份证。

（12）申请领购发票。办妥上述手续后，公司需要到对应的税务局申领发票。

2）办理道路运输许可

根据《道路货物运输及站场管理规定》第八条的规定，申请从事道路货物运输经营的物流公司，应当依法向市场监督管理部门办理有关登记手续后，向县级交通运输主管部门提出申请，办理有关登记手续。

（1）办理道路运输许可证需要满足的要求包括：一是有与其经营业务相适应并经检测合格的运输车辆，车辆技术要求应当符合《道路运输车辆技术管理规定》有关规定；二是有符合规定条件的驾驶人员，要求取得与驾驶车辆相应的机动车驾驶证，年龄不超过60周岁，经设区的市级交通运输主管部门对有关道路货物运输法规、机动车维修和货物及装载保管基本知识考试合格,并取得从业资格证(使用总质量 4 500 千克及以下普通货运车辆的驾驶人员除外);三是有健全的安全生产管理制度,包括安全生产责任制度、安全生产业务操作规程、安全生产监督检查制度、驾驶员和车辆安全生产管理制度等。

(2)办理道路运输许可证所需要的资料包括:道路货物运输经营申请表;负责人身份证明,经办人的身份证明和委托书;机动车辆行驶证、车辆技术等级评定结论复印件;拟投入运输车辆的承诺书,承诺书应当包括车辆数量、类型、技术性能、投入时间等内容;聘用或者拟聘用驾驶员的机动车驾驶证、从业资格证及其复印件;安全生产管理制度文本;法律、法规规定的其他材料。

(3)颁发道路运输经营许可证。交通运输主管部门对道路货运经营申请予以受理的,自受理之日起 20 日内作出许可或者不予许可的决定。对符合法定条件的道路货物运输经营申请作出准予行政许可决定的,出具《道路货物运输经营行政许可决定书》,明确许可事项,并且在 10 日内向被许可人颁发道路运输经营许可证,在道路运输经营许可证上注明经营范围;对道路货物运输经营不予许可的,向申请人出具《不予交通行政许可决定书》。

3)办理货运站经营许可

根据《道路货物运输及站场管理规定》第九条的规定,申请从事货运站经营的物流公司,应当依法向市场监督管理部门办理有关登记手续后,最迟不晚于开始货运站经营活动的 15 日内,向所在地县级以上交通运输主管部门备案。

(1)办理货运站经营许可证需要满足的要求包括:一是有与其经营规模相适应的货运站房、生产调度办公室、信息管理中心、仓库、仓储库棚、场地和道路等设施,并经有关部门组织的工程竣工验收合格;二是有与其经营规模相适应的安全、消防、装卸、通讯、计量等设备;三是有与其经营规模、经营类别相适应的管理人员和专业技术人员;四是有健全的业务操作规程和安全生产管理制度。

(2)办理货运站经营许可证所需要的资料包括:道路货物运输站(场)经营备案表;负责人身份证明,经办人的身份证明和委托书;经营货运站的土地、房屋的合法证明;货运站竣工验收证明;与业务相适应的专业人员和管理人员的身份证明、专业证书;业务操作规程和安全生产管理制度文本。

(3)颁发货运站经营许可证。交通运输主管部门收到货运站经营备案材料后,对材料齐全且符合要求的,应当予以备案并编号归档;对材料不全或者不符合要求的,应当场或者自收到备案材料之日起 5 日内一次性书面通知备案人需要补充的全部内容。交通运输主管部门应当向社会公布并及时更新已备案的货运站名单,便于社会查询和监督。

2.5　组织架构与团队建设

企业注册成立之后,就要根据企业规模和业务需求,做好组织架构和岗位职责的确定,并按照岗位要求,招募合适的员工团队,同时提供必要的培训,确保团队具备所需的技能和知识,具体流程如图 1-14 所示。

图 1-14　组织架构与团队建设流程

1. 物流企业组织架构

1）物流企业组织架构确定的原则

在确定物流企业的组织架构时,应遵循客户导向、分工明确、层级分明、灵活协调、数据支持、质量控制的原则,确保物流企业高质量运行,实现降本增效的目标,如图 1-15 所示。

图 1-15　物流企业组织架构确定的原则

2）物流企业的基本组织架构

物流企业的组织架构是指该企业在实施物流活动时,为了协调各部门之间的工作,明确各岗位的职责和权限,建立的一种组织形式和管理体系,如图 1-16 所示。

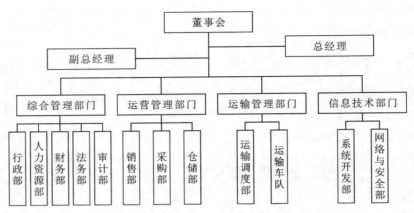

图 1-16　物流企业的基本组织架构

物流企业的组织架构通常包括以下几个核心部门及主要岗位，这些部门之间的协作和沟通对于物流公司的有效运作至关重要。

（1）高层管理层：包括董事会、总经理、副总经理等，负责企业整体战略规划、决策和监督管理。

（2）综合管理部门：包括行政部门、人力资源部门、财务部门、法务部门、审计部门等，负责企业的日常管理和支持服务，如行政事务、人事管理、财务管理、法律事务和审计等。

（3）业务管理部门：包括销售部门、采购部门、仓储部门等，负责物流业务的开展和管理，包括客户开发与维护、供应商管理、仓储运作等。

（4）运输管理部门：包括运输调度部门、运输车队等，负责物流运输的组织与管理，包括车辆调度、路线规划、运输监控等。

（5）信息技术部门：负责物流信息系统的建设和运维，包括物流信息系统的开发、网络与安全管理等。

上述只是一个基本的组织架构示例，具体的组织架构可能因企业规模、业务类型和战略定位而有所不同。

2. 物流企业团队建设

在物流企业中，人力资源管理和团队建设是实现高效运作和提高企业竞争力的关键方面之一。物流企业人力资源管理是指在物流企业中，对人力资源的招聘、培训、激励和绩效管理等方面进行整体规划和有效管理的过程。

学习加油站 1-5
如何构建一个
彼此相托的团队？（视频）

1）物流企业人员招聘

人才是公司发展的核心动力。优秀的员工能推动企业业务的持续增长，合适的员工能胜任复杂的工作任务，提高工作效率，降低成本，增强企业竞争力。此外，员工的专业素养和职业道德还有助于提升企业形象，赢得客户信任。通过制定明确的招聘标准和选拔流程，可以筛选出合适的人才，提高团队整体素质。如何招到最合适的员工，需注意以下环节，如图 1-17 所示。

图 1-17　物流企业人员招聘环节

2）物流企业卓越团队建设

团队建设是物流企业实现高效运作、打造竞争优势的重要手段，有利于增进团队成员之间的协作、沟通与信任，进而提升团队整体绩效，在物流人力资源管理中起着极其重要的作用。卓越团队是具备高效协作等特征和可持续发展能力的团队，能够在竞争激烈的环境中取得卓越成果，进而实现物流企业的高质量发展。图 1-18 展示了物流企业卓越团队的几点特征。

目标明确

卓越团队具有明确、可衡量的目标，成员对目标有共同的理解和承诺，并为之努力

高效执行

卓越团队具备高效完成任务的能力，注重时间管理和优先级排序，确保工作按时完成

成果导向

卓越团队以成果为导向，关注实际效果和贡献，不断追求卓越的业绩表现

高效协作

卓越团队成员之间能力实现充分沟通、相互配合，共同推动工作任务的完成

学习创新

卓越团队具备很强的学习能力，不断吸收新知识、新技能、发挥创新思维，勇于尝试新的方法

责任感强

卓越团队在工作中能够恪尽职守、勤勉工作、勇于担当

图 1-18　物流企业卓越团队的特征

3. 物流企业组织架构与团队建设的优化路径

物流企业在确定组织架构与进行团队建设时，要充分考虑团队的多样性、重视团队沟通和协作、强调专业知识和技能、建立良好的企业文化、持续关注团队发展，使组织结构合理、沟通顺畅、凝心聚力，能够满足团队成员个体发展需求和企业整体发展要求。图 1-19 展示了物流企业组织架构与团队建设的优化路径。

图 1-19　物流企业组织架构与团队建设的优化路径

直通职场

物流公司确定组织架构时，一般涉及物流运营、物流运输、物流商务等核心岗位。表 1-2 展示了真实场景下物流公司部分核心岗位设置与职责。

表 1-2　真实场景下物流公司部分核心岗位设置与职责

岗位	岗位职责
物流运营经理/主管	1. 负责国际国内干线、市配物流运输项目日常运作管理，包括项目跟进、运营、监督等 2. 负责产品运营支持、营运物资管理、运作员流程外包管理、运营质量体系完善及落地执行 3. 负责场地运营效益、效率提升及运营保障，中转场地获取及场地建设，建立、健全中转场生产设备维养体系，并提供服务支持 4. 负责运作成本控制，包括车队、运费、办公、公关、销售及仓库租金等 5. 负责编制每周业务表，包括总量处理表、业务成本表、仓库盘点表、客户投诉表、服务质量表，呈交总经理和董事会审阅 6. 负责营运培训工作开展，针对日常培训工作中出现的问题，及时汇总并进行处理，提高团队效率 7. 完成上级交代的其他工作任务

续表

岗位	岗位职责
物流运输经理/主管	1. 全面抓好运输车队管理工作，建立健全并贯彻执行各项运输管理规章制度，完善工作操作流程，及时传达运营调度中心的任务指令，执行车队运输任务，管理车队工作，维持运输部门正常的工作秩序 2. 负责开发运力资源，并制定切实可行的供应商管理考评制度，对之进行日常管理；负责制定发运计划以及国际、国内干线订单信息发布 3. 负责运输部门人员的调配及安排，对车队人员进行管理、指导与监督；负责运输部门日常工作的组织管理，检查本部门的安全工作、经济管理、任务完成的执行情况等并做分析报告 4. 负责干线物流跟踪及异常处理，确保货物运输无货损、无遗失、无遗漏，做好运输时效保障，完善管理讯息系统，确保货物在每一环节均可以即时（网上）查询 5. 负责运输司机在途之罚款的登记备案以及各项事务管理，严格审查车队全体驾驶员的考勤工作，全面监管并做好本部门的成本控制、服务提升、人员流失统计分析工作 6. 加强安全教育，防止发生交通事故，提高运输车辆的完好率，按时缴纳养路费及车辆保险费，按规定进行年审、季审，做好车辆经济目标管理工作 7. 预防运输异常与客户投诉，及时制定有效的预防及解决方案，提高客户满意度 8. 完成上级交代的其他工作任务
物流商务经理/主管	1. 负责制度建设及流程优化，主要包括制定供应商/渠道管理制度、供应商/渠道开发流程、供应商/渠道合同文本，并定期进行修订、调整，并优化供应商/渠道流程，规范、协调供应商/渠道政策，维护公司利益 2. 负责市场调研工作，主要包括以业务需求为导向，为业务开拓提供渠道和价格支持，精准选择供应商，调查、分析和评估目标市场，确定供应商/渠道开发的时机，收集供应商信息，随时分析和掌握市场价格走势，保证供应商/渠道原材料质优价廉，做到每季度提交一份主要原材料市场调查报告并对控制采购成本的方法提出建议 3. 负责实施供应商/渠道工作，主要包括建立供应商/渠道/同行的信息库，收集整理运输线路价格信息，负责本公司的供应商/渠道询价、比价，签订供应商/渠道合同，验收、评估及反馈汇总工作，确保供应商/渠道的及时性和质量，组织对供应商进行评估、认证、管理及考核，及时淘汰不合格供应商 4. 负责供应商/渠道成本控制，主要包括严格控制供应商/渠道成本，确保费用节省率环比降低；严格遵守财务制度，诚实廉洁，保证公司供应商/渠道资金安全，无呆账、坏账；负责应付款的审查工作，提供供应商/渠道费用报告 5. 完成上级交代的其他工作任务

素养课堂

数字化智慧物流服务创新

宝供物流企业集团有限公司创建于 1994 年，1999 年经国家工商总局批准，成为国内第一家以物流名称注册的企业集团，是我国最早运用现代物流理念为客户提供一体化物流服务的专业第三方物流企业，是目前我国具有较大影响力的第三方物流企业之一，也是我国现代物流和供应链管理的开拓者和实践者。宝供物流以服务全球 500 强及国内大中型企业的经验和智慧，为广大工商企业提供供应链一体化服务，为政府和产业链上下游提供产业供应链一体化解决方案。

2018 年，宝供物流开始积极推进物流业、制造业深度融合创新发展，着力利用大数据、移动互联、物联网等先进技术集成仓库、运输、订单管理等业务管理系统和 G7 车辆轨迹平台等数据，支持客户上网动态可视化监控运输、仓储全程物流业务状况，实现智慧物流移动 App 在手机移动端完成送货预约、订单查询、异常上报、服务评价等供应链增值信息服务。宝供智慧物流监控系统平台已成功打造集成订单管理、仓库管理、运输管理、预约管理、资源协同、车辆轨迹、移动应用、服务质量等八大系统服务功能，如图 1-20 所示。在该系统中，可以采用智能 App 小程序、实时定位数据跟踪、ETL、大数据 AI 算法指标监控等先进互联网技术手段，实现实时、全面、动态监控以及通过手机移动 App 为制造业客户提供可视化智慧物流监控管理服务。

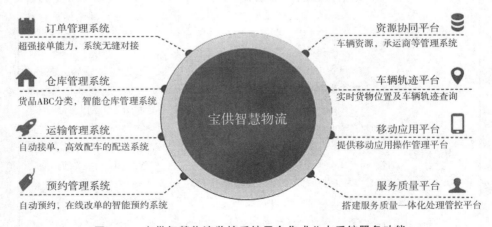

图 1-20　宝供智慧物流监控系统平台集成八大系统服务功能

一、创建一站式智慧物流管理服务平台

宝供物流自主规划设计与实施了行业一流的一站式宝供智慧物流管理平台，如图 1-21 所示。宝供物流运用移动互联、大数据、物联网、区块链等技术，研发基于进化算法的车货匹配及智能调度、基于情感计算的用户画像及商品评论分析、基于区块链的供应链金融等技术，建立支持供应链的一站式网络物流服务平台，为制造业客户输出精准数字化运力，智能匹配业务运作，提供商流、物流、信息流、资金流四流合一的一站式物流供应链平台服务。宝供物流一站式智慧供应链服务平台主要由交易服务体系、运作跟踪体系、增值服务体系组成。

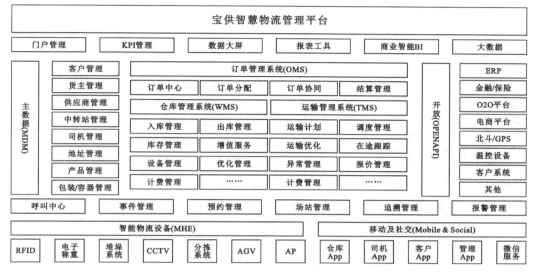

图 1-21　宝供智慧物流管理平台

二、创建物流监管大数据分析云平台

传统生产制造业的销售模式仍以经销商、大客户模式为主。大多数制造企业的物流模式主要为第三方物流外包模式，即由第三方专业化的物流公司为其提供仓配一体化服务的运作方式。在实际的运作过程中，制造企业将产品由第三方物流交付给客户，提货、发运、送达等环节均由第三方物流公司完成，这使得制造企业无法了解终端消费者的真实需求和反馈。传统制造企业无法通过系统或数据去管控运输全程，缺乏信息的沟通。针对这样的问题，宝供物流构建了满足制造业客户物流监管需求的大数据分析云平台，云端开放物流业务查询系统，方便客户查看、下载 KPI 数据报表，如图 1-22 所示。

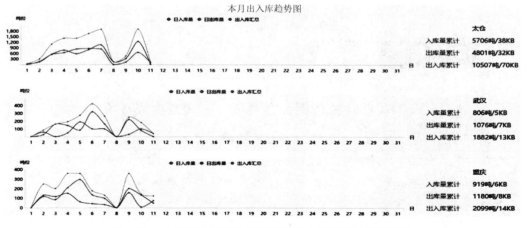

图 1-22　大数据分析云平台报表案例之运输准时率状态图

三、研发定制移动终端数字化应用

宝供物流通过移动终端数字化应用，让制造业客户通过手机即可对物流业务信息一览无余。宝供物流分别为客户用户、物流公司调度员、物流公司中转站、物流运输司机、物流运输收货端设计了不同的用户手机移动终端操作界面，如图1-23所示。

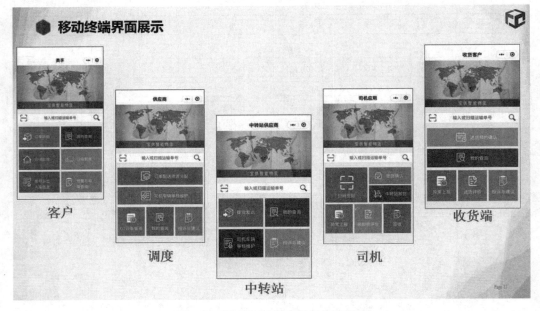

图1-23 系统定制用户手机操作界面

宝供物流的成功在于始终坚守为客户创造价值的使命，为此孜孜不倦，不断前行。在今天，客户的需求更多样化、变化更快，唯有用心、全力以赴才能实现宝供物流的使命。展望未来，宝供物流将"用心为你创造价值"，永远将客户的利益放在第一位，致力于成为客户的最佳合作伙伴，落实供应链每一环节的价值创造，以"开放、合作、实干、创新、共赢"的企业精神，助力客户取得卓越成就、实现基业长青。

全国职业院校技能大赛赛项——智慧物流赛项

2023年公布的《全国职业院校技能大赛赛项规程》规定了智慧物流赛项的主要内容。按照党的二十大报告提出的"建设高效顺畅的流通体系，降低物流成本"的要求，物流业的新时代将由智慧物流引领开启，借助互联网、物联网、大数据、云计算、人工智能、区块链等技术手段，对传统物流业进行智慧化的革新。因此，智慧物流的蓬勃发展对智慧物流人才的需求也更加迫切。培养智慧物流人才，需要围绕生产物流、商贸物流等多维度应用场景，培养学生跨行业、跨学科、跨专业的综合实践能力以及数字化技能思维。

本赛项秉持供应链管理理念，以服务智能制造的生产物流为应用背景，以智慧物流系统规划设计、仿真建模与运行、系统实施为主要工作任务，包括"1+X"物流职业素养测试、智慧物流系统规划仿真与方案设计、智慧物流系统方案实施与方案汇报答辩三个模块。赛项模块主要内容、比赛时长及分值如表1-3所示。

表1-3　赛项模块主要内容、比赛时长及分值

模块		主要内容	比赛时长	分值
模块一	"1+X"物流职业素养测试	参赛队根据提供的赛题完成职业能力、职业素养、生产安全、环境保护等方面的测试	40分钟	10%
模块二	智慧物流系统规划仿真与方案设计	参赛队根据提供的任务背景及相关数据，进行智慧物流系统规划设计，并运用系统完成仿真	240分钟	60%
模块三	智慧物流系统方案实施与方案汇报答辩	智慧物流系统方案实施：参赛队根据本队已完成的生产作业实施方案，运用技术平台及物流设备完成相应运行操作	30分钟	20%
		方案汇报答辩：参赛队对规划分析过程及设计仿真结果进行汇报答辩	15分钟	10%

项目实战

实战1　创建一家物流公司

◆ 项目任务

以小组为单位模拟创建一家物流公司，并进行公司筹建论证答辩。

◆ 项目要求

1. 确定公司信息：包含公司名称、公司性质、公司愿景、公司经营范围、公司注册资本、公司注册地址等内容。

2. 开展市场分析：包括市场需求分析、市场供给分析、客户资源分析、竞争企业分析、公司市场定位、公司营销战略等内容。

3. 建立组织架构：包括公司组织架构、岗位职责、工作流程、人员安排等内容。

4. 成功注册公司：包括填写设立登记申请表、制定公司章程、办理道路运输许可、办理货运站经营许可等内容。

5. 创新公司模式：包括明确公司未来发展特色、提出高质量发展规划。

◆ 训练步骤

步骤一：划分小组。按照自愿组合的原则，以 5～7 人为单位，将班级分成若干小组，确定组长，由组长组织小组成员开展项目实践。

步骤二：项目实施。以小组为单位完成项目要求的 5 项工作内容，并做好 PPT，准备答辩。

步骤三：项目答辩。小组选出代表，对公司筹建进行论证答辩；各组选出 1 位代表和教师一起组成专家组，对公司成立存在的问题给出建议，并请小组修改。

步骤四：项目奖励。对于表现优异的小组，给予平时成绩分数奖励；对于特别优质的可落地实施项目，可帮助学生培育孵化。

◆ 训练评价

训练评价表如表 1-4 所示。

表 1-4　训练评价表

层级	评价内容	满分	得分	自我评价
1	在规定时间内完成任务	10		
2	任务完成质量	35		
3	创新合作模式	10		
4	职业思政素养	15		
5	任务总结报告	30		

本章小结

本项目重点讲述了创建物流企业的理论知识与实践技能，主要包括物流业与物流企业认知、物流企业创建两个任务，通过任务描述、行动锦囊、知识拓展、学习加油站、素养课堂、直通职场、赛场竞技、项目实战等环节，实现了"岗课赛证""知识与技能""课程思政和素养提升"的三融通。

同步测试

一、判断题

1. 物流管理就是供应链管理。（   ）
2. 精益物流系统的支撑体系是客户关系管理。（   ）
3. 由专业物流组织进行的物流是第四方物流。（   ）
4. 按物流在企业经营活动中的作用,企业物流可以分为供应物流、生产物流、销售物流和逆向物流。（   ）

二、单项选择题

1. 物流企业在制定战略时要进行环境分析,下列属于企业环境分析内容的是（   ）。
   A. 潜在竞争对手分析　　　　　　　B. 技术环境分析
   C. 本企业资源优势分析　　　　　　D. 经济环境分析
2. 第四方物流的运营不包括（   ）。
   A. 协同运作型　　　　　　　　　　B. 企业自营型
   C. 方案集成型　　　　　　　　　　D. 行业创新型
3. 由承运人开具的证明托运人购买运输服务的基本单证是（   ）。
   A. 运费清单　　　　　　　　　　　B. 货运清单
   C. 提货单　　　　　　　　　　　　D. 提单
4. 用以载明工作内容、职责、要求等情况,可作为物流企业制定工作规范、挑选及培训职工依据的文件是（   ）。
   A. 工作分析报告　　　　　　　　　B. 工作说明书
   C. 工作规范　　　　　　　　　　　D. 工作要求

三、多项选择题

1. 按照物流系统的性质,可将物流分为（   ）。
   A. 社会物流　　　　　　　　　　　B. 行业物流
   C. 销售物流　　　　　　　　　　　D. 生产物流
   E. 企业物流
2. 按照企业发展的战略方向,物流企业战略类型分为（   ）。
   A. 综合型战略　　　　　　　　　　B. 专业型战略
   C. 增长型战略　　　　　　　　　　D. 维持型战略
   E. 收缩型战略
3. 下列哪些属于提高企业销售物流中运输效益的方法?（   ）
   A. 实施共同配送　　　　　　　　　B. 减少承运人数量

C. 使用自有车辆 D. 增加运输网点
E. 订立运输合同
4. 库存成本包括（　　）。
A. 订货成本 B. 运输成本
C. 保管成本 D. 仓储成本
E. 缺货成本

四、实务操作题
　　某化妆品销售公司是一家从事化妆品生产、销售的大型企业集团。集团内部的物流活动分别由供应总公司、储运总公司、内务部、办事处四大职能部门共同完成。各部门分工如下：供应总公司负责各生产厂原材料和包装的采购；储运总公司管理仓库及车辆，负责将各生产厂的产品统一运送至公司在广州白云区的仓库；内务部调度科负责统计、整理办事处的要货数量及各生产厂的生产计划下达，货运科负责将企业内部各仓库的货物通过火车、轮船、飞机调拨至全国21个办事处；各办事处负责货物的接收和储存，并根据市场需求及时将货物送达各客户仓库。集团的成品仓库分三个层次，一是各生产厂的仓库（有近十个生产厂），二是重庆港口的中转仓库，三是办事处仓库。各仓库随时保持着一定数量的库存。集团内部各生产厂都有自己的仓库和车队，从生产厂仓库转运至重庆港口的仓库及直接发往经销单位的货物大部分由各生产厂自备车完成；各办事处为了履行各自的收、发货等服务职能，皆配备有6～9名工作人员、2部自备车，在当地租赁仓库。请完成以下问题：
　　（1）根据上面提供的资料，分析该集团公司物流中存在的问题。
　　（2）对该集团公司存在的问题应如何解决？如何优化其物流系统？

项目二 　物流企业商务管理

思维导图

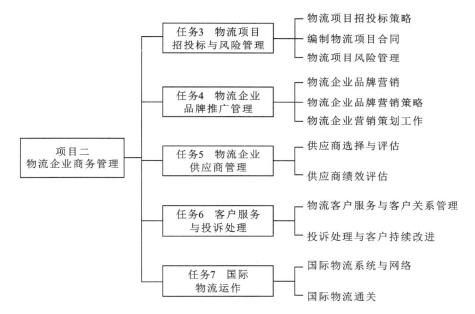

任务目标

◆ 知识目标
- 掌握物流项目招投标的流程和风险管理原则，理解项目合同的关键要素；
- 理解品牌营销的原理和方法，掌握品牌核心价值的打造过程；
- 掌握供应商评估与选择的关键指标，理解供应商全生命周期管理的重要性；
- 了解客户服务的基本原则和有效处理投诉的方法；
- 理解国际物流系统的组成部分和国际物流通关的流程。

◆ 技能目标

- 能够制定招投标策略，分析项目风险，并设计出合理的风险应对策略；
- 能够独立制定品牌推广策略，并根据市场反馈进行调整；
- 能够运用多维度指标评估供应商，收集和分析供应商绩效数据；
- 能够建立良好的客户关系，迅速响应并妥善处理客户投诉；
- 能够优化国际物流系统，熟练处理国际物流通关手续和海运流程。

◆ 素养目标

- 在招投标活动中展现高度的职业道德和责任感，确保合同的准确性和法律风险的最小化；
- 展现出品牌意识和创新思维，彰显团队合作精神和沟通协调能力；
- 表现出严谨的工作态度和足够的风险意识；
- 牢固树立客户服务意识，增强灵活应对和解决问题的能力；
- 具备国际视野，关注行业趋势，推动国际物流的可持续发展。

任务描述

在竞争激烈的物流市场中，A物流公司一直寻求突破与发展。当得知某知名企业计划将其国际物流业务外包并通过公开招标选择合作伙伴时，A物流公司看到了一个大好的机会。这不仅仅是一个物流项目，更是提升公司品牌影响力和市场份额的关键一步。

作为A物流公司的负责人，王经理深知此次项目的战略意义。他当机立断，组建了一支集合了采购、运营、市场营销等领域精英的团队，共同为即将到来的招标精心策划投标方案。王经理深知，要想在激烈的竞争中占据优势，除了提供卓越的物流服务外，还必须展示出公司强大的品牌推广实力。

为了成功中标该项目，A物流公司已制定一系列周密的策略和行动计划，涵盖物流项目招投标与风险管理、物流企业品牌推广、供应商管理、客户服务与投诉处理以及国际物流运作等多个关键领域。现在，就让我们携手开启以下学习任务，获取行动锦囊，助力王经理和他的团队在物流领域取得辉煌成就。

任务 3 物流项目招投标与风险管理

行动锦囊

3.1 物流项目招投标策略

1. 物流项目招投标概述

1) 物流项目招投标的含义

在繁忙的物流领域,招投标成为一种普遍且高效的合作桥梁。无论是大堆的货物需要运输,还是复杂的仓储和配送问题,专业的物流企业都能提供一站式解决方案。而招投标就像是一场"物流相亲会",让需要服务的一方(比如制造商或零售商)和提供服务的物流企业能够公平、透明地找到彼此。

学习加油站 2-1
标书的制作(视频)

具体来说,物流项目招投标是指物流服务需求方通过发布招标公告或邀请特定物流企业投标的方式,明确所需的物流服务范围、质量标准、价格要求等条件。当有人需要物流服务时,他们会发出一个"招标公告",就像是发出一张邀请函,告诉大家他们需要什么、期望的质量如何以及愿意支付的价格等。然后,各大物流企业就会根据自己的实力和经验,准备一份详细的"投标文件",展示自己的专业能力和服务计划。最后,需求方会按照一系列标准来评选这些投标文件,选出最合适的合作伙伴,并签订正式的合同。

2) 需要招标的物流项目

并不是所有的物流项目都需要通过招标来选择合作伙伴。但有一些特殊的项目,因为它们涉及社会公共利益、公众安全或是使用了特定的资金,所以必须通过招标来确保公平和透明。

图 2-1 展示了招投标项目的分类,从中可以得知必须招标的工程建设项目、其他项目,以及可以不招标的项目。

那么,怎么判断一个物流项目是否需要招标呢?根据《中华人民共和国招标投标法》(以下简称《招标投标法》)及其相关实施条例、规定,可以从以下几个方面进行判断。

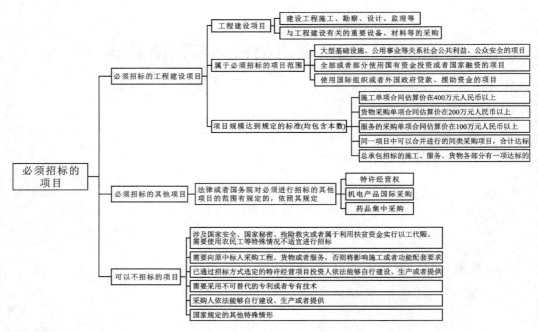

图 2-1 招投标项目的分类

（1）项目性质。如果项目属于工程建设类，比如新建仓库、改建运输线路等，则很可能需要招标。

（2）项目规模。一般来说，如果项目的合同金额达到了一定的标准（比如施工类项目 400 万元人民币以上），那就需要招标。

（3）资金来源。如果项目使用的是国有资金或者国家融资，那么为了保证资金使用的合理性和效率性，通常也需要招标。

（4）特殊情况。比如，如果项目涉及国家安全、国家秘密或者抢险救灾等紧急情况，可能就不需要招标。同样，如果项目使用的是某种不可替代的专利技术，也可能不需要招标。

3）物流项目招投标的基本方式

在物流项目的世界里，招投标是一种非常重要的合作桥梁。它就像是一场"物流界的相亲大会"，让需求方和供应方能够公平、透明地找到最合适的合作伙伴。那么，这场"相亲大会"都有哪些基本方式呢？让我们一起来看看吧！

（1）公开招标：广撒网，优中选优

公开招标就像是在物流界发布了一则"征婚启事"，任何对项目感兴趣的、符合条件的物流公司都可以来"应征"。

公开招标，也称为无限竞争性招标，是指招标方通过公开渠道发布招标公告，邀请所有符合资格条件的潜在投标人参与投标竞争的招标方式。任何对招标项目感兴趣的法人或其他组织，只要满足招标公告中规定的资格条件，都可以在规定的时间内向招标方递交投标文件。公开招标的优点是能够最大限度地吸引潜在投标人，增加竞争程度，有利于招标方从众多的投标方案中优中选优，获取最佳的经济效益和社会效益。但是，公开招标也存在一些缺点，如招标程序复杂、费用较高、时间较长等。

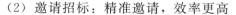

(2) 邀请招标：精准邀请，效率更高

邀请招标则更像是"定向相亲"，需求方根据自己的需求和项目的特点，主动向一些特定的、具备相应资格的物流公司发出邀请。

邀请招标，也称为有限竞争性招标或选择性招标，是指招标方根据项目的特点和自身需求，主动向一定数量的具备相应资格条件的特定法人或其他组织发出投标邀请书，邀请其参与投标竞争的招标方式。与公开招标不同，邀请招标不发布招标公告，而是直接邀请特定的潜在投标人参与投标。这种方式适用于采购项目比较特殊、对投标人有较高资格要求或者时间紧迫等情况。

(3) 议标：一对一谈判，灵活但需谨慎

议标则是一种更加灵活、非公开的招标方式。它就像是"私下约会"，需求方和一家或少数几家潜在的投标人进行一对一的谈判和协商。

议标，又称谈判招标或限制性招标，是一种非公开的、非竞争性的招标方式。在议标过程中，招标人会与一家或少数几家潜在的投标人进行谈判，就项目的价格、技术、服务等方面进行讨论和协商，最终达成一致的招标结果。议标通常适用于那些技术复杂、性质特殊或涉及国家机密的项目，以及招标人认为采用议标方式更有利于实现项目目标的情形。议标方式具有灵活性高、效率高的优点，但同时也存在透明度低、容易滋生腐败等缺点。因此，在实际应用中需要谨慎使用，并建立健全监管和制约机制。大多数招投标方面的犯罪案件与采用议标方式有关。议标仅适用于涉及国家安全、国家秘密、抢险救灾等特殊情形，且需经项目审批部门批准。

2. 物流招投标流程

物流项目的招标流程好似一场精心组织的"相亲会"，分为五个重要阶段。

1) 招标准备：打好基础，事半功倍

在招标准备阶段，物流项目的需求方需要明确自己的需求，比如运输方式、路线、时效和预算等。同时，还需进行市场调研，了解行情和服务提供商的情况，确保招标活动的合法性和高效性。最后，需要向相关部门提交招标申请，并获得批准或备案，为后续的招标活动做好准备。

2) 资格预审：筛选优质"相亲对象"

资格预审阶段的主要目的是对潜在投标人进行初步筛选。招标人会发布资格预审公告，明确项目的基本情况和资格要求。潜在投标人需要按照公告要求提交资格预审申请文件，展示自己的资质、能力和信誉。招标人或其委托的代理机构会对申请文件进行审查，确保进入下一阶段的投标人具备履行合同的基本条件。

3) 招标投标：展示实力，争取"牵手"机会

在招标投标阶段，招标人会编制并发布招标文件，明确项目的详细要求和评标标准。潜在投标人需要购买招标文件，并仔细研究其中的内容。为了更好地了解项目实际情况和需求，招标人有时候还会组织现场勘探和答疑会议。投标人需要按照招标文件的要求编制投标文件，并在规定的时间内提交。投标文件需要充分展示投标人的实力和经验，争取获得招标人的青睐。

4）评标定标：选出最佳"伴侣"

评标定标阶段是确定中标人的关键环节。开标时，招标人会邀请所有投标人代表出席，公开宣读投标文件的内容。评标委员会会根据招标文件中的评标标准对投标文件进行评审，并推荐中标候选人。招标人最终确定中标人，并发出中标通知书。这一过程需要确保公开、透明和公正，让所有投标人都能够信服。

5）合同签订及后续：携手共进，开启合作之旅

在中标通知书发出后，中标人需要与招标人签订正式的合同。合同将明确双方的权利和义务，为项目的顺利实施提供法律保障。同时，招标人还需要整理招标过程中的相关资料，以备后续管理和审计之需。随着合同的签订和资料的整理完成，整个物流招投标流程也就画上了圆满的句号。

图 2-2 展示了物流招投标的详细流程。

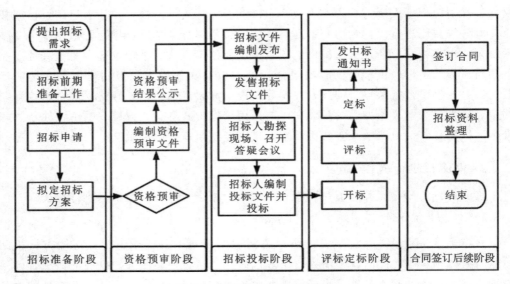

图 2-2　物流招投标的详细流程

3. 常见物流招投标违法行为

物流招投标违法行为是指在物流项目的招标投标过程中，相关方违反法律法规、规章制度或道德规范的行为。这些违法行为可能涉及招标人、投标人、招标代理机构、评标委员会成员等各方主体，严重破坏了招投标的公平、公正和诚信原则，损害了相关方的合法权益，甚至可能导致项目失败或造成重大损失。

学习加油站 2-2
常见的招投标
违法行为（视频）

1）招标人违法行为

招标人的违法行为主要涉及以下几个方面：

（1）招标人提前泄露标底或相关信息给特定投标人；

（2）招标人与特定投标人串通，排挤其他投标人；

(3) 招标人未依法发布招标公告或未按照招标文件规定的时间、地点进行开标;
(4) 招标人擅自改变招标文件规定的评标标准和方法。

2) 投标人违法行为

投标人的违法行为主要涉及以下几个方面:
(1) 投标人提供虚假资料或隐瞒真实情况骗取中标;
(2) 投标人相互串通投标,抬高或压低标价;
(3) 投标人与招标代理机构或评标委员会成员串通,谋取中标;
(4) 投标人以低于成本的报价竞标,扰乱市场秩序。

3) 招标代理机构违法行为

招标代理机构的违法行为主要涉及以下几个方面:
(1) 招标代理机构泄露应当保密的与招标投标活动有关的信息;
(2) 招标代理机构与招标人、投标人串通,损害国家利益、社会公共利益或者他人合法权益;
(3) 招标代理机构在招标过程中弄虚作假、徇私舞弊。

4) 评标委员会成员违法行为

评标委员会成员的违法行为主要涉及以下几个方面:
(1) 评标委员会成员私下接触投标人,收受财物或其他好处;
(2) 评标委员会成员不按照招标文件规定的评标标准和方法进行评标;
(3) 评标委员会成员泄露评标过程中的信息或结果。

3.2　编制物流项目合同

合同即契约,是人们相互之间就一定事物的权利和义务以各种不同方式所达成的协议。在物流领域,物流项目合同就是物流企业和客户之间围绕物流服务的提供与接受而签订的一份具有法律约束力的约定。这份约定可能包括运输、仓储、配送等各种服务内容,每一项都受到《中华人民共和国民法典》等相关法律的规范和保护。

1. 物流项目合同的类型

1) 运输合同:让货物安全抵达目的地

运输合同就像是物流企业和客户之间的一张"车票",规定了货物从起点到终点的旅程。在这张"车票"上,承运人负责驾驶运输工具把货物安全送到;托运人是货主,把货物交给承运人;收货人则是最终接收货物的人。

运输合同法律关系包括托运人、承运人在运输合同履行过程中的权利和义务。

(1) 托运人的权利和义务

在承运人将货物交付收货人之前,托运人有权要求承运人中止运输、返还货物、变更到达地或将货物交给其他收货人。但这些要求可能会给承运人带来损失，托运人应赔偿承运人因此而受到的损失。

托运人需承担以下四项义务。第一，如实申报义务。托运人在办理货物运输时，应向承运人准确提供收货人的信息，货物的性质、数量、重量以及收货地点等必要情况。若因托运人提供的信息不实或遗漏重要情况而导致承运人遭受损失，托运人应承担赔偿责任。第二，提交文件义务。若货物运输需要办理审批、检验等手续，托运人应完成相关手续并将文件提交给承运人。第三，货物包装义务。托运人应按照约定方式包装货物，确保货物在运输过程中的安全。若托运人违反包装规定，承运人有权拒绝运输。第四，危险货物运输。托运危险货物时，必须遵守国家关于危险货物运输的规定，妥善包装并标记货物，同时向承运人提交有关危险货物的书面材料。若托运人违反这些规定，承运人可以拒绝运输或采取必要措施防止损失发生，相关费用由托运人承担。

（2）承运人的权利和义务

承运人有义务按照合同约定安全、准时地将货物运输到指定地点，并有权获得约定的运输费用。若承运人因自身原因造成货物损失或延误，应承担相应的赔偿责任。

2）仓储合同：为货物找一个临时的"家"

仓储合同又称仓储保管合同，它就像是物流企业和客户之间的一张"租房协议"，规定了货物在仓库里的存放事宜。

学习加油站 2-3
仓单：仓储保管的凭证（视频）

仓单（Warehouse Receipt）是一种要式证券，不仅可以作为提取货物的凭证，存货人或仓单持有人还可以在仓单上背书并经保管人签字或盖章后转让给他人。更神奇的是，它还可以作为担保物，为存货人的债务提供担保。这样一张小小的纸片，竟然有如此强大的功能！

3）配送合同：将货物准确送达每一扇门

配送，这个物流领域的"最后一公里"，对于确保货物从仓库准确、迅速地传递到客户手中至关重要。它不仅仅是一个简单的送货过程，更涉及拣选、加工、包装、装卸、配货等一系列精心设计的环节，每个环节都必须严谨无误。

在配送服务中，物流企业与客户之间的合作形式多种多样，合作方在不同合作形式下的法律地位和法律要求有所不同。有些客户选择签订纯粹的配送服务合同，将物流任务全权交给专业的物流企业。而有些客户则希望物流企业能够提供更多服务，如订货、购货等，于是双方会签订销售配送合同，将销售与配送服务紧密结合起来。

4）物流保险合同：为物流活动保驾护航

物流保险，简而言之，就是为物流活动提供的一份安全保障。它综合了传统货运保险和财产保险的责任范围，确保货物在运输、储存、加工、包装以及配送过程中，因自然灾害或意外事故造成的损失和相关费用能得到及时补偿。无论是仓储、空运、海运还是陆路运输，物流保险都发挥着不可或缺的作用。

以海运为例,险种分为基本险和附加险两大类。基本险主要包括平安险、水渍险和一切险,为货物提供全面的保障。附加险则进一步扩展了保障范围,包括一般附加险和特别附加险,以应对各种特殊情况。同样地,陆路运输和航空运输也有相应的保险种类,如陆运险、陆运一切险、航空运输险和航空运输一切险等。

在我国,只有依法设立的保险公司才有资格经营商业保险业务。这意味着,选择物流保险时,必须选择与具备资质的保险公司合作,以确保保险的有效性和合法性。

5) 国际贸易出口合同:精准细致,确保顺利履行

国际贸易出口合同的履行是一项复杂而细致的工作。在我国出口贸易中,大多数合同按 CIF(成本、保险费加运费)条件成交,并采用信用证支付方式收款。这种合同的履行涉及多个环节和部门,需要细致的工作态度和紧密的协作配合。

为了提高履约率,外贸公司必须与相关部门保持密切沟通与合作。备货、催证、审证、改证、报验、报关、保险、装船、制单、结汇等环节都需要紧密衔接,确保每个环节都能准确无误地完成。只有这样,才能确保国际贸易出口合同的顺利履行,为企业赢得良好的国际声誉和经济效益。图 2-3 展示了国际贸易出口合同的履行顺序。

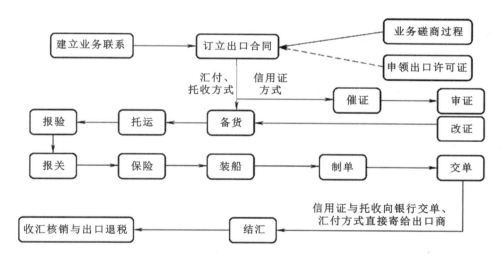

图 2-3 国际贸易出口合同的履行顺序

2. 物流项目合同的主要内容

物流项目合同的主要内容包括如下几个方面。

(1) 基本信息:合同双方的基本信息,包括名称、地址、法定代表人、联系人、电话、传真、电子邮件等,以确保双方能够准确无误地进行沟通和联系。

(2) 服务范围与要求:明确物流企业为客户提供的具体服务内容,如运输、仓储、装卸、包装、配送等,以及服务的质量标准、要求、验收方法和保证期限等。同时,还应包括服务的起始地点、目的地、运输方式、运输路线等详细信息。

（3）合同期限：明确合同的起始日期和结束日期，以及可能的续约条款和条件。这有助于双方了解合作的时间框架，并据此安排各自的工作计划。

（4）价格与结算方式：约定物流服务的费用计算标准、结算方式、支付时间等。这包括服务费用的总额、支付方式（如预付款、货到付款等）、支付期限以及发票开具等细节问题。同时，还应明确费用变更的条件和程序。

（5）权利与义务：明确双方在合同履行过程中的权利和义务，包括各自的工作职责、协作方式、保密义务等。这有助于双方按照约定履行合同，并维护各自的合法权益。

（6）违约责任：约定双方违反合同约定时应承担的责任和赔偿方式。这包括违约情形的认定、赔偿范围的计算方法以及争议解决方式等。通过明确违约责任，可以促使双方更加认真地履行合同义务，降低违约风险。

（7）解决争议的方式：明确双方在合同履行过程中发生争议时的解决途径和程序，如协商、调解、仲裁或诉讼等。这有助于及时、有效地解决纠纷，维护双方的合作关系。

（8）其他约定事项：根据具体情况约定的其他条款和条件，如合同的变更、解除、终止等情形以及通知送达方式等。这些条款可以根据双方的实际需求进行个性化设置，以满足特定场景下的合作要求。

3.3 物流项目风险管理

1. 物流项目常见风险类型

物流项目风险管理是确保物流项目能够顺利进行并达到预期目标的重要环节。在物流项目中，常见的风险类型如图2-4所示。

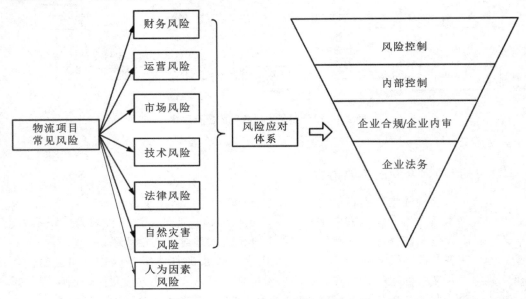

图2-4　物流项目常见的风险类型

物流项目常见的风险类型可详述如下。

(1) 财务风险。这主要涉及物流项目的财务状况和资金流动。例如，项目预算超支、资金不足、收款困难和现金流问题等，这些都可能导致项目无法按时完成或产生经济损失。

(2) 运营风险。这是与物流项目运营过程直接相关的风险，包括供应链中断、运输延误、库存积压、设备故障和人力资源不足等。这些问题可能导致项目效率低下，甚至完全停滞。

(3) 市场风险。市场风险主要涉及市场需求、竞争态势和价格波动等因素。例如，市场需求下降、新竞争者的出现或原材料价格波动等，都可能对物流项目的盈利能力产生重大影响。

(4) 技术风险。随着物流行业对技术的依赖日益加深，技术风险也成为一个不可忽视的问题，包括技术过时、系统故障、数据丢失和网络安全问题等。这些问题可能导致项目中断，甚至对整个业务在长期内造成消极影响。

(5) 法律风险。这主要涉及物流项目在遵守法律法规和行业标准方面可能面临的问题。例如，违反贸易法规、环保规定或劳动法规定等，都可能导致严重的法律后果和财务损失。

(6) 自然灾害风险。自然灾害如洪水、地震、台风等可能对物流项目造成严重影响，如设施损坏、运输中断和库存损失等。

(7) 人为因素风险。这包括员工失误、管理不善、欺诈行为等人为因素导致的风险。这些问题可能对项目的运营效率、财务状况等各个方面产生负面影响。

2. 物流项目风险管理流程

有效的风险管理对于确保物流项目的顺利进行、保护企业资产和声誉至关重要。图 2-5 展示了物流项目风险管理的具体流程。

1) 风险识别

风险识别是风险管理的初始步骤，它涉及识别可能对物流项目造成不利影响的事件或条件。为了有效地识别风险，物流企业需要建立一个跨部门的团队，利用各种工具和分析方法（如头脑风暴、SWOT 分析、历史数据分析等）来系统地识别和记录潜在风险。

2) 风险评估

风险评估是对已识别风险的可能性和潜在影响进行分析和量化的过程。风险评估通常包括定性和定量方法。定性方法依赖于专家判断和经验，定量方法则使用数学模型和统计数据来预测风险的可能结果。

3) 风险应对策略

一旦风险被识别和评估，就需要制定相应的风险应对策略。这些策略应旨在降低风险的可能性、减轻其潜在影响，或者为风险事件做好准备。

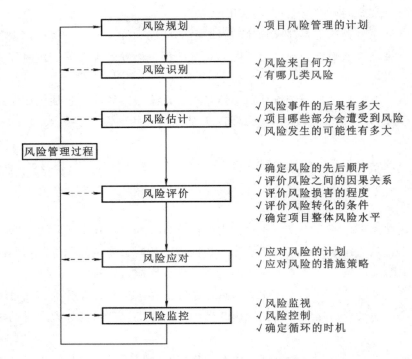

图 2-5　物流项目风险管理的具体流程

常见的风险应对策略包括：

（1）风险规避：通过改变计划或策略来完全避免风险；

（2）风险转移：通过保险、外包或其他合同安排将风险转移给第三方；

（3）风险减轻：采取措施来减少风险的可能性或影响，如增加备份系统、进行员工培训等；

（4）风险接受：对于某些低影响或低概率的风险，企业可能选择接受并承担其潜在后果。

4）风险监控与报告

风险管理不是一次性的活动，而是一个持续的过程。因此，物流企业需要建立风险监控机制，定期审查和调整风险管理计划，以确保其仍然有效。此外，定期的风险报告也是必要的，它可以帮助管理层了解当前的风险状况，以便在必要时做出相应决策。

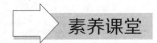

物流招投标合规管理

物流企业通过主动地、内在地进行物流招投标合规管理，可以从源头抓起,用治本之策,"消未起之患,治未病之疾",不仅抓末端、治已病,更要抓前端、治未病,从而推动物流行业的稳健发展。

在实施物流招投标合规管理时,企业需严格遵循《招标投标法》等相关法律,确保所有活动均在法律框架内进行。同时,企业还需依据《招标投标领域公平竞争审查规则》进行公平竞争审查,以消除任何可能排除或限制竞争的因素,为各类经营主体提供公平的竞争环境。

此外,建立完善的招投标流程也是合规管理的重要环节,包括资格预审、招标文件准备、投标、评标及定标等步骤,均需严格遵循法律法规的要求。企业内部也应建立起完善的招标采购合规管理体系和相关制度,明确各环节的责任追究机制,并通过培训与宣传,增强员工的合规意识和操作能力。

在风险管理方面,企业应注重招投标过程中的风险识别与评估,及时采取防范措施以保障企业权益。同时,利用大数据、云计算和人工智能等先进技术推动招投标的数字化和智能化升级,这样不仅能提高工作效率,还能进一步增加招投标活动的透明度。

任务 4 物流企业品牌推广管理

行动锦囊

4.1 物流企业品牌营销

1. 物流市场营销基本知识

1)物流行业产业链剖析

从产业链的维度来看,物流产业上游主要涵盖为物流业提供基础设施与设备的行业,具体包括道路基础设施建设、仓储地产业以及物流设备制造业等;中游以物流企业为核心,这些企业提供运输、仓储及物流管理等关键服务;下游则广泛涉及对仓储、运输等服务有需求的各行业及个人。图 2-6 展示了物流行业产业链示意图。

学习加油站 2-4
现代物流产业链
互动图谱(视频)

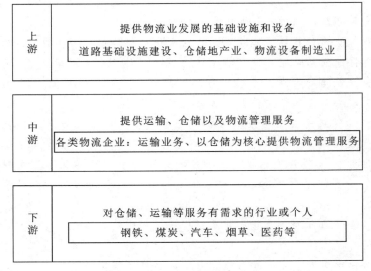

图 2-6 物流行业产业链示意图

2) 物流市场营销的概念

物流市场营销是指物流企业以客户的物流需求为核心，通过采取市场定位、客户细分、价格制定、宣传推广和商务联络等一系列整体营销行为，提供物流服务来满足客户的需求，从而实现物流企业盈利目标的营销活动过程。它既包含企业对物流活动的营销，也包含企业对物流产品的营销。

2. 物流市场营销的环境分析

物流市场营销环境分析构成物流企业进行市场战略规划的基石。透过对市场营销环境的深入剖析，物流企业能够更精准地把握市场脉搏，有效规避风险，从而制定出更具针对性和成效的市场营销策略。

1) 宏观环境分析

宏观环境分析涉及政治法律环境、经济环境、社会文化环境和技术环境等方面。

（1）政治法律环境。政治稳定是物流市场平稳运行的前提，将减少市场的不确定性；政府扶持贸易的政策及交通政策等，均对物流企业的发展产生深远影响；同时，相关法律法规的完善与执行情况直接关系到物流市场的公平竞争与规范化发展。

（2）经济环境。经济发展水平、产业结构及区域经济发展动态均会对物流需求与服务水平产生影响；市场需求的变化，特别是消费者购买力、进出口贸易量及电子商务的发展等因素，直接决定了物流市场的规模与增长潜力；此外，通货膨胀与利率的波动也会影响物流成本、资金成本及企业的投资决策。

（3）社会文化环境。人口结构的变化，如增长、迁移及老龄化趋势，均会对物流需求与服务类型产生影响；消费者习惯的变化引导着物流服务的创新与发展；不同地区的文化差异则会影响物流服务的接受度及物流企业市场推广策略的制定。

（4）技术环境。物流技术的革新，特别是自动化、智能化及信息化技术的应用，能够显著提升物流效率与服务质量；通信技术的进步和人工智能技术的发展，为物流行业带来新的增长机遇;同时,绿色环保技术的应用对于物流行业的可持续发展至关重要。

2) 微观环境分析

微观环境分析涉及供应商、顾客、竞争者和公众等方面。

(1) 供应商。供应商的实力,包括其规模、技术水平及服务质量等,直接影响物流企业的运营成本与服务质量,因此,与供应商建立长期稳定的合作关系对于保障物流服务的稳定性与可靠性至关重要。

(2) 顾客。深入了解顾客的个性化需求与期望,提供定制化的物流服务是提升顾客满意度的关键;同时,通过顾客反馈与满意度调查,不断改进和提升物流服务水平也是至关重要的。

(3) 竞争者。对竞争对手的服务特点、价格策略及市场占有率等进行深入分析,有助于物流企业制定更具针对性的竞争策略;同时,密切关注行业动态与市场变化,及时调整自身的市场营销策略也是必不可少的。

(4) 公众。与政府机构保持良好的沟通与合作关系,有助于物流企业获取政策支持与项目资源;同时,积极关注社会舆论与媒体报道,履行社会责任并树立良好的企业形象也是至关重要的。

4.2 物流企业品牌营销策略

1. 物流市场细分与目标市场选择策略

1) 物流市场细分

物流市场细分是指根据物流需求者的不同需求和特点,将整个物流市场划分为若干个具有相似需求的小市场或子市场的过程。市场细分的目的是帮助企业更准确地识别目标客户群体,以制定更有效的市场营销策略。

学习加油站 2-5
ESG 视角下物流
行业的发展——
以顺丰为例(视频)

物流市场可以按照作用、客户行业、地理区域、物品属性、服务需求等多个维度进行细分。例如,按作用可细分为供应物流、销售物流、生产物流、回收物流、废弃物流;按物流活动的空间范围可细分为地区物流、国内物流、国际物流;按商品流动区域和方向可细分为境内物流和跨境物流;按客户行业可细分为电商物流、快消品物流、汽车物流等;按物品属性可细分为普货物流、危险品物流等;按服务需求可细分为仓储服务、运输服务、配送服务、供应链管理服务等。

通过对物流市场进行细分,企业可以更加聚焦地服务于某一特定客户群体,提高市场占有率和客户满意度。

2) 物流目标市场的选择策略

在选择物流目标市场时，企业需要考虑自身的资源、能力和竞争优势，以及目标市场的吸引力、潜力和竞争状况等因素。常用的目标市场选择策略包括如下几个方面。

（1）无差别性市场策略：企业把整个物流市场看作一个整体，忽略市场需求的差异性，以单一的产品和服务满足所有客户的需求。这种策略适用于市场需求共性较大、企业实力较弱的情况。

（2）差别性市场策略：企业根据物流市场需求的差异性和相似性，将整个市场划分为若干个子市场，并针对每个子市场制定不同的产品和服务策略。这种策略能够更好地满足客户的个性化需求，提高市场占有率，但也需要企业具备更充裕的资源和更强的实力。

（3）集中性市场策略：企业选择一个或少数几个具有较大吸引力和潜力的子市场作为目标市场，集中资源进行重点突破。这种策略能够使企业在局部市场上取得较大的竞争优势，但也面临着较高的市场风险。

3) 物流市场定位

市场定位是指物流企业在目标市场中塑造出独特的形象和品牌，使目标客户能够将其与其他竞争对手区分开来。市场定位的核心是找到企业的竞争优势和差异点，并通过有效的传播手段将这些信息传递给目标客户。

在进行市场定位时，物流企业需要考虑以下几个方面：服务特点、价格策略、客户关系管理、品牌形象等。服务特点可以是快速、准时、安全、可靠等；价格策略可以根据目标市场的需求和竞争状况进行灵活调整；客户关系管理方面可以通过建立长期稳定的合作关系来提高客户满意度和忠诚度；品牌形象则需要通过统一的视觉识别系统、口号和广告宣传等手段来塑造和传播。

2. 物流市场营销组合策略

1) 市场营销组合的概念

市场营销组合，又称为4P组合，是企业为了满足目标市场的需要，对可控制的各种营销因素（产品、价格、地点、促销等）的优化组合和综合运用，使之协调配合，扬长避短，以便更好地实现营销目标。这些因素通常可以根据其英文字头简称为4P，即产品（Product）、价格（Price）、渠道（Place）、推广（Promotion）。

在物流行业中，市场营销组合同样适用，但具体内容与其他行业有所不同。物流企业需要综合考虑自身的物流服务产品、价格策略、分销渠道以及促销和推广活动，以确保这些元素相互配合，最大限度地满足客户需求并实现企业的营销目标。

2) 物流市场营销组合

对于物流行业来说，其市场营销组合呈现出与众不同的特点。

（1）产品。在物流行业中，产品主要是指物流服务，这包括运输、仓储、配送、包装、信息处理等一系列服务。物流企业需要根据目标市场的需求和特点，设计和开发符合客户期望的物流服务产品。例如，针对电商客户，可以提供快速、准确、可追踪的快递服务；针对工业客户，可以提供定制化的供应链解决方案。

（2）价格。价格是物流市场营销组合中的重要因素。物流企业需要根据服务成本、市场需求、竞争状况等因素来制定价格策略。价格既要能够覆盖成本并实现盈利，又要具有竞争力以吸引客户。常见的价格策略包括成本导向定价、竞争导向定价和需求导向定价等。

（3）渠道。在物流行业中，渠道主要是指物流服务的分销和交付方式。物流企业需要选择合适的分销渠道来为目标客户提供服务，这可以包括直接渠道（如自有车队、仓库）和间接渠道（如合作伙伴、代理商）。同时，物流企业还需要考虑如何优化交付过程，提高服务效率和客户满意度。

（4）推广。推广是物流市场营销组合中的最后一个因素。物流企业需要通过各种促销和推广活动来提高品牌知名度、吸引新客户并保持现有客户的忠诚度，这可以包括广告、公关活动、促销（如折扣、优惠券）、个人销售以及社交媒体营销等多种方式。推广活动的选择应根据目标市场的特点和企业资源来决定。

4.3 物流企业营销策划工作

1. 目标市场分析

在制定物流企业品牌营销策略之前，深入的目标市场分析是至关重要的。目标市场分析有助于物流企业更准确地识别潜在客户群体，了解他们的需求和偏好，从而为品牌营销策略的制定提供有力支持。以下是目标市场分析的几种常用方法。

1) 市场调研

市场调研是了解目标市场的第一步。通过收集和分析有关物流市场的数据和信息，企业可以了解市场的规模、增长趋势、竞争格局以及客户需求等关键要素。市场调研可以包括在线调查、行业报告、专家访谈等多种方式，以获取全面而准确的市场情报。

2) 调查问卷

调查问卷是收集目标客户直接反馈的有效工具。通过设计针对性强、问题明确的调查问卷，物流企业可以获取客户对服务质量、价格敏感度、品牌认知度等方面的具体意见和看法。

3) 个人访谈

个人访谈是一种深入了解目标客户需求和偏好的方法。通过与目标客户面对面或电话交流，物流企业可以更加直观地了解他们的物流需求、服务期望和潜在痛点。

2. 竞争分析

在制定物流企业品牌营销策略时，对竞争环境进行深入分析是非常必要的。以下是几种常用的竞争分析方法。

1）SWOT 分析

SWOT 分析是一种常用的战略分析工具，通过对企业内部的优势（Strengths）、劣势（Weaknesses）以及外部环境的机会（Opportunities）、威胁（Threats）进行综合评估，可以帮助企业识别在制定品牌营销策略时应考虑的关键因素。

（1）优势：物流企业的核心竞争力，如高效的运输网络、先进的技术平台、优质的服务等。

（2）劣势：企业相对于竞争对手的不足，如高成本、有限的服务范围、过时的技术等。

（3）机会：市场中的潜在增长领域，如新兴市场的拓展、新技术的应用、政策支持等。

（4）威胁：可能影响企业市场地位和盈利能力的外部因素，如竞争对手的激烈竞争、法规变化、经济衰退等。

通过 SWOT 分析，物流企业可以明确自身的市场定位和发展方向，制定相应的品牌营销策略以发挥优势、克服劣势、利用机会、应对威胁。

2）五力模型

五力模型是由迈克尔·波特提出的，用于分析一个行业的竞争态势。这"五力"包括：

（1）行业内竞争者的竞争程度：评估现有物流企业之间的竞争激烈程度，包括价格战、服务创新等；

（2）潜在进入者的威胁：分析新进入者对市场的影响，如资本投入、技术革新等；

（3）替代品的威胁：评估其他运输或物流服务方式对企业构成的威胁，如铁路运输与公路运输之间的竞争；

（4）供应商的议价能力：分析物流服务所需资源（如运输设备、仓储设施）供应商的议价能力对企业成本的影响；

（5）购买者的议价能力：评估客户对物流服务价格的敏感度和议价能力，以及他们对服务质量的要求。

通过五力模型分析，物流企业可以更好地理解行业竞争格局，制定相应的品牌营销策略以应对各种竞争力量。

3）市场份额分析

市场份额分析是通过比较企业在市场中的销售额或业务量与整个市场的总销售额或总业务量来确定企业在市场中的相对地位。这种分析有助于了解企业在市场中的竞争地位、市场占有率和增长潜力。通过市场份额分析，物流企业可以识别自身在市场中的优势和劣势，从而制定相应的品牌营销策略以提升市场份额。

4）对手分析

对手分析是对竞争对手的战略、能力、资源和市场行为进行深入研究的过程。通过收集和分析竞争对手的信息，物流企业可以了解对手的优势和劣势、市场定位、目标客户群体、服务特点等，从而制定有针对性的品牌营销策略以获取竞争优势。对手分析还可以帮助企业预测竞争对手的未来动向和市场反应，为企业的决策提供参考依据。

3. 物流企业市场营销目标受众

在进行市场营销时，物流企业必须深入了解其目标受众，包括他们的心理与行为特征、人群画像以及消费习惯。这些信息对于制定有效的营销策略至关重要。

1）心理与行为特征

物流企业需要了解目标消费人群的心理需求，例如他们对于安全感、控制感、信任感的需求。这些心理需求会影响他们对物流服务的选择和忠诚度。例如，对于高价值货物的运输，客户可能更注重安全性和可靠性；而对于日常小件快递，客户可能更看重速度和便捷性。

2）人群画像

为了更具体地了解目标受众，物流企业可以创建人群画像。这通常包括几个具有代表性的虚构人物，他们代表了目标受众中的不同群体。每个人物都有详细的背景信息，如年龄、性别、职业、收入、家庭状况等，以及他们的物流需求和偏好。

通过人群画像，物流企业可以更加直观地理解目标受众的需求和差异，从而制定更精准的市场营销策略。例如，针对不同的人群画像，企业可以提供不同类型的物流服务或定制化的解决方案。

3）消费习惯

了解目标受众的消费习惯对于物流企业来说至关重要。这包括他们的购买频率、购买量、购买时机以及支付方式等。此外，还需要关注他们选择物流服务商的标准和偏好，如价格敏感度、品牌忠诚度、服务质量要求等。

4. 物流企业品牌定位

品牌定位是物流企业在市场竞争中建立独特印象和认知的过程，它涉及品牌的核心价值、产品及品牌的延伸价值以及企业的文化体系。以下是对这三个方面的详细阐述。

1）品牌的核心价值打造

品牌的核心价值是品牌的灵魂，是消费者选择该品牌而非其他品牌的根本原因。对于物流企业而言，核心价值可能包括高效、可靠、安全、创新等。这些价值应与消费者的需求和期望相契合，并在企业的所有活动中得到一致体现。

2）产品及品牌的延伸价值

产品及品牌的延伸价值是品牌核心价值的自然延伸，它涵盖了企业提供的所有产品和服务，以及这些产品和服务所承载的附加价值。对于物流企业来说，这包括基础物流服务（如运输、仓储）、增值服务（如包装、配送、信息处理）以及潜在的未来服务创新。

3）文化体系：使命、愿景、价值观

文化体系是品牌定位的基石，它包括企业的使命、愿景和价值观。使命是企业存在的根本目的和意义；愿景是企业对未来发展的期望和目标；价值观则是企业行事的原则和标准。

对于物流企业来说，一个清晰的使命可以指引企业前进的方向，激发员工的使命感；愿景则为企业的未来描绘了一个美好的蓝图，激励员工为之奋斗；价值观则为企业和员工提供了共同的行为准则和道德标准，确保企业在发展过程中始终保持正确的轨道。

图 2-7 是对物流企业营销策划工作的小结。

01 内部调研：
了解企业自身的情况；
项目自身优势、劣势分析；
产品分析。

02 市场分析：
对外部环境和自身所处阶段的了解；
国家政策法规；
行业发展趋势。

03 竞争对手分析：
竞争现状分析；
战略定位；
优势、劣势；
主打产品。

04 用户分析：
目标消费人群的心理与行为特征；
人群画像；
消费习惯。

05 品牌定位：
品牌的核心价值打造；
产品及品牌的延伸价值；
文化体系：使命、愿景、价值观。

06 产品卖点：
产品卖点提炼（卖点列举、差异化提炼、USP取舍）；
辅助卖点挖掘。

图 2-7　物流企业营销策划工作小结

知识拓展

中远物流的市场细分

中国远洋物流有限公司（以下简称"中远物流"）是一家规模和实力居市场领先地位的现代物流企业。为了分析、发掘新的市场机会，合理选择目标市场和制定相应的营销策略，获得最佳的市场营销效果，提高企业经济效益，中远物流把市场细分为汽车物流、家电物流、项目物流、展品物流等。目前，在汽车物流方面，主要为上海别克、一汽捷达等厂家提供进口汽车组装的物流配送服务，为沈阳金杯提供"零公里成品车"物流配送服务；家电物流方面，主要客户有海尔、小天鹅、海信、澳柯玛和长虹等知名企业；项目物流方面，主要开发了长江三峡水电站、秦山核电站、江苏田湾核电站、齐鲁石化工程、厦门翔鹭PTA、上海磁悬浮轨道梁等国家重点建设工程的物流项目；展品物流方面，在完成"中华文化美国行""德国亚太文化周""北京国际工程机械暨技术设备展览会"等多项具有显著经济效益和社会效益的展品物流项目的基础上，中远物流已初步形成了以北京、上海和广州为中心的跨国、跨地区展运物流服务核心经营体系。

任务 5　物流企业供应商管理

行动锦囊

物流企业商务管理涵盖了多个方面，其中就包括物流企业的供应商管理。这一管理环节的重点在于供应商的选择与评估，以及对供应商绩效的全面评估，这些内容构成了供应商管理的核心工作。

5.1　供应商选择与评估

在物流企业的运营中，供应商的选择与评估是至关重要的环节，它直接关系到企业的成本控制、服务质量和市场竞争力。有效的供应商管理可以确保企业获得高质量的服务，合理控制成本，保持供应链稳定。

学习加油站 2-6
绿色供应链管理（视频）

1. 供应商分类

按供应商资质、企业实力、采购金额、风险、信用等因素，通常可以将供应商分为以下几类：

（1）战略合作伙伴：在行业内排名靠前或知名企业，经审核和企业管理层认定，与其确立战略合作伙伴关系；

（2）合格供应商：指资质审核通过、合作过的供应商，可直接提供项目建设、设备、施工以及相关服务；

（3）不合格供应商：供应商提交注册信息后，经资质审查未达到企业指定的标准要求，被判定为不合格供应商；

（4）黑名单供应商：在采购或合同履行过程中存在违法、违规、严重违约等行为的供应商。

2. 选择和评估供应商的数据指标

供应商的选择成功与否，直接关系到大部分企业的生产能否稳定运转。企业可根据自身规模、实际业务需求以及管理目的等，制定针对供应商的评价体系。如何准确评估供应商呢？以下提供 7 个常见的数据指标，企业可根据实际需求进行选择。

（1）产品质量。产品质量是一切业务的基础，更是企业的生命。质量检查方式可分为全检和抽检，常用的是抽检方式，产品质量的好坏可用质量合格率等数据指标来验证。比如，供应商交货时抽检 N 件，其中有 M 件是合格的，则质量合格率的计算公式为：

$$质量合格率 = (M/N) \times 100\%$$

（2）交货期。主要考察供应商能否准时交货。如果供应商不能准时交货，可能会导致后续一连串问题，对企业来说风险很大。交货期可使用准时交货率进行衡量，其计算公式为：

$$准时交货率 = (准时交货次数/总交货次数) \times 100\%$$

（3）交货率。主要考察供应商是否按时交货，其计算公式为：

$$交货率 = (实际交货量/期内应完成交货量) \times 100\%$$

（4）工作质量。主要考核供应商的工作质量，可使用期内交货过失率进行衡量，其计算公式为：

$$期内交货过失率 = (期内交货过失量/期内交货总量) \times 100\%$$

（5）价格。在跟供应商合作时，需要清楚供应商的价格在市场上处于什么水平，可以与市场同类产品的平均价格、最低价格进行对比，两个相关指标如下：

$$平均价格比率 = [(供货价格 - 市场平均价格)/市场平均价格] \times 100\%$$

$$最低价格比率 = [(供货价格 - 市场最低价格)/市场最低价格] \times 100\%$$

（6）进货费用水平。考察指标为进货费用节约率，其计算公式为：

$$进货费用节约率 = [(本期进货费用 - 上期进货费用)/上期进货费用] \times 100\%$$

（7）信用。在跟供应商合作时，信用非常重要。为减少、避免供应商恶意拖账、欠账等行为，降低信用风险，需计算供应商的信用占比，据此决定是继续合作还是终止合作。其计算公式为：

$$信用占比 = 1 - (期内失信次数/期内交往总次数) \times 100\%$$

3. 供应商全生命周期管理

实现供应商全生命周期的高效管理，需要做好供应商注册、审核、报名、报价、中标、发收货、绩效考核、报表分析等全流程的管理工作，以帮助筛选并建立、维护优质供应商团队，消除双方信息壁垒，提升协作效率，实现双赢的局面。

学习加油站 2-7
供应链管理
系统（视频）

在考虑使用全生命周期成本（Life Cycle Cost，LCC）来选择供应商时，采购经理需要综合考虑设备的购买成本以及在整个使用寿命期间的运营、维护和处置成本。全生命周期成本分析是一种评估长期经济性的方法，它帮助决策者优化资本支出和运营支出结构，实现二者之间的平衡。

对于供应商提供的设备，可以按照以下步骤计算全生命周期成本：首先，确定每台设备的购买成本；然后，确定每台设备每年预计的运营和维护成本；接下来，确定设备的预期使用寿命；最后，计算每台设备的全生命周期成本。其计算公式如下：
$$LCC_i = P_i + (M_i \times T)$$

在这个公式中，LCC_i 代表第 i 个供应商的设备全生命周期成本，P_i 是其设备的购买价格，M_i 是该设备每年的运营和维护成本，T 是该设备的预期使用寿命。

下面通过一个例题来说明对供应商的选择。

【问答贴】

某采购经理要为企业购买 2 台设备，现有 4 家供应商可以提供货源，但价格不同。供应商甲、乙、丙、丁的设备价格分别为 130 万元、110 万元、140 万元、160 万元，它们每年所消耗的运营维护费分别为 10 万元、20 万元、6 万元和 5 万元。假设这些设备的生命周期均为 5 年。试计算设备生命周期成本，据此确定合适的供应商。

【解答】 我们需要计算设备在其生命周期内的总成本，从而帮助采购经理确定合适的供应商。

设备生命周期成本计算公式为：

总成本＝设备购买价格＋设备每年的运营维护费×设备生命周期

用数学公式可表示为：
$$TC = P + M \times T$$

对于 4 家供应商，我们将分别计算其总成本，并比较得出成本最低的供应商，如表 2-1 所示。

表 2-1　各供应商设备生命周期总成本

供应商	设备生命周期总成本
甲	180 万元
乙	210 万元
丙	170 万元
丁	185 万元

因此，采购经理应该选择供应商丙，因为它的设备生命周期总成本最低，为 170 万元。

5.2　供应商绩效评估

供应商绩效评估指对备选供应商在合作期间的表现进行定期或不定期的评价，其目的是确保供应商能够持续满足企业的需求，并及时发现和解决合作中的问题。以下是供应商绩效评估的关键步骤和要点。

1. 建立绩效评估标准

根据企业的需求和合作目标,制定明确的绩效评估标准,如质量(Quality)、成本(Cost)、交货(Delivery)、服务(Service)、技术(Technology)、资产管理(Asset Management)、员工与流程(People and Process),合称 QCDSTAP,如图 2-8 所示。

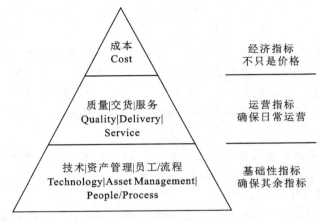

图 2-8 供应商绩效评估标准

1)质量

质量是考核供应商最基本的指标,其指标数据包括以下几个方面:

来料批次合格率=(合格来料批次/来料总批次)×100%

非来料抽检缺陷率=(抽检缺陷总数/抽检样品总数)×100%

非来料在线报废率=来料总报废数(含在线生产时发现的)/来料总数×100%

非来料免检率=(来料免检的各类数/该供应商供应的产品总类数)×100%

2)成本

因为市场价格基本上每年都会波动,比如原材料成本涨价或降价,供需双方需及时沟通,将报价确定在合理的范围内,既要保证供应商的合理利润,也要控制企业采购成本,实现双方共赢。

3)交货

交货指标考察供应商是否按时、按规、按量交付,通常使用按时交货率指标进行衡量,其计算公式如下:

按时交货率=(实际交货量/期内应完成交货量)×100%

4)服务

服务指标不属于硬性指标,大多无法量化。企业在考察服务指标时,可以从以下几个维度进行:供应商是否积极配合;供应商是否重视报价和采购订单;供应商是否遵守供应商行为准则;供应商是否有良好的售后服务意识。

2. 收集绩效数据

通过日常合作记录、定期检查、供应商自评等方式收集供应商的绩效数据。

3. 绩效分析

对收集到的数据进行整理和分析，形成客观的绩效评价结果。

4. 反馈与沟通

将绩效评价结果反馈给供应商，并就评价结果进行沟通和讨论，共同制定改进措施。

5. 激励与惩罚

根据绩效评价结果，对表现优秀的供应商给予一定的激励，如增加合作份额、延长合同期限等；对表现不佳的供应商则采取相应的惩罚措施，如减少合作份额、要求整改等。

通过认真遴选供应商，做好供应商绩效评估，物流企业可以建立起一个稳定、高效、具有竞争力的供应商网络，从而为企业的长远发展奠定坚实的基础。

任务 6 客户服务与投诉处理

客户服务与投诉处理是物流企业商务活动的重要组成部分，主要内容包括客户需求分析与客户关系构建管理、有效处理客户投诉以及推动客户服务的持续改进。

6.1 物流客户服务与客户关系管理

1. 客户的深刻内涵

在物流领域，客户的概念远超过"简单的服务接受者"。他们是企业运营的归宿，是现代企业管理中不可忽视的重要方面。客户的内涵在现代物流实践中得到了极大的丰富和深化，主要体现在以下三个维度。

1）供应链

对于身处供应链下游的物流企业来说，其上游的合作伙伴——无论是生产商、分销商，还是其他物流服务提供商——都可以被视为重要的客户。这种关系链条一直延伸到最终消费产品或服务的用户。在这种复杂的供应链客户关系中，物流企业虽然不直接参与价值的创造，但通过优化时间和空间效率，为供应链的两端客户创造巨大价值，从而推动自身的持续发展。

2）终端消费者

市场导向的现代物流企业深知，终端消费者的需求是推动市场发展的根本动力。无论是专注于仓储配送的物流企业，还是提供综合物流解决方案的物流企业，抑或新兴的快递服务企业，都必须将终端消费者的需求置于战略核心位置。

3）物流企业内部

内部客户理念是物流企业管理领域的新兴焦点。这一理念强调企业内部各个环节、各个部门之间的紧密协作与高效配合，将上一环节的工作成果视为对下一环节的服务输出。通过建立这种内部客户关系，企业可以显著提升内部运作效率，进而增强整体服务能力和市场竞争力。

2. 物流客户服务的全面解读

物流客户服务是物流企业为满足客户多样化、个性化的物流需求而提供的一系列活动的总称。

1）物流客户服务的特点

物流客户服务的核心在于全面满足客户需求，涵盖订单处理、技术培训、客户投诉处理及服务咨询等多个层面。同时，它拥有一套科学、全面的业绩评价体系，涉及产品可得性、存货水平、货损率、订货周期可靠性、送货时间、备货效率以及服务的灵活性和快速响应能力等多个关键指标。

2）物流客户服务的要素

物流客户服务的要素包括如下三个方面。

（1）交易前要素：这些要素主要塑造客户对企业的初步印象，包括品牌形象塑造、市场定位策略、宣传推广活动等，为后续的服务打下坚实基础。

（2）交易中要素：这些要素直接影响物流过程中的客户服务体验，如订单处理的效率与准确性、货物运输与配送的时效性与安全性等。

（3）交易后要素：这些要素主要关注产品销售和运送后的支持与服务，如退换货流程的便捷性、客户反馈的收集与改进等，旨在提升产品的售后服务质量和客户忠诚度。

图 2-9 展示了物流客户服务的要素。

3）物流客户服务的内容

物流客户服务的内容包括如下三个方面。

（1）核心服务：即订单服务，贯穿物流企业的整个业务流程，涉及从订单受理、处理到最终将物品送达客户手中的一系列活动，确保订单的准确、高效完成。

（2）基本服务：涵盖运输、配送、仓储、装卸搬运、包装及流通加工等基础物流活动，以及与之紧密相关的物流信息服务。这些服务构成物流企业运营的基础和核心竞争力。

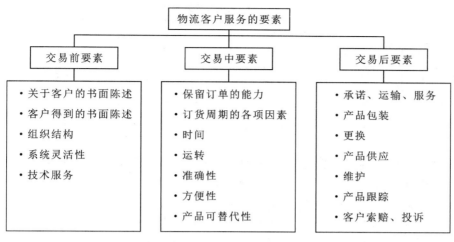

图 2-9　物流客户服务要素

（3）增值服务：在满足基本服务需求的基础上，物流企业还需提供个性化的增值服务以获取竞争优势。这些服务可能包括定制化的物流方案设计、精准的需求预测、货款回收与结算服务、专业的教育与培训以及深度的行业咨询等。通过提供这些增值服务，物流企业能够更好地满足客户的多样化、个性化需求，并在激烈的市场竞争中脱颖而出。

3. 客户关系管理

客户关系管理（CRM）不仅是一个循环往复、不断加强与顾客互动的过程，旨在深入洞察顾客需求并持续优化产品和服务，它还是一种借助尖端信息技术来实现的高效管理方法。它集成了销售自动化、客户服务与支持、营销自动化、呼叫中心以及商务智能等多重功能，通过多样化的渠道和触

学习加油站 2-8
CRM 管理系统（视频）

点，确保企业与客户之间能够建立稳固而持久的关系。客户关系管理的终极目标在于精准识别并深入挖掘那些最具价值的客户，与他们建立起满意、忠诚且富有战略意义的伙伴关系。通过这样的方式，企业能够最大化地实现长期利润的增长，同时在激烈的市场竞争中占据有利地位。

综上，客户关系管理有三层含义：

（1）体现为新业态企业管理的指导思想和理念；

（2）是一种创新型的企业管理模式和运营机制；

（3）是企业管理中信息技术、软硬件系统集成的管理方法和应用解决方案的总和。

物流企业客户关系管理的步骤包括如下几个方面。

1）大客户判断

为了更精准地管理客户并有效地开发潜在客户，我们采用指标法来衡量客户价值，据此将客户群划分为大客户（A 类客户）、主要客户（B 类客户）和普通客户（C 类客户）。在判断大客户时，我们主要关注的指标如表 2-2 所示。

表 2-2 大客户的判断指标

指标类别	指标内容	指标意义
交易类指标	累计销售额、累计利润、平均交易额	反映客户对企业的经济贡献
财务类指标	收款周期、欠款额	评估客户的财务状况和支付能力
客户特征指标	客户所处行业、企业利润、平均交易额	理解客户需求和制定个性化服务策略
需求匹配指标	价值定位、采购标准	判断客户与企业产品或服务的契合程度

具体到采购环节，大客户通常具备以下特征：单笔交易数额大或累计交易金额高；参与决策人数多；决策时间长且过程复杂；注重长远且考虑采购风险；采购流程较为理性；交易成功主要依赖于口碑和客户关系。

此外，我们还可以引入 RFM 模型作为大客户判断的辅助工具。RFM 模型通过分析客户的最近一次消费时间（Recency）、消费频率（Frequency）和消费金额（Monetary）来评估客户价值（见图 2-10）。通过设定评分标准并赋予权重，我们可以将不同 RFM 分值的用户划分为不同等级的 VIP 客户（见表 2-3）。举例来说，如果一个客户在最近 1 个月内消费了 20 000 元，并且已经购买了 4 次，那么根据 RFM 模型的评分标准，该客户可能被视为 VVVVVIP 级用户（见表 2-4）。

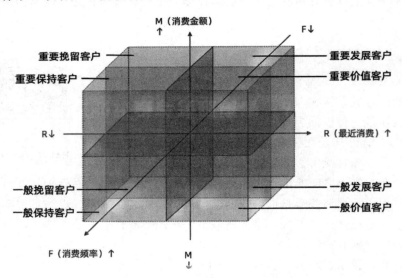

图 2-10　RFM 模型的立体呈现

表 2-3　客户价值的评估

分数	R（最近消费）/权重 4	M（消费金额）/权重 8	F（消费频率）/权重 8
5	1 个月内	>10 000 元	≥5 次
4	1 个月至 3 个月	5 001～10 000 元	4 次
3	3 个月至 6 个月	2 001～5 000 元	3 次
2	6 个月至 1 年	1 001～2 000 元	2 次
1	1 年以上	≤1 000 元	≤1 次

表 2-4　不同等级 VIP 客户的划分

RFM 值	顾客级别
81～100	VVVVVIP
61～80	VVVVIP
41～60	VVVIP
21～40	VVIP
1～20	VIP

2）大客户管理——销售漏斗

在企业开展营销活动、销售商品、提供服务的过程中，我们可以将用户视为一个"漏斗"（见图 2-11）。在这个漏斗中，用户不断流动并与企业建立关系。企业的目标是吸引尽可能多的用户进入漏斗，并与他们保持良好的关系，从而提高最终的成交率。

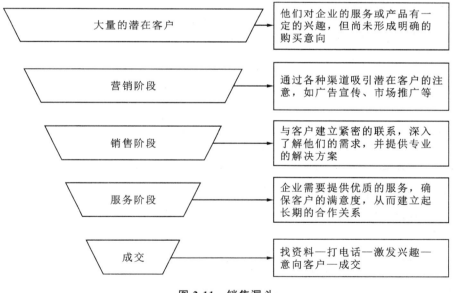

图 2-11　销售漏斗

3）大客户销售程序——重中之重

针对大客户的销售过程往往复杂且对销售人员的要求较高。为了确保销售活动的顺利进行并提高成功率，我们梳理了一条完整的销售拜访路径，如图 2-12 所示。

以下是对销售拜访路径的简要介绍。

（1）访前分析。在拜访前，销售人员需要对大客户的组织架构进行详细调查，包括了解关键决策人物、采购流程和业务需求等信息（见表 2-5），这些信息对于制定个性化的销售策略和建立有效的沟通渠道至关重要。

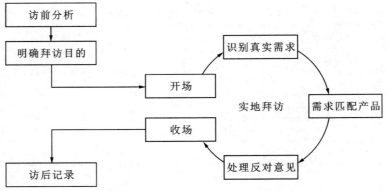

图 2-12 销售拜访路径

表 2-5 详细调查客户

1. 客户资料	·客户的组织架构、关键人的联系方式 ·决策、采购、使用、支持、反对等情况 ·客户所在行业的基本状况、客户本身的业务情况等
2. 竞争对手资料	·客户对竞争对手产品的使用情况、满意度 ·竞争对手的销售代表性特点、与客户的关系等
3. 项目资料	·客户通过这个项目要解决什么问题 ·客户最近的采购计划、时间、预算、流程等
4. 个人资料	·家庭、家乡、毕业学校、爱好等基本情况 ·在机构中的地位、同事间的关系 ·未来的发展目标、志向等

(2) 明确拜访目的。每次拜访前都应设立明确的目标，如签单、维系关系、检查进度、沟通解决方案或进行市场调研等。根据目标制定详细的拜访计划并准备必要的资料和工具。

(3) 开场与建立信任。在销售拜访过程中，一个好的开场可以帮助销售人员迅速建立客户的信任和好感。销售人员应注重自身的专业素养和沟通技巧，通过寻找共同话题和展示企业实力等方式来拉近与客户的关系。

(4) 识别真实需求。销售人员需要善于提问和聆听，通过开放式和封闭式问题相结合的方式来深入挖掘客户的真实需求。同时，他们还需要关注客户的组织需求和个人需求，以便为客户提供更加全面的解决方案。

(5) 需求匹配产品。在了解客户需求后，销售人员需要向客户介绍符合需求的产品、方案或服务。他们可以采用 FABE（见图 2-13）、SPIN（见图 2-14）等销售方法来展示产品的特点和优势，并引导客户认识到产品的价值。

(6) 处理反对意见。面对客户的反对意见，销售人员需要灵活应对，保持冷静和自信，通过专业的解释来化解客户的疑虑。他们可以采用同感法、实证法、诱导法等多种方法（见表 2-6）来处理反对意见，并争取客户的认可和支持。

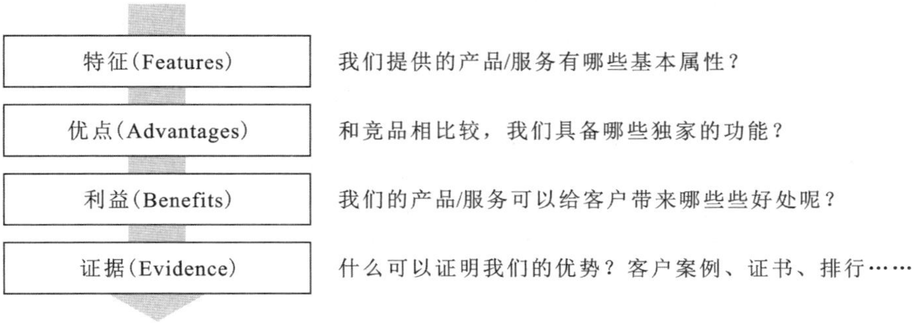

特征(Features)	我们提供的产品/服务有哪些基本属性？
优点(Advantages)	和竞品相比较，我们具备哪些独家的功能？
利益(Benefits)	我们的产品/服务可以给客户带来哪些些好处呢？
证据(Evidence)	什么可以证明我们的优势？客户案例、证书、排行……

图 2-13　FABE 销售方法

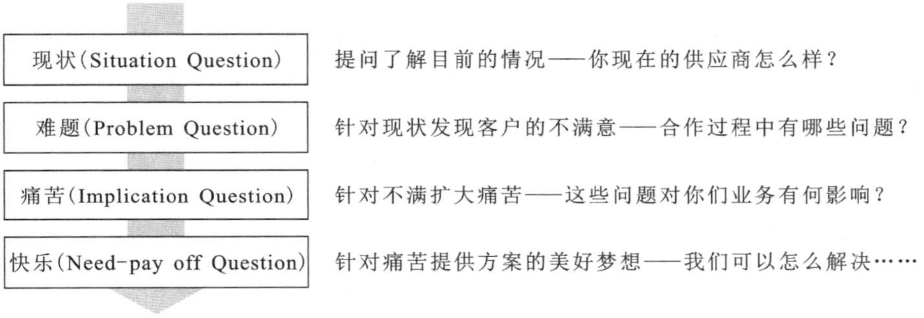

现状(Situation Question)	提问了解目前的情况——你现在的供应商怎么样？
难题(Problem Question)	针对现状发现客户的不满意——合作过程中有哪些问题？
痛苦(Implication Question)	针对不满扩大痛苦——这些问题对你们业务有何影响？
快乐(Need-pay off Question)	针对痛苦提供方案的美好梦想——我们可以怎么解决……

图 2-14　SPIN 销售方法

表 2-6　处理客户反对意见的方法

方法	解释	示例
拒绝处理法	认同＋赞美＋转移＋反问	・您这个考虑是对的。 ・看来您对……非常擅长。 ・您也可以看一下我们的…… ・您说是吗？
同感法	理解＋感受＋新发现	・我理解您的感受。 ・某人以前也这么想，但是后来他发现……
实证法	引用权威第三方资料证明	・我们某个客户也这样…… ・我们在××奖项中得到了……
扭转乾坤法	以对方反对意见作为购买理由	・客户：我们没时间讨论。 ・销售：这也正是我要跟您说的，只要您……以后就不会像现在这么忙。
诱导法	将讨论重点引导回正面	・客户：你们的价格太贵。 ・销售：您是否注意到……

（7）收场与获取承诺。在拜访结束时，销售人员需要总结本次拜访的成果并明确下一步的行动计划。他们可以采用试探法、选择法等方法（见表2-7）来获取客户的承诺和合作意向，为后续的销售活动奠定良好的基础。

表2-7 收场与获取承诺的方法

方法	举例
试探法	要不我先赠送您一个月的使用期，您先用看看？
霸王硬上弓法	这样好了，我马上安排我们的技术人员今天下午为您服务。
选择法	您是想要购买A套餐还是B套餐呢？
引诱法	您现在采购，还可以得到我们的限时优惠。

（8）访后记录与跟进。每次拜访后，销售人员都应为客户建立完善的资料档案并安排客户服务计划。他们需要及时记录拜访过程中的关键信息和客户反馈，以便后续跟进和持续改进服务质量。同时，他们还需要定期与客户保持联系并关注市场动态，以便及时发现新的商机和合作机会。

4. 智能客服

随着科技的飞速发展，国内的客服系统已历经三大革命性变革：从早期的呼叫中心系统，到后来的在线客服系统，再到如今引领潮流的智能客服系统。作为技术与客服行业的完美融合，智能客服正依托AI技术为企业提供智能化、自动化的卓越客户服务。在客服智能化转型的背后，AI大模型和云技术发挥着举足轻重的作用。AI大模型凭借深度学习和自然语言处理的强大能力，能深刻理解并精准回答用户的复杂问题，甚至进行自主决策，如图2-15所示。而云技术的加持，使得AI大模型能够轻松应对海量数据和请求，实现快速响应和即时互动。

学习加油站2-9
智能客服行业（视频）

学习加油站2-10
智能客服引领
服务新时代（视频）

1）智能客服的分类

智能客服产品家族庞大，按功能主要可分为语音客服、在线客服、辅助机器人、智能质检以及创新性的数字人客服，如图2-16所示。

不同智能客服产品的概念和特征可详述如下：

（1）在线客服：通过网页聊天、即时通信等在线平台，以文字形式为用户提供迅速、便捷的客服服务；

（2）语音客服：借助先进的语音识别技术，通过自动语音应答系统为用户提供电话交互式服务，高效解决各类问题；

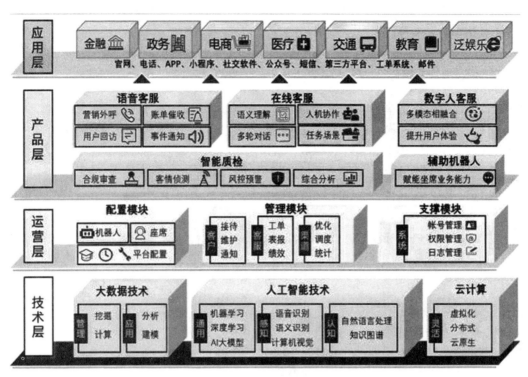

图 2-15 智能客服技术和应用框架

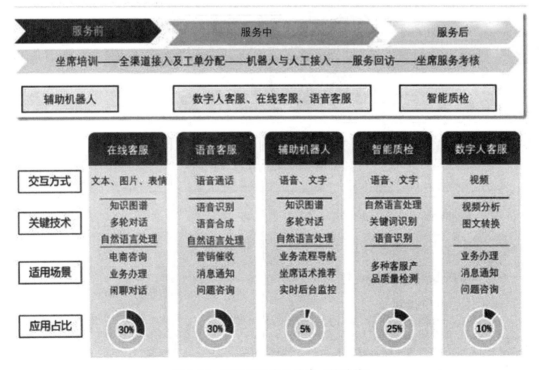

图 2-16 智能客服产品分类（按功能）

（3）辅助机器人：精准描绘客户画像、推荐最佳话术、导航业务流程等，全面协助客服人员高效完成问答并提升转化率；

（4）智能质检：对客服服务质量进行严格监督和评估，确保始终提供高品质服务并持续提升客户满意度；

（5）数字人客服：基于AI技术打造的虚拟人物具备强大的自然语言处理和人机交互能力，为用户提供前所未有的高效、便捷客服体验。

2) 智能客服背后的核心科技力量

智能客服的卓越表现离不开一系列核心科技的鼎力支持。自然语言处理是实现机器对人类语言深刻理解和自然输出的基石；结构化知识库运用NLP技术精准抓取信息，构建出结构化的行业知识图谱；智能语音技术则让文本与语音之间的自由转换成为可能；深度学习技术深入洞察用户意图、识别用户情绪并做出恰当回应；而AI大模型更是通过降低训练成本、提升精准度和增强泛化能力等方式，持续推动智能客服的向前发展。这些科技的完美结合，使得智能客服能够更深入地理解用户需求并提供精准解决方案（见图2-17）。

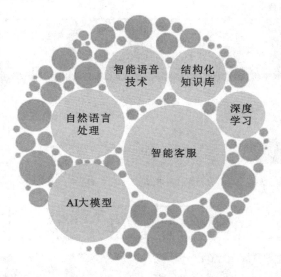

图 2-17　智能客服核心技术

6.2　投诉处理与客户持续改进

1. 物流客户投诉概述

当客户与物流企业进行交易时，他们通常对物流服务抱有一定的期望。如果实际服务未能达到客户期望的水平，客户可能会感到不满，进而产生抱怨或投诉行为。物流客户投诉是指物流企业经营范围内的物流客户，在其接受运输、仓储保管、装卸、搬运、包装、配送、流通加工、信息处理等服务过程中,权益受损(不论是否可归责于物流企业)或感到不满意,为了维护权益、弥补损失而进行的投诉活动。

值得注意的是,并非所有不满的客户都会进行投诉。实际上,只有一小部分客户会选择通过正式渠道进行投诉。因此,当企业收到客户投诉时,应该将其视为一个宝贵的改进机会,并积极采取措施以解决问题并提升客户满意度。

客户投诉的表达方式多种多样,包括当面口头投诉、书面投诉(如意见箱、邮件等)以及电话投诉等。企业应建立有效的投诉处理机制,确保能够及时、公正地处理各类客户投诉。

有数字表明,90%的不满意客户从来不抱怨,69%的客户从未投诉过,23%的客户不满时只向身边的服务人员提出过,仅有8%的客户投诉通过客户关系部门传达到企业最高管理层,从而形成了客户投诉金字塔,如图2-18所示。

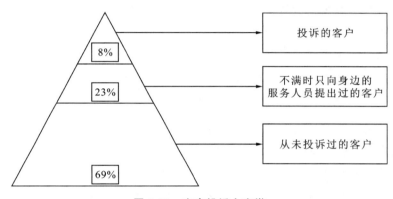

图2-18 客户投诉金字塔

2. 物流客户投诉的分类与处理时限

1)投诉分类

物流客户投诉可分为服务质量类投诉和非服务质量类投诉。

(1)服务质量类投诉:涉及物流服务质量的投诉,如货物损坏、丢失等。企业应高度重视此类投诉,并迅速采取补救措施。

(2)非服务质量类投诉:包括送货延迟、价格问题、服务态度等。虽然这些投诉不直接涉及服务质量,但它们同样会影响客户的满意度和忠诚度。

表2-8展示了物流客户投诉的级别评定。

表2-8 物流客户投诉级别

级别	与服务质量直接相关的投诉	与服务质量间接相关的投诉
一般投诉	发生小故障,造成一定的经济损失	给客户带来不便,引发一定的经济损失
其他投诉	客户的过度期望或错误认识引发	超出企业的承诺范围
特别投诉	发生大故障,给客户带来巨大经济损失 出现人身伤害的情况 存在发生大量故障的隐患	与法律法规相冲突 引发巨大经济损失 造成客户的强烈不满

2）处理时限

为确保客户投诉得到及时处理，企业应设定明确的处理时限要求，遵循及时处理原则，尽快解决客户的问题。一般来说，对于一般投诉和其他投诉，企业应在受理后的 1~2 个工作日内与客户取得联系并解决问题；对于特别投诉，企业应在受理后的 5 个工作日内与客户取得联系并解决问题。

3. 客户投诉的原因与持续改进

1）投诉原因分析

客户投诉的原因可以归结为两大类：结果不满和过程不满。结果不满主要涉及产品和服务未达到客户预期的效果或价值；过程不满则涉及客户在接受产品和服务过程中的不良体验。在物流服务行业里，由于服务性产品的特殊性，服务结果和服务过程相伴而生，因此结果不满和过程不满往往相互交织、很难截然分开，共同影响客户的满意度和忠诚度，客户的投诉往往源于对结果和对过程同时不满。

2）识别并改进不满意因素

为了持续提升客户满意度，企业需要深入识别并改进导致客户不满意的各种因素。这包括理解差距（即企业未能准确理解客户需求）、程序差距（即缺乏有效的工作流程和规范来满足客户需求）、行为差距（即员工未能按照工作流程和规范提供服务）、促销差距（即实际服务与宣传承诺不符）以及感受差距（即客户未能完全感受到企业提供的优质服务）。通过缩小这些差距，企业可以更有效地满足客户需求并提升客户满意度。

同时，企业还应建立有效的客户反馈机制，定期收集和分析客户反馈数据，以便及时发现并改进服务中的不足之处。

4. 处理客户投诉的标准化流程

当交易完成后，一旦客户发现问题并产生投诉，物流企业需遵循一套标准化的处理流程以确保问题得到迅速而有效的解决。该流程依次为：接收客户投诉；详细记录投诉内容；明确投诉处理责任归属；审批并处理投诉；深入分析投诉原因；提出有针对性的处理方案；及时通知客户并收集反馈意见；最终执行处理方案；对责任人进行相应的处罚。在这一流程中，对投诉原因的深入分析至关重要，在此基础上需确保责任能够落实到具体个人，以便后续改进和避免类似问题的再次发生（见图 2-19）。

学习加油站 2-11
与客户沟通的六大
技巧（视频）

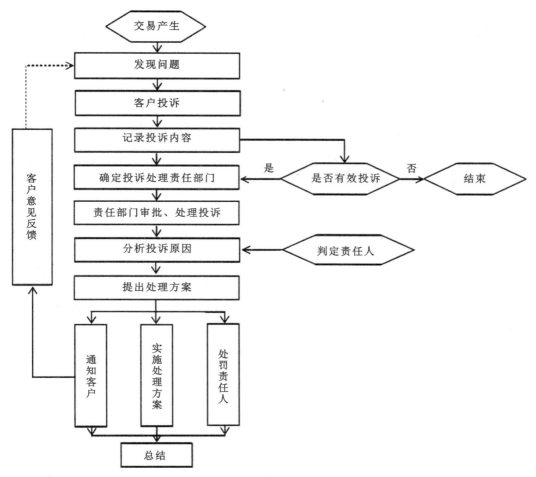

图 2-19 客户投诉处理基本步骤

任务 7　国际物流运作

行动锦囊

在国际物流场合，物流企业商务管理涵盖国际物流运作的全方位管理，内容不仅限于国际物流运作本身，还包括与国际物流通关密切相关的法规遵守、流程优化等事项。

7.1 国际物流系统与网络

1. 国际物流系统

国际物流系统是一个综合性的体系，它涵盖了商品的包装、储存、运输、检验、流通加工以及相关的整理、再包装和国际配送等环节。在这个系统中，储存和运输被视为两大核心支柱，它们共同确保商品在时间和空间上的有效转移，从而满足国际贸易和跨国经营的需求。

国际物流系统是一个高度复杂且需紧密协调的网络，它跨越多个国家，涉及多种运输方式，不仅仅是货物的简单移动，还包括信息流、资金流和人员流的综合管理。其核心组成部分包括如下几个方面。

1) 国际货物运输子系统

国际货物运输是国际物流的命脉所在。由于其具有路线长、环节多、涉及面广、手续复杂、风险性大等特点，运输费用往往占据国际贸易商品价格的重要部分。国际运输主要涉及运输方式的选择、运输单据的处理以及货物运输保险等方面。

学习加油站 2-12
国际货物运输保险
投保流程（视频）

目前，国际货物运输方式主要有以下几类：

（1）国际海洋货物运输：利用天然航道进行的运输，是国际贸易中最常用的运输方式；

（2）国际铁路货物运输：包括国际铁路联运、对特定地区的铁路运输等；

（3）国际公路货物运输：跨越国境的货物陆地运输方式；

（4）国际航空货物运输：通过航空方式进行的快速运输，包括班机运输和包机运输；

（5）国际多式联运：结合两种或更多种运输方式进行的高效运输，如陆空联运、陆海联运等。

2) 国际货物储存子系统

储存和保管在国际物流中扮演着重要角色。国际贸易中的商品在流通过程中可能需要暂时存放在仓库，等待进一步的转运或配送。这主要涉及各国的保税制度、保税仓库建设以及仓库管理等方面。保税仓库作为一种特殊类型的仓库，为国际贸易提供了便利和经济的存储条件。

3) 国际物流信息子系统

信息是国际物流的神经系统。它涵盖了进出口单证、支付方式、客户资料、市场行情等与物流相关的各类信息。

4) 国际物流装卸搬运子系统

装卸搬运是连接各个物流环节的桥梁。在国际物流中，频繁的装卸搬运活动要求做到成本最低、损失最小，以确保货物的安全和完整。

5）国际商品检验检疫、通关子系统

商品检验检疫是确保进出口商品质量、数量和包装等符合合同规定的重要环节。同时，商品在出入境时还需办理通关手续，包括清关和报关服务，以确保货物合规进出各个国家。

6）国际货物配送子系统

国际货物配送是在一定经济区域内，根据客户需求对到达的国际货物进行拣选、加工、包装、分割、组配等作业，并在规定时间内送达指定地点的物流活动。它是确保货物最终到达客户手中的关键环节。

2. 国际物流网络

国际物流网络是一个由多个收发货节点及连接它们的运输线路所组成的复杂网络。这个网络不仅涵盖了实物的流动，还包括与之相伴的信息流。具体来说，国际物流网络由以下几个主要部分组成。

1）国际物流节点

物流节点在物流网络中承担着包装、装卸、保管、分拣、配货、流通加工等物流功能。在国际物流中，这些节点还具有整合、指挥、调度和信息传输等高级功能，是整个物流网络的中枢。常见的国际物流节点包括进出口过程中的各类仓库、站场等物流设施，如制造厂仓库、中间商仓库、口岸仓库、国内外中转点仓库、流通加工和配送中心以及保税区仓库等，它们是实现物流功能的关键场所。

2）运输线路

运输线路是连接各个物流节点的通道，包括海运航线、空运航线、陆运线路等。这些线路构成了国际物流的主要通道，支撑着库存货物的跨国界移动。

3）连接方式

在国际物流网络中，不同的节点之间需要通过不同的运输方式进行连接。这种连接方式形成了多式联运网络，可以充分发挥各种运输方式的优势，提高运输效率。例如，海陆联运可以结合海运的低成本和陆运的灵活性，实现门到门的运输服务；空陆联运则可以结合空运的速度和陆运的通达性，满足紧急货物的快速运输需求。

 7.2　国际物流通关

物流、信息流和商流是国际物流过程中的核心流程，涉及进出口方和第三方机构之间的物品传递和信息传递。国际物流包括集港、报关、报检等环节，商流则关注商业交易过程。国际物流系统的运作流程如图 2-20 所示。

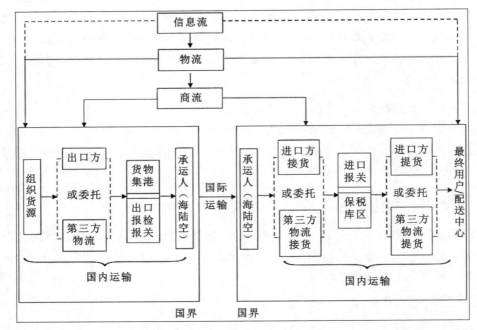

图 2-20　国际物流系统的运作流程

1. 国际物流通关概述

国际物流通关是国际物流过程中的一个核心环节,涉及进出口货物在通过海关关境时的申报、查验、征税、放行等手续。通关是国际物流的必经之路,它确保货物合法、安全、快速地进出关境,同时也是国家实施对外贸易管制和经贸数据统计的重要依据。

学习加油站 2-13
国际贸易合同样本

1) 通关流程

通关流程包括如下几个方面。

(1) 文件准备:收集并准备必要的运输文件,如提单、商业发票、装箱单、原产地证书、保险单以及可能需要的许可证或配额证明等。

(2) 报关:向海关提交电子或纸质的进出口申报单,详细列明货物的属性、价值、数量、目的地等信息。

(3) 关税和税费支付:根据货物的分类和目的地国家的税率,计算和支付关税、增值税(VAT)或其他相关税费。

(4) 检查和放行:海关可能会对货物进行物理检查或 X 光扫描,以确保与申报单相符且符合规定。一旦通过检查,海关将放行货物,允许其进入或离开该国。

(5) 后续监管:对于某些特定商品,海关可能会在放行后进行后续监管,如定期检查或要求提供额外的文件。

2) 注意事项

在通关时,应注意如下事项。

（1）了解并遵守相关法律法规：不同国家和地区的通关法律法规各不相同，因此在进行国际物流通关前，务必了解并遵守目的地国家或地区的相关法律法规。

（2）准备齐全的文件资料：进出口货物需要准备齐全的文件资料，如合同、发票、装箱单、提单、原产地证明等，这些文件资料是海关查验和征税的重要依据。

（3）合理安排时间和路线：国际物流通关需要一定的时间，因此需要合理安排货物的运输时间和路线，避免延误。

（4）选择信誉良好的报关代理：对于不熟悉国际物流通关流程的企业或个人，可以选择信誉良好的报关代理代为办理通关手续。报关代理具有丰富的经验和专业知识，可以提高通关效率并降低风险。

2. 世界八大海上航线

1）北大西洋航线

北大西洋航线是全球最繁忙的海上通道之一，承载着世界约1/3的商船运输量。它连接着欧洲与北美两大经济体，是国际贸易和货物运输的重要动脉。

学习加油站 2-14
世界八大海上航线（视频）

2）苏伊士运河航线

苏伊士运河航线贯通地中海与红海，是连接欧洲与亚洲的关键水道。然而，由于运河的宽度和深度限制，载重量超过 25 万吨的巨型船舶无法通行，它们需选择绕行非洲南端的好望角。

3）好望角航线

好望角航线是全球石油运输量最大的航线之一，被誉为西方国家的"海上生命线"。它绕过非洲南端，连接中东和欧洲等地的石油产区与消费国。

4）北太平洋航线

北太平洋航线横跨广阔的太平洋海域，连接亚洲与北美洲。随着东亚经济的蓬勃发展，这条航线上的贸易量持续增长，成为全球贸易的重要组成部分。

5）南太平洋航线

南太平洋航线连接亚太地区与南美洲西海岸，途经悉尼、惠灵顿、火奴鲁鲁等重要港口，最终抵达利马、瓦尔帕莱索等地。这条航线促进了亚太地区与南美洲之间的贸易往来。

6）巴拿马运河航线

巴拿马运河航线是连接大西洋与太平洋的便捷通道，为美国东西海岸之间的航运提供了重要支撑。它缩短了航程，降低了运输成本，对全球贸易具有重要意义。

7）南大西洋航线

南大西洋航线从西欧出发，横渡大西洋，抵达南美洲东海岸的里约热内卢、布宜诺斯艾利斯等港口。这条航线加强了欧洲与南美洲之间的经济联系和文化交流。

8）北冰洋航线

北冰洋航线是一条潜力巨大的贸易通道。随着全球气候变暖，北冰洋的冰层逐渐融化，为船舶通行提供了可能。这条航线有望大幅降低从俄罗斯西伯利亚地区油田港口输出的石油运输成本，对全球能源市场将产生深远影响。然而，由于极端气候和航行条件限制，目前这条航线的开发仍面临诸多挑战。

素养课堂

快递出海，顺丰领航

顺丰，以卓越的服务体验赢得市场。好服务不仅超越标准，更超越期待，这也是顺丰成为行业佼佼者的关键。近年来，顺丰在纵横两大方向持续提升服务能力：一是提升产品品质，如时效产品提速；二是拓展多样化服务，完善综合物流能力。

作为中国及全球领先的快递物流服务商，顺丰业务覆盖广泛，包括时效快递、经济快递、快运、冷运及医药、同城急送、供应链及国际业务等。此外，顺丰还通过自建、合资、投资并购等方式扩大国际快递和跨境电商专递的覆盖范围，进一步提升服务能力。2022年7月，鄂州花湖机场的投入运营更是使顺丰的时效服务能力和国际物流服务能力再上新台阶。

中国快递走向世界是必然趋势，是长远之道，更是任重之道。2023年我国进出口总值41.76万亿元，跨境电商出口也呈现强劲增长态势。随着"一带一路"建设和RECP协议的推进，中国与周边国家贸易前景广阔。中国作为"世界工厂"的地位不断提升，以及国内产业链和主要企业品牌实力的增强，为全球物流企业的崛起奠定了基础。在市场需求和政策利好的双重驱动下，顺丰凭借敏锐的市场洞察力，将国际业务确定为新的战略方向，在海外布局上先行一步。除了整合供应链、发行海外债和打造航空团队外，顺丰还建设了鄂州机场，进一步提升了国际竞争力。目前，顺丰的国际业务已覆盖多个国家和地区，在国内同行中占据领先地位。未来，顺丰将继续领航中国快递走向世界的新征程。

直通职场

表2-9展示了和国际物流运作相关的部分岗位的职责。

表 2-9 和国际物流运作相关的部分岗位的职责

岗位名称	岗位职责
物流项目管理岗位	1. 负责全面管理和执行物流项目的招投标工作，确保招投标流程的规范性和高效性 2. 负责物流项目的整体规划、实施与监控，确保项目按时、按质、按预算完成 3. 协调内外部资源，优化物流流程，提高物流效率和降低物流成本 4. 对物流项目中的风险进行预测、评估，并制定应对措施 5. 监控项目进度，及时解决项目实施过程中出现的问题 6. 与客户保持密切沟通，了解客户需求，提升客户满意度
供应链管理岗位	1. 负责供应商选择、评估及绩效管理 2. 负责供应链整体策略的制定与执行，优化供应链流程，提高供应链响应速度和灵活性 3. 与供应商初步接触、建立合作关系，定期评估供应商表现，确保供应商的服务质量、交货时间和成本控制满足企业的要求 4. 负责监控库存水平，制定合理的库存计划，避免库存积压或缺货现象 5. 协调内外部资源，解决供应链中出现的问题
物流客户服务岗位	1. 负责与项目客户的对接，对客户查询的货物运输信息进行跟踪和反馈 2. 对物流信息系统进行操作与数据维护 3. 按要求制作日常相关报表，提炼基础数据并进行分析，为管理工作提供参考 4. 负责签收单的整理和装订归档 5. 处理日常运输异常
货运代理与报关专员	1. 安排与协调海运、空运、陆运等国际货运服务 2. 负责进出口货物的报关流程，处理报关资料，和海关保持沟通，确保顺利通关 3. 跟踪货物运输情况，处理延误、损坏等问题，保障客户满意度 4. 及时掌握货运和报关法规、市场动态，为客户提供咨询服务

赛场竞技

全国职业院校技能大赛赛项——供应链管理赛项

2024 年各省份《职业院校技能大赛赛项规程》对供应链管理赛项做出

了明确规定。本赛项紧扣国家对于供应链管理的战略需求以及现代供应链管理的新理念、新技术,旨在通过实战模拟,检验和提升参赛选手在供应链管理、物流运作、采购与供应、生产与销售等多方面的综合实践能力。

供应链管理赛项以供应链的整体优化为核心,要求参赛者能够基于市场需求、生产成本、库存控制、物流配送等多个维度,进行供应链的战略规划和战术调整。比赛内容涵盖供应链基础知识测试、供应链管理方案设计与仿真、供应链管理方案实施与汇报答辩三个主要环节,如表2-10所示。

表 2-10 供应链管理赛项的基本内容

模块		主要内容	比赛时长	分值
模块一	供应链管理职业能力测评	参赛者需完成与供应链管理相关的理论知识测试	40分钟	10%
模块二	供应链规划设计	队员合作完成供应链规划设计	180分钟	40%
模块三	供应链仿真运营与数据分析	参赛者需根据给定的市场环境和数据,进行供应链的仿真运营,包括采购、生产、销售、物流等各个环节的决策	120分钟	40%
	现场答辩	参赛者需对仿真运营的结果进行分析和解释,并回答评委的提问	60分钟	10%

项目实战

实战 2　供应商选择与评估大挑战

◆ 游戏概述

在这个游戏中,学生将扮演一名采购经理,负责选择和评估不同的供应商,并进行供应商绩效评估。游戏的目标是通过模拟真实的供应商管理环境,帮助学生掌握供应商选择与评估的关键要素和技巧,以及绩效评估的流程和方法。

◆ 游戏规则与机制

1. 游戏角色与团队:学生将被分成若干个小组,每个小组代表一个采购团队。每个团队需要选择和管理自己的供应商。

2. 供应商分类:游戏开始时,每个团队会面对多个潜在供应商,包括合格供应商、战略合作伙伴、不合格供应商和黑名单供应商。团队需要根据供应商的信息和表现进行分类。

3. 评估与选择：团队需要根据一系列评估标准（如产品质量、交货期、交货量、工作质量、价格、进货费用水平和信用）对供应商进行评估，并选择最合适的供应商进行合作。

4. 绩效评估：在合作过程中，团队需要收集供应商的绩效数据，进行绩效分析，将绩效评估结果反馈给供应商，就评估结果进行沟通和讨论。根据供应商的绩效表现，团队可以采取激励或惩罚措施。

5. 得分与排名：根据团队的供应商选择、评估和绩效管理情况进行评分和排名。得分高的团队将获胜，并获得相应的奖励。

◆ 游戏准备（各组设计并准备）

1. 供应商卡片：每种类型的供应商（战略合作伙伴、合格供应商、不合格供应商、黑名单供应商）准备若干张卡片，卡片上详细列出供应商的基本信息、历史绩效、价格、交货期等，如图2-21所示。

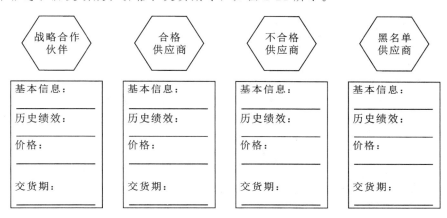

图 2-21　供应商卡片

2. 评估标准表：分新供应商和老供应商，列出各项评估标准表及其权重。表2-11为新供应商初评评分标准表，表2-12为老供应商年度评价标准表。

表 2-11　新供应商初评评分标准表

序号		评价内容	评分分值
1	资质证照	资质证照齐全有效，并通过质量、环境和职业健康三体系认证	10分
		有基本证照和质量认证，但缺乏环境和职业健康认证	5～9分
		有基本证照，但缺乏质量、环境和职业健康认证	3～5分
		只有营业执照，没有其他任何证照	1～3分
2	质量评价	取得ISO9000质量认证，产品或服务在同行业中处于领先地位，有完整的质检体系，无产品质量或服务质量的不良记录	25～30分

续表

序号		评价内容	评分分值
2	质量评价	取得ISO9000质量认证,产品或服务在同行业中处于中间地位,有相对完善的质检体系,偶尔有产品质量或服务质量的不良记录。或未取得ISO9000质量认证,但产品或服务在同行业中处于中上水平,有完整的质检体系,无产品质量或服务质量的不良记录	15～24分
		未取得ISO9000质量认证,产品或服务在同行业中处于中下水平,产品或服务质量没有保证	0分
3	价格评价	同类、同质产品或服务中,价格最低	20～25分
		报价处于中间水平	10～19分
		价格较高	0～9分
4	技术装备评价	生产技术在同行业中处于领先地位,且有名优产品和专业技术,装置先进,专业技术队伍素质优秀、构成合理,生产规模和供货能力都能满足公司的要求	20～25分
		生产技术在同行业中处于中上水平,且有独特的生产工艺和专有技术,装置先进,专业技术人员的构成合理,生产规模和供货能力都能满足公司的要求	10～20分
		生产技术在同行业中处于中下水平,没有独特的生产工艺和专有技术,装置不先进,专业技术人员的构成不合理,生产规模和供货能力不能满足公司的要求	0分
5	环保健康	取得ISO14001环境认证和ISO9000认证	5分
		所提供的产品或服务基本符合国家相关环保要求和职业健康要求	3分
		所提供的产品或服务不符合国家相关环保要求和职业健康要求	0分
6	以往业绩	与5家以上国内大中型客户有过交易记录,且与国际厂商有来往	5分
		与3家以上国内大中型客户有过交易记录	3～4分
		只与1家(或没有)国内大中型客户有过交易记录	1～3分

表 2-12 老供应商年度评价标准表

供应商名称			考核时间			
主要供应产品			供应商级别			
评价项目	考评方式	分值	实际分数	考核部门	考核人签名	备注
质量稳定性	产品验收不合格造成退货,一次扣10分,连续三次验收不合格不得分;产品使用过程中存在质量问题(超过内控标准)每出现一次扣5分,造成质量事故不得分,本年度考核不合格。	65分		质量部生产部采购部		
交货及时性	延期交货未影响生产每次扣1分,影响公司正常生产扣5分	10分		采购部		
交期准确率	供货数量的误差应在订单±5%内,超出10%扣1分,低于订单数量影响公司正常生产每次扣5分	10分		采购部物资部		
付款条件	月结30天扣1分,月结60天扣2分,月结90天扣0分	2分		财务部		
服务体系	由采购员进行评价	5分		采购部		
产品包装方式	由仓库人员进行评价	3分		物资部		
事故处理能力	不处理扣5分,延时处理扣1~3分	5分		采购部		

3. 综合评定:对供应商进行综合评定并按照评定总分的分值高低进行分级,具体等级标准如表 2-13 所示。

表 2-13 供应商等级划分

级别	综合绩效	奖惩情况
战略合作伙伴(一级)	90~100 分	酌情增加采购,优先采购,货款优先支付

续表

级别	综合绩效	奖惩情况
合格供应商（二级）	80~89 分	对其采购策略维持不变，要求其对不足的地方进行整改，并将整改结果以书面形式提交
不合格供应商（三级）	70~79 分	减少采购量或者暂停采购，要求其对不足的地方进行整改，并将整改结果以书面形式提交，采购部对其整改结果进行确认后决定是否继续正常采购
黑名单供应商	69 分以下	从"合格供应商名单"中删除，终止与其的采购供应关系

4. 计分板：用于记录每个小组的得分，如表 2-14 所示。

表 2-14　小组记分板

小组名称	选择正确供应商的次数	评估准确性得分	绩效管理得分	总分

◆ 游戏玩法示例

1. 轮到某团队时，该团队从供应商卡片中抽取一张，了解供应商的基本信息。

2. 团队根据评估标准卡对供应商进行评估。

3. 若选择合作，则抽取绩效数据表记录供应商的绩效表现；若选择不合作，则将供应商卡片放回。

4. 在合作过程中，团队可能遇到与供应商沟通的问题，此时抽取反馈与沟通卡进行模拟沟通。

5. 根据供应商的绩效表现，团队决定采取激励或惩罚措施，抽取相应的激励与惩罚卡执行。

6. 游戏结束时，计算各团队的得分并进行排名。得分依据可以包括正确分类的供应商数量、选择的合格供应商比例、供应商绩效得分等。

◆ 训练评价

具体的训练评价如表 2-15 所示。

表 2-15　训练评价表

类别	评价项目	评价内容	分值	自评(30%)	互评(30%)	教师评价(40%)	总评(100%)
知识素养评价	知识掌握	理解本任务知识点，能够准确解释并运用相关概念和原理					
职业技能评价	质量控制	任务完成质量高，符合预设标准，无明显错误或遗漏					
	方法技巧运用	能够有效运用相关方法和技巧解决问题					
	运用知识	能够将所学知识灵活运用到实际问题的解决中					
	完成时间	能够在规定时间内高效完成任务					
职业素养评价	安全运营	遵守安全管理规定，无违规操作					
	文明生产	保持工作环境整洁，操作规范					
	沟通交流	能够有效与团队成员沟通交流，明确表达自己的想法					
	团队合作	能够积极参与团队合作，共同完成任务					

本章小结

本项目深入探讨了物流企业的商务管理，结合理论与实践，涵盖了物流项目招投标与风险管理、物流企业品牌推广管理、供应商管理、客户服务与投诉处理、国际物流运作等多项关键任务，通过详细解析商务管理流程、知识拓展、模拟职场环境及实战操作介绍，全面提升了学生的知识技能与职业素养，实现了理论知识介绍与实践操作指导的完美结合。

同步测试

一、判断题

1. 必须招标的项目通常涉及社会公共利益或公众安全。（   ）
2. 公开招标也称为无限竞争性招标，任何对招标项目感兴趣的法人或其他组织都可以参与投标。（   ）
3. 物流市场营销仅仅涉及物流服务的销售和推广。（   ）
4. 由专业物流组织开展的物流是第四方物流。（   ）
5. 按物流在企业经营活动中的作用，企业物流可以分为供应物流、生产物流、销售物流和逆向物流。（   ）
6. 供应商的准时交货率是企业评估供应商绩效的重要指标之一。（   ）
7. 物流的增值服务可以在基本服务的基础上向上、向下延伸，如包括运输与配送、仓储、装卸搬运、包装、流通加工等以及与其相联系的物流信息服务等。（   ）
8. 商品检验检疫是国际物流通关的重要环节之一。（   ）

二、单项选择题

1. 以下关于公开招标的描述中，哪项是错误的？（   ）
   A. 公开招标可以增加竞争程度
   B. 公开招标适用于任何项目
   C. 公开招标是指通过公开渠道发布招标公告
   D. 公开招标能吸引众多潜在投标人参与投标
2. 在物流项目招投标流程中，以下哪个阶段不涉及资格预审？（   ）
   A. 招标准备阶段   B. 招标投标阶段
   C. 评标定标阶段   D. 合同签订后续阶段
3. 物流市场细分的依据不包括（   ）。
   A. 客户所处行业   B. 地理区域
   C. 企业规模   D. 服务需求
4. 在制定物流企业品牌营销策略时，SWOT分析中的"O"代表（   ）。
   A. 优势   B. 劣势
   C. 机会   D. 威胁
5. 以下哪个公式用于计算供应商的信用度？（   ）
   A. （期内失信次数/期内交往总次数）×100%
   B. 1－（期内失信次数/期内交往总次数）×100%
   C. （期内准时交货次数/总交货次数）×100%
   D. （实际交货量/期内应完成交货量）×100%

6. 供应商全生命周期管理中不包括以下哪个环节？（   ）
   A. 供应商注册与审核　　　　　　　　B. 供应商报价与中标
   C. 供应商收发货　　　　　　　　　　D. 供应商股权结构分析
7. 下列说法不正确的是（   ）。
   A. 针对所有的客户投诉，都必须向客户提出解决问题的方案
   B. 客户关系管理主要是在大公司得到重视和应用
   C. 客户关系管理就是挖掘最有价值的客户，从而实现企业利润的最大化
   D. 目前客户信息的获取成本比较高
8. （   ）是为客户服务、市场营销、技术支持和其他特定商业活动而接收和发出呼叫的一个实体。
   A. 广告中心　　　　　　　　　　　　B. 后勤部门
   C. 客户服务中心　　　　　　　　　　D. 呼叫中心
9. 以下哪项不属于国际物流通关的流程？（   ）
   A. 文件准备　　　　　　　　　　　　B. 报关
   C. 关税等税费支付　　　　　　　　　D. 货物保险购买
10. 以下哪条不属于世界八大主要海上航线？（   ）
    A. 北大西洋航线　　　　　　　　　　B. 苏伊士运河航线
    C. 马六甲海峡航线　　　　　　　　　D. 太平洋航线

三、多项选择题

1. 以下关于物流项目招投标的描述中，哪些是正确的？（   ）
   A. 公开招标能够最大限度地吸引潜在投标人参与竞争
   B. 邀请招标适用于对投标人有较高资格要求的情况
   C. 议标通常适用于技术复杂或性质特殊的项目
   D. 物流项目招投标流程中必须包括资格预审阶段
   E. 评标定标阶段是确定中标人的重要环节
2. 以下关于物流服务项目招标评标标准的描述中，哪些是正确的？（   ）
   A. 物流服务质量是评标的重要标准之一
   B. 服务价格应合理且具有竞争力
   C. 企业发展潜力评估包括考察企业的发展历程和现有资源等方面
   D. 投标人的学历背景是评标时必须考虑的因素之一
   E. 对于服务建议质量高的投标方在评标时会给予重点考虑
3. 波特五力模型中包括的竞争力量有（   ）。
   A. 行业内竞争者的竞争程度　　　　　B. 潜在进入者的威胁
   C. 替代品的威胁　　　　　　　　　　D. 供应商的议价能力
4. 物流企业了解目标消费人群的方法包括（   ）。
   A. 市场调研　　　　　　　　　　　　B. 调查问卷
   C. 个人访谈　　　　　　　　　　　　D. 竞争对手分析

5. 以下哪些属于供应商分类的范畴？（   ）

A. 合格供应商　　　　　　　　　　B. 战略合作伙伴

C. 黑名单供应商　　　　　　　　　D. 临时供应商

6. 供应商全生命周期管理包括以下哪些环节？（   ）

A. 供应商注册与审核　　　　　　　B. 供应商信息管理

C. 供应商报价与中标　　　　　　　D. 供应商市场推广策略

7. 按照客户所处的位置可以将客户分为（   ）。

A. 内部客户　　　　　　　　　　　B. 外部客户

C. 一般客户　　　　　　　　　　　D. 特殊客户

8. 客户关系管理的内容有（   ）。

A. 物流客户识别与管理　　　　　　B. 物流客户满意度管理

C. 物流服务客户开发　　　　　　　D. 巩固物流客户

9. 以下关于国际物流的描述中，正确的有哪些？（   ）

A. 国际物流涉及多个国家和地区

B. 国际物流比国内物流更为复杂

C. 国际物流不包括信息流的管理

D. 国际物流需要研究和遵守不同国家的法律法规和标准

E. 国际物流网络是物流系统的重要组成部分

四、实务操作题

1. 请深入研究与分析华为公司的供应商分类策略，探究华为在供应商评估与选择过程中的核心原则和方法，提炼华为在供应商选择与评估策略方面的关键成功因素，总结华为供应商管理策略的整体框架和操作流程，以《华为供应商分类策略分析报告》的形式输出成果。要求按照如下步骤进行操作。

（1）查阅华为官方资料、年报、供应链管理相关书籍和文章；列出四类供应商（战略型、优先型、普通型、备选型）的定义和特点；分析每类供应商在华为供应链中的具体角色和贡献。

（2）学生分组形成团队，各团队根据任务要求进行研讨和分工合作。

（3）以小组为单位，形成实训任务报告，并进行分析成果汇报和展示。

（4）学生互评，教师点评，企业专家提供实战经验指导。

2. 请根据客户投诉的处理程序，对表2-16中所列的具体客户投诉进行分类，并给出相应的处理建议，然后给出一个总的分析结论。

表 2-16　客户投诉分类及处理

客户投诉	按照服务产品进行分类	投诉级别	投诉解决措施
配送环节未按时送货			
快递丢件			
快递员服务态度恶劣			
多式联运海运段舱位无法保证			
分析与结论			

项目三 [物流企业运作管理]

思维导图

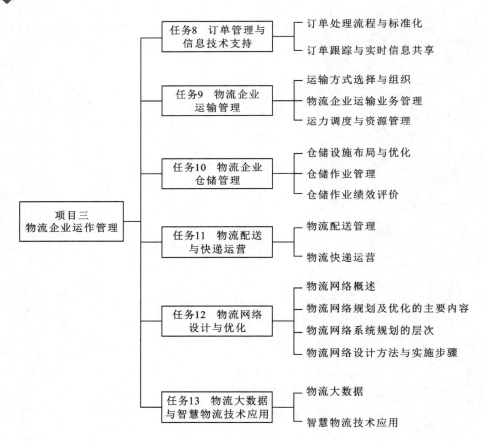

项目三 物流企业运作管理

 任务目标

◆ 知识目标
·理解物流订单管理的核心理念、订单处理流程以及标准化需求；
·精通物流运输管理、仓储管理和配送管理的策略方法以及核心运作环节；
·熟悉物流网络的设计与优化核心要素，理解大数据的基础知识和特性；洞察智能物流的演进方向。

◆ 技能目标
·能够辨别有效订单并模拟完成物流系统的订单处理流程以及和订单追踪相关的营业活动；
·有能力对运输方式进行挑选与整合，对仓储配送业务进行管理，对全流程进行优化以及进行情景模拟经营；
·掌握物流网络系统规划的层次结构，了解物流网络设计的方法和实施流程；
·认识大数据在物流管理领域的运用，包括对物流数据进行分类，掌握其应用模式，并洞察大数据与人工智能在智慧物流中的具体应用。

◆ 素养目标
·善于确立职业目标、评估工作流程、实施工作任务，具备物流精细化管理能力；
·能够恪守职业规范，培养工匠精神与创新精神，拥有强烈的职业责任感，擅长自我审视；
·具备团队精神与沟通技能，激发职业自豪感，增强现代物流服务意识与安全管控能力。

任务描述

在当今这个信息化时代，物流企业的业务运作管理与信息技术支持显得尤为重要。王经理作为一位有远见的物流企业家，深知这一点。他通过学习智慧物流大数据并整合各种信息技术，实现了高效、精准的订单管理与信息技术支持，为企业的发展奠定了坚实基础。王经理引入了一套先进的订单管理系统，并带领团队详细研究了所在物流企业运作业务全套流程体系，以确保每一份订单都能如期、稳妥地履行交付。请问，王经理团队如何有效达成订单处理、运输管理、仓储配送、网络规划等物流业务运作管理与高效执行？让我们共同开启下面的学习任务，获取行动锦囊，帮助王经理一起对物流业务运作流程的各环节进行具体分析并找出关键控制点，时刻准备着应对物流运作过程中可能遭遇的种种挑战，顺利达成物流业务的高效运作与管理。

任务 8　订单管理与信息技术支持

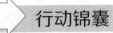

物流企业是从事物品运输、仓储和配送等物流活动的经济组织，订单处理则是物流企业运作的核心环节，它不仅是对客户下单的确认，更是我们后续所有物流操作的依据。当客户下单后，物流企业会收到订单信息并进行审核，确保信息的准确性和完整性。订单信息会录入系统并进行处理，包括配货、装载、配送等环节，涉及多个步骤、多个环节，环环相扣，每一环节都不能出问题。在这个数字化时代，物流行业的实时跟踪与信息共享变得至关重要。通过先进的物流管理系统，可以实时追踪货物的位置和状态，以保障货物准时、完好送达客户。

3.1　订单处理流程与标准化

订单处理流程就是从客户下单到订单完成的全过程，包括客户下单、订单接收、订单确认和处理、订单作业与完成等环节和步骤，目的是确保订单信息能够准确无误地传递和执行，从而提高订单处理效率，降低物流成本，并提升客户的满意度。在现代企业的运营中，订单处理流程是一项核心工作，它关系到客户满意度、企业的物流效率和整体服务水平。

1. 订单接收与审核确认

在客户的订单资料抵达企业之后，紧接着的步骤是对这些资料进行周密的审查与验证。在这个过程中，准确性是至关重要的。信息微小的差错可能引发连锁反应，比如物流的延迟、商品的错误分发等。这些情况会对客户的购物感受产生负面影响，同时也许会给企业带来不必要的花费和困扰。在审查订单信息的过程中，工作人员需要集中注意力，严格检查每一个细节，确保准确无误。

学习加油站 3-1
如何进行物流订单基础信息核对？（视频）

核对和确认信息之后，订单进入下一阶段——整合进物流管理系统中。这一环节同样不可轻视。工作人员须精确地将之前核对的资料输入系统，以产生正式的订单记录。这份文件不仅是确认客户订单的关键，同时也为随后的所有物流活动提供了必要的参考。此时此刻，各项订单开始进入企业的操作流程，整个过程包含众多阶段，每个阶段均需精确协作，工作人员需展现极大的责任心与精湛的专业技术。此环节亦反映出企业对客户服务品质的关切与追求——只有对每个细微之处均追求完美，方能将货物迅速且精确地递送给客户，保证最终的服务品质能够满足客户的需求。

当然，对企业而言，仅仅完成订单的接收和确认是远远不够的。这只是标志着订单处理旅程的开始，后续还有众多挑战需要企业面对。例如，怎样确保商品能准时送达？如何应对可能出现的物流问题？如何提供个性化的客户服务？这些难题是企业在处理订单时必须回答的。无论如何，接收与确认订单是后续一切业务的基础。奠定坚实的根基是企业确保在后续竞争中立于不败之地的关键。对于希望提高客户满意度、提升物流速度的企业来说，忽略一个看似简单却极为关键的步骤是不可取的。在信息洪流的年代，消费者面临众多选项，与此同时，企业所承受的竞争挑战也在不断加剧。只有始终秉承客户为尊的服务宗旨，不断对订单处理流程的各个阶段进行改进和提升，才有能力赢得客户的信赖与鼓励，从而为企业的成长提供持续的动力。而这一切，都要从订单的接收与确认开始。

2. 订单分配与调度策略

不断优化和提升订单分配与调度的工作流程，可以帮助企业逐步形成一个与自身特性和市场需求相匹配的订单处理系统，从而为企业持续发展注入新的活力和动力。这套综合性的订单处理系统，以其科学的架构、系统的流程和显著的高效性，不仅极大促进了企业物流管理的专业水平，同时也提升了企业在激烈的市场竞争中的地位。

在物流行业中，订单的分配不单单是随机分派给现有的运输部门和人员，而是一个包含多个维度的决策制定环节。在执行过程中，需要综合考量订单特性、路程远近、配送手段以及车辆配备等众多要素。为确保每笔订单的处理达到最佳效果，在进行订单分配时，必须对众多因素进行深入的考量与评估。科学的分配策略能够实现运输资源的最大化利用，从而有效防止资源浪费和闲置现象，有助于提高订单处理的效率，使得订单能够更快地从仓库出发，踏上前往目的地的旅途。

调度计划的制订需要考虑实时的交通资讯、天气情况以及仓库库存等实际因素，以便能够自如地适应各种不可预见的变动。在实际操作中，必须持续对配送方针进行适应性修改，保障订单途中的流畅与时效，确保货物安全、及时抵达指定地点。制定调度策略不仅要求实时、精确地获取各类信息，还需具备一定的洞察力和决策能力。实时监控交通和气象状况，能够帮助我们预见潜在的延误和危险因素，进而让我们能够提前实施有效的预防措施以及应急计划。如此修改之后，不但减少了运输途中的不确定性与费用，亦增强了物流配送的信赖度与平稳性。在物流领域，高效的运输、经济的成本控制以及确保安全均依赖于周密的运输路径设计，路径布局的策划必须同时融入众多要素的全面思考。在规划运输时，不仅需要关注货物运送距离的远近和所选择的运送途径，还应充分思考路况、车流量和预计的运输周期等关键要素。通过综合考量各项要素并精心设计配送路径，我们才能确保每笔订单的货物以最高效率和最低开支抵达客户手中。

图 3-1 展示了物流订单分配原则及策略。

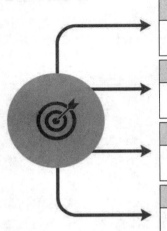

图 3-1　物流订单分配原则及策略

优化订单分配与调度策略，重视路线规划，对于订单处理流程来说是极其关键的。企业要想提高物流管理水平，减少企业运作费用，优化运营效能，增强市场竞争力，提升客户满意感与忠诚度，关键因素就在于此。通过展现企业在订单处理环节的专业技能与高效率，能够为企业赢得更多潜在客户及合作伙伴的瞩目与信赖，为企业带来新的商业机遇，扩展企业的商业领域及市场份额，为企业的持续成长打下牢不可破的基础。

3. 订单异常情况处理机制

在繁忙而复杂的订单处理流程中，健全且高效的异常情况处理机制显得格外关键。这个精心设计的机制，犹如一张智慧的防护网，时刻准备着应对运输途中可能遭遇的种种挑战，以确保每一份订单都能如期、稳妥地按照客户要求完成。确保订单处理流程的无缝运行，一个周全的异常情况处理机制是至关重要的。处理异常情况的能力，全面彰显了企业的实力和专业水平，同时也构成了客户满意度和企业信誉的核心支撑。在面临突发状况时，一家物流企业若想保证订单按时完成，必须在内部管理、资源分配及应急处理等关键领域达到较高标准。这样的企业，不但能向客户提供更卓越的服务体验，同时也能在业界建立优秀的声誉和形象。在当今客户主导一切的时代，没有任何企业可以忽略掉这个架构的核心价值。只有不断优化和完善这个机制，才能在激烈的市场竞争中脱颖而出，赢得客户的青睐和信任。

图 3-2 展示了处理物流订单异常的方案。

想象一下，当突如其来的交通拥堵、不期而遇的车辆故障，或是恶劣天气的肆虐，威胁到货物的按时送达时，这套机制便如同一位经验丰富的指挥家，迅速而准确地做出反应。它会灵活地调整运输策略，可能是选择更为畅通的路线，或是及时更换备用运输工具，甚至在某些情况下，为了保证订单的安全和完整，会做出延迟配送的明智决策。极端情况下，为了确保货物的安全与无损，它会选择推迟送货时间，这是

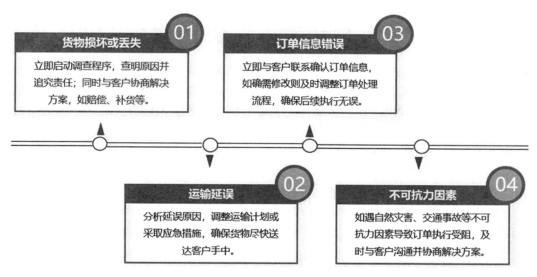

图 3-2　处理物流订单异常的方案

一个保障订单质量的理智选择。这些应对措施不仅展现了对于订单的责任感，同时也显现出对客户信赖的坚守。当然，这套机制必须深刻理解与客户保持良好沟通的重要性。当异常状况出现时，系统立即激活了响应流程，利用多种途径迅速将更新后的信息通知给客户，确保客户能够随时了解订单的最新状态。积极主动且以客户为核心的服务理念，成为增进客户满意度和提升品牌信誉的强大支持。这让客户深刻感受到，有这样一套可靠的异常情况处理机制为他们的订单保驾护航，实在是一件令人安心的事情。

从长远来看，构建健全的异常事件管理体系对物流企业的持续成长至关重要。市场的持续演变和客户需求的不断升级，使得企业遭受的挑战加剧，面临的不确定性因素也在逐步增加。企业若要在变革的浪潮中稳步前行，就必须培养出卓越的异常情况应对技巧，这样才能持续增强其竞争力和环境适应性。这套机制扮演着企业持续创新与发展的驱动力角色。在面临异常状况时，企业不但有机会累积金贵的经验与教训，而且能挖掘出富有创新性的改善和革新机会。这些珍贵资源将坚强地支撑和确保企业未来的成长。在订单处理流程中，一个健全的异常情况处理机制起到了关键性的作用。它是确保订单顺利完成的护盾，同时也是提升客户满意度和巩固品牌信用的根基。这一机制还凸显了企业的整体实力和专业性，从而为自身持续成长提供了强劲的动力。具有前瞻性的企业必须将该机制的打造与改善置于重要位置，致力于增强应对各种异常状况的能力，从而有效适应未来市场可能出现的更多变数。

4. 订单处理标准化的信息技术支持

标准化订单处理对于现代物流企业来说，是提高工作效率和客户满意度的核心要素之一。要达成这种标准化，信息技术的坚实支持是不可或缺的。订单管理模块的功能包括接收订单、确认订单、分配订单以及跟踪订单等多个核心流程。客户一旦发出订单，系统便即时捕获并验证订单数据，保障信息的精确性。随后，预设的分配规则将指导系统将订单指派至特定的处理人员或部门。在整个处理过程中，系统实时监控订单状态，保障每个步骤依照预定流程执行。该协同效应提升了订单处理效率，同时显著减少了人为失误的风险。

企业可依据其业务独特性设定各种订单处理流程与规则，抑或通过接口与外部系统整合，促进数据共享与交互。这种灵活的设置选择使得信息系统的调整能够紧密贴合企业的具体运作需求，从而强化了标准化订单处理的能力。通过集成的系统结构，包括订单处理、库存监控以及物流协调等关键功能单元实现协同作业，信息技术平台有效促进了订单流程的规范化执行。该策略不仅增强了企业的操作效能与客户满意度，而且还为企业带来了更显著的市场价值和对抗对手的优胜条件。在技术迭代与市场需求的双重驱动下，信息系统在物流企业中扮演的角色将日益重要。它将成为优化与创新订单处理流程的催化剂，助力物流行业不断提升效率与服务水平。

图 3-3 展示了物流订单处理的发展趋势。

智能化水平不断提升
随着人工智能、机器学习等技术的不断发展，物流订单处理的智能化水平将不断提升，实现更加精准、高效的订单处理。

数字化转型加速推进
数据化转型将成为物流行业的重要趋势，通过运用数字化技术实现订单处理全流程的可视化、可追踪和可优化。

绿色物流成为新方向
在环保理念日益深入人心的背景下，绿色物流将成为未来发展的重要方向，通过采用环保材料、节能设备等手段降低订单处理过程中的能耗和排放。

跨界融合创新不断涌现
随着物流行业与其他行业的跨界融合不断加深，新的创新模式和业态将不断涌现，为订单处理流程带来更多的变革和机遇。

图 3-3　物流订单处理的发展趋势

大数据技术的深入应用同样为物流订单处理带来了根本性的革新。在众多信息资源的场合，大数据技术展现了其卓越的数据储存、处理及探索实力。这表明，企业的不仅有能力储存过去的订单信息，而且能够洞察其中的模式，预见未来的走势，以此改进未来的订单管理方案。智能化的处理方法为企业决策制定提供了更加稳固的数据支持。云计算技术的整合，极大地提升了信息系统的效率。云计算为数据传输与共享提供了既高效又安全的平台，其弹性扩展的特性能满足不同需求。信息的高效流动与共享对于订单处理环节至关重要。技术的融合应用，为订单处理标准化奠定了稳固的基础，二者相辅相成，互相增进，构筑起一个全面而高效的技术架构。在该体系的支持下，物流企业订单处理效率显著提高，不仅增进了作业速率，而且减少了错误发生，可以向客户提供更高质量的服务体验。技术应用须与现有企业信息系统深度融合，方能达成预期效果。物流企业在采纳这些技术之际，需要精心制定详尽的计划与设计方案，以保证技术能与企业现有业务流程完美融合。企业须锻造一支既掌握必要技术理论又拥有实战能力的技术团队，以承担技术系统的日常保养、监控以及效能增进之责。

3.2 订单跟踪与实时信息共享

1. 物流信息化与订单跟踪

物流领域的信息化进程正在对整个物流体系产生深远的影响,对其各个组成部分进行重新塑造。在生产过程中,借助物流信息系统的支持,能够对生产线上原材料、零部件、半成品以及成品实施全订单的识别与监控,达成多种类、多规格及多供应商之间的"多对多"网络化联动,自动产生详尽的补货资讯,推动整个产业链的实时整合,辅助流水线实现平衡与稳定生产。物流信息化领域深受政策指引与市场需求的推动,目前已有众多企业投身其中,探索物流信息化服务的奥秘。同时,某些企业已经采纳了通用的物流管理软件,以提升效率。

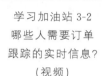

学习加油站 3-2
哪些人需要订单跟踪的实时信息?
(视频)

在销售过程中,当客户从配备扫描设备的载体上提取带有 EPC 标签的商品时,系统能够自动识别相关信息,并完成付款流程,整个操作通过网络实现自动化。销售数据根据规定自动传输至销售商、金融机构、供应商及物流企业的系统中。借助这种方式,物流企业能迅速做出反应,并利用过往记录预测物流需求和服务时间,进而针对产业链中的物流需求提供主动营销和服务。

在仓储物流领域,强化库存管理是关键。当货物抵达仓库时,自动识别设备将扫描条形码并执行盘点任务,随后自动将数据输入数据库。在此之后,机械臂依据既定规则放置货物,以此提升空间的使用效率,并实现对库存水平的快速且精确监控。此外,根据指令,它能高效、准确地处理多种商品的出库,显著减少响应时间,从而向供应商提供优质的库存管理服务。EPC 标签的单品识别功能更是其重要属性之一,它对于防止假冒伪劣产品具有显著效果。

通过在关键节点如仓库、运输车辆、集装箱以及货物本身附带 EPC 标识,并在沿途检查点安装接收与转发设施,企业能够即时掌握货物的具体位置和状况。这样的做法使得货物流转、路径以及进度都能得到可视化的监控与管理。此外,系统还能预判并规划出最佳行车路线,进而促进运输调度的智能化以及多式联运的高效率管理。

图 3-4 展示了物流订单跟踪与实时信息共享概况。

物流行业的信息化构建对于现代物流企业的成功运营、减少物流开支、提高服务水准起到了至关重要的作用。然而,自动导引车、巷道堆垛起重机、自动化分拣系统等现代物流设备尚未在物流行业得到广泛应用。同时,众多中小型物流企业仍缺乏有效利用信息技术处理物流信息的能力。这些因素将对物流业的运营效率产生负面影响。因此,对于物流企业而言,紧跟现实需求,精心构建一套先进的物流信息系统是至关重要的。这样的系统应能无缝联结物流流程的每一个步骤,令物流作业自动化、透明化、智能化,并达到无纸化的办公要求。物流运输载体和涉及物品所在位置的监控被称为物流设备追踪。物流设备跟踪方式多样,包括运用传统通信方式如电话进行

物流信息化
物流信息化进程对物流体系产生了深远影响，借助物流信息系统支持，识别与监控生产过程中的各种物料，实现网络化联动。

强化库存管理
仓储物流领域强化库存管理，自动识别设备扫描条形码并盘点，机械臂依据规则放置货物，实现快速精确监控。

自动补货资讯
物流信息化领域深受政策与市场需求推动，企业探索物流信息化服务，采用通用物流管理软件提升效率。

EPC标签防伪
EPC标签的单品识别功能能够防止假冒伪劣产品，企业通过在关键节点附带EPC标识，实时掌握货物位置和状况。

自动识别与付款
在物流销售过程中，系统能够自动识别EPC标签，完成付款流程，销售数据自动传输至相关系统，实现自动化。

智能运输调度
物流行业信息化构建对现代物流公司运营、减少物流开支、提高服务水准至关重要，然而目前尚未广泛应用现代物流设备。

图 3-4　物流订单跟踪与实时信息共享概况

被动追踪，以及应用射频识别技术（RFID）实现订单的全面追踪和实时信息共享。目前，在国内，全球定位系统（GPS）技术被广泛用于跟踪物流设备。

全球化竞争的加剧、产品周期的不断缩短以及客户交货期的压缩，都对物流服务的及时性和准确性提出了更加严苛的标准，从而催生了实时物流的观念。确保物流全程监控的关键，在于采集物流动态信息的技术手段。在货物运动或载体转移过程中，蕴藏了丰富的数据资源。举例来说，这些数据包括货物的种类、数量、重量、品质、生产地，以及运输工具如汽车、船只等的标识信息，如车牌、船号、所在位置和运行状况等。信息的重复使用在物流过程中屡见不鲜，因此，准确、迅速读取并有效利用动态货物或其载体的信息，能显著提升物流的作业效率。在目前广泛采用的物流动态信息捕获技术领域，二维条码技术的运用最为广泛，紧随其后的是磁条技术、语音识别技术、便携式数据收发装置以及射频识别技术。

2. 物流信息系统的构成与技术应用

物流信息系统是由人力资源、硬件设施和各类程序构成的复合体系，旨在为后勤管理部门在策划、执行与监管等方面提供必要的数据交流平台。物流信息系统主要涵盖了对物流信息的标准化传递、实时更新、数字化存储以及计算机化处理等关键要素。

学习加油站 3-3
AR 智慧物流作业方案设计与多媒体教学软件实施（视频）

1）物流信息系统的构成

物流信息系统主要由下列元素构成。

（1）设备。物流信息系统的构建基石之一是其物理设施与资源，这其中包括但不限于计算机、网络以及必需的通信工具等软硬件设施。

（2）程序应用。物流信息系统的构建离不开软件的支持，其中软件系统、实用软件、应用软件等都是不可或缺的部分。这些软件构成了物流信息系统的操作平台和软件资源，成为构建物流信息系统的另一基石。

（3）团队成员。组成物流信息系统的要素涵盖了各级管理者、专业技术人员以及软件开发设计师等，这些人员的操作与应用是该系统运行与维护的关键。

（4）管理制度。管理制度涵盖了企业的管理思维、操作规程以及岗位规范等要素，影响着物流信息系统的有效开发与顺畅运作。

2）物流信息系统的功能与原理

物流信息系统通过四个核心层级，即交易系统、管理控制系统、决策分析系统、战略规划系统，实现物流活动的有序链接，正如图 3-5 所展示的那样。

图 3-5　物流信息系统的层次结构

交易系统主要用于启动和记录最基本的个体物流活动；管理控制系统主要把精力集中在核能要素的控制与反馈上；决策分析系统主要是协助管理人员鉴别、评估和分析物流策略方案；战略规划系统主要是规划和制定物流战略，是决策分析系统的延伸。

物流信息系统的核心构成涵盖了六个基本要素：① 可得性；② 精准性；③ 及时性；④ 灵活性；⑤ 适当形式化；⑥ 以异常情况为设计基础。

3）物流信息技术的应用

物流环节所应用的信息技术被称为物流信息技术。物流信息技术涵盖了条码、射频识别、电子数据交换、全球定位系统、地理信息系统和物联网等技术，这些技术根据物流的功能与特性进行了优化和集成。

（1）条码技术

编码序列，亦称为条形码，由一系列按照特定规律布局的字符、数码及标识符构成，用以充当信息载体传递信息。

码制种类繁多，条码世界精彩纷呈，可细分为九大类，包括 UPC、EAN、交叉 25、39、库德巴、128、93、49 以及其他编码体系。EAN 码作为国际上最为普遍的条码系统，它包括 EAN-13 这种较长的编码形式和 EAN-8 这种较短的编码形式。在中国，普遍采用 EAN-13 作为商品标识的标准，其结构详细展示在图 3-6 中。

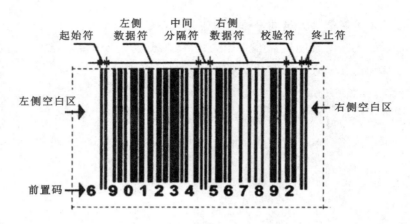

图 3-6　EAN-13 码条码结构

以 EAN-13 码的前缀码 690（691）为例，其结构分解为：初始三位代表制造商注册的国家或地区，由国际物品编码组织负责全球范围内的分配与监管；随后的四位表示制造商的唯一识别码，由各会员国的编码机构依据国内或地区内的制造商进行分配；紧跟着的五位数字则是产品项目代码，由制造商自身负责对其生产的产品进行编码管理；最后一位则是校验码，用以验证整个 EAN-13 编码的正确性。EAN 条码独特的三重构造设计，保证了商品标识在全球范围内的独一性。

商品标识代码的编制法则主要涵盖以下三项核心原则。

① 唯一性原则。商品在相同项目下应被赋予统一的标识编码。具有共通基本属性的商品被归入同一商品类别，那些基本属性有所差异的商品则被划分到不同商品类别中。每个商品项目都应被指定一个唯一的商品标识代码。

② 无含义性原则。每个商品的标识代码中的数字，并不代表任何与商品直接相关的特殊含义。

③ 稳定性原则。商品的识别码一经赋予，在商品的基本属性没有改动的情况下，必须维持其原样。

（2）射频识别技术

射频识别技术本质上是一种无须接触的自动识别技术。该技术依赖于射频信号，用以实现对目标对象的自动识别，并从中采集相关信息数据。无须人工参与即可进行识别的任务，能在多样严酷的条件下有效运行，例如，近距离射频设备在面对油污、尘埃等恶劣条件时依然能保持性能不受影响。

（3）电子数据交换技术

电子数据交换技术（EDI）涉及将一套标准的商业信息依据固定的通用规范格式通过计算机网络进行传输，以便于各贸易伙伴之间的自动化数据交流和处理。

（4）全球定位系统技术

全球定位系统技术，亦称全球卫星定位系统，主要功能是进行中距离圆形轨道的卫星导航。该技术有能力对地球表面绝大多数区域（占比 98%）实施精确的定位、速度测量以及高精度的时间同步。

(5) 地理信息系统技术

地理信息系统（GIS），亦称地学信息系统。这是一种极其关键的特定空间信息体系。这项技术系统依托计算机的硬件与软件设施，负责对地球表面（涵盖大气层在内的部分区域）的地理信息数据进行一系列处理，包括收集、存储、操控、剖析、展现与描绘。

(6) 物联网技术

物联网技术涵盖了射频识别、全球定位系统、感应器、红外感应、蓝牙通信、激光以及视频识别与监控等多个方面，通过这些技术的应用，物流行业得以迈向智能化。

拓展训练

在"双十一"购物狂潮期间，一家网络零售商的交易数量急剧攀升，这迫使运输服务商必须在极短时间内处理和分发众多的货物，对以下异常进行评估并采取相应措施。

(1) 对订单拣选过程中出现的问题进行处理，包括货物摆放位置不正确、库存不足、找不到相关单据、订单信息混乱等情况，工作人员应如何应对？

(2) 对订单质量检验过程中所出现的异常状况进行处理，这其中包括但不限于货品数量不足、货品数量超出、在检验前后出现的单据遗失、包装过程中的疏漏、运单标签的错位以及订单被拦截等情况。面对这些异常，质检工作人员应如何采取措施进行妥善处理？

(3) 订单称重异常情况及处理，包括称重时显示"包裹未质检""包裹重量超过系统称重浮动值""包裹已拦截""包裹已出库""容器号占用"或"不是此快递公司""包裹不属于指定快递组"等，应如何处理？

直通职场

图 3-7 展示了物流订单管理员岗位及其职责。

关于物流订单管理员岗位及其职责，还应注意以下几点：

(1) 物流订单管理员是物流供应链中的关键岗位，其工作质量和效率直接影响客户满意度和企业形象；

岗位职责：负责订单接收、审核、录入、跟踪、异常处理等全流程管理。

确保订单信息及时录入系统，分配至相应部门处理。

跟踪订单进度，及时更新物流信息，确保客户了解实时状态。

图 3-7　物流订单管理员岗位及其职责（示例）

（2）优秀的订单管理员能够及时发现异常问题并协调解决，降低订单延误、丢失等风险，协助优化订单信息管理系统，提高客户满意度，增强企业竞争力；

（3）高效的订单处理能够降低企业成本，提高物流与供应链整体运营效率。

素养课堂

宝供物流信息系统自主研发之路

物流业的突飞猛进，凸显了物流信息系统的开发和使用在增强企业竞争力方面至关重要的作用。作为国内物流行业的佼佼者，宝供物流自主打造了一套先进的物流信息系统。该系统基于对物流订单需求的深入分析，涵盖了系统架构的精心设计、数据库的构建与完善、用户界面的友好开发、系统的集成与严格测试、性能的持续优化与改进，以及后续的维护与升级工作，实现了物流信息的全面数字化和智能化管理。

一、系统需求分析

在构建宝供物流信息系统之初，企业优先进行了详尽的需求调研。在深度剖析企业运营流程与客户预期后，确定了系统开发的目标功能区域，涵盖了订单处理、物流配送、库存监控以及数据报告的剖析等关键环节。此外，还就系统的性能、安全以及可扩展性需求进行了细致的评价，这为系统后续的设计与开发工作奠定了坚实的基础。

二、系统架构设计

在完成系统需求分析后,宝供物流团队着手展开了系统架构的精心设计工作。基于需求分析的结论,构建了系统的全面结构,涵盖了硬件设施、软件平台以及网络配置等各个层面。同时,还明晰了各个功能模块之间的互动联系和数据迁移路径,保障系统能够有效率地完成各项职责。

三、数据库设计与实现

物流信息系统的核心构成是数据库,宝供物流团队依据系统所需,精心构建了对应的数据库架构。通过分类、编码与标准化过程,构建了数据表之间的联系,确保了数据的全面性与统一性。同时,通过数据索引和视图等技术的应用,有效提升了数据库的运行效率,加速了系统的响应能力。

四、用户界面开发

宝供物流团队致力于开发用户界面,以便利用户操作。用户界面设计优雅清晰,并且用户交互流程高度优化,这极大提高了用户完成任务的效率。同时,界面也根据用户反馈和需求进行了多次优化和改进,从而提升了用户体验和满意度。

五、系统集成与测试

宝供物流团队在各个模块的开发工作完成后,对系统进行了集成和全面测试。通过集成各个模块,成功验证了数据传输及功能互动在模块间的流畅性。此外,全面地实施了包括系统压力测试、效率测试以及安全性测试在内的多项检测,以保证系统在真实运作环境下能够保持稳定性和可靠性。

六、性能优化与改进

系统部署之后,宝供物流的团队保持着对系统运作状态的持续监视,并且针对实际应用过程中遇到的状况对系统性能实施了优化升级。针对系统运行中遭遇的性能制约和问题,实施了有针对性的改善策略和技术方法,从而有效提升了系统的运作效能和可靠性。同时,系统持续依据用户反馈和建议进行优化与更新。

七、后期维护与升级

宝供物流团队构筑了确保系统长期稳定运作的后期维护和升级机制,周期性地执行系统的巡查与保养,以便及时辨识并处理可能出现的问题及故障。同时,系统得到更新和完善,以适应业务扩展和市场变动,维持其前沿位置及竞争优势。

借助独立开发的宝供物流信息系统,公司已成功实现物流信息管理的数字化与智能化,从而有效提升了运作效率及客户服务品质。展望未来,宝供物流将持续追踪新技术的进步及其在物流领域的创新运用,不断优化和提升物流信息系统的功能,确保能够应对市场的多变需求,适应和引领行业的发展动态。

任务 9 物流企业运输管理

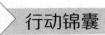

运输管理就是对货物运输进行合理安排,确保货物能够安全、准时地送达目的地。在这个过程中,企业需要考虑到各种因素,比如运输方式的选择、运输路线的规划、运输成本的核算等。只有这样,企业才能更好地提高运输效率,降低运输成本,从而提升自身的竞争力。那么,企业运输管理具体包括哪些任务呢?首先,企业需要对运输需求进行预测和分析,确定合理的运输计划和方案。其次,企业需要选择合适的运输方式并进行业务管理,确保运输过程中的安全和可靠性。再次,企业需要对运输过程进行实时监控和管理,及时处理各种异常情况。最后,企业需要对运输结果进行评估和反馈,不断提升运力调度水平和资源整合能力,更好地满足客户需求,提高自身的经营效益和市场竞争力。

9.1 运输方式选择与组织

1. 物流运输方式选择

1) 公路运输

公路运输是在公路上运送旅客和货物的运输方式,现代所用运输工具主要是汽车。因此,公路运输一般即指汽车运输。其特性主要包括如下几点。

学习加油站 3-4
企业选择运输方式时的考虑要点(视频)

(1) 适应性强。公路运输网一般比铁路网、水路网的密度要大十几倍,分布面也广,因此公路运输车辆可以"无处不到、无时不有"。公路运输在时间方面的机动性也比较大,车辆可随时调度、装运,各环节之间的衔接时间较短。尤其是公路运输对客、货运量的多少具有很强的适应性。

(2) 实现直达运输。由于汽车体积较小,中途一般也不需要换装,除了可沿分布较广的公路网运行外,还可离开路网深入工厂企业、农村田间、城市居民住宅等地,即可以把旅客和货物从始发地门口直接运送到目的地门口,实现"门到门"直达运输。这是其他运输方式无法与公路运输比拟的特点之一。

(3) 运送速度较快。在中、短途运输中,公路运输可以实现"门到门"直达运输,中途不需要倒运、转乘就可以直接将客、货运达目的地，因此，与其他运输方式相比，货物在途时间较短，运送速度较快。

2) 铁路运输

铁路运输是指利用铁路轨道系统来完成人员与物资移动的方式。它在社会物质生产环节扮演着关键角色。该运输方式以其巨大的运输能力、很快的运输速度和较低的成本而著称，通常不会受到天气状况的影响，因此非常适合于大批量、重型货物的长距离运输。其优势在于强大的运载效率、高速的运行能力、较低的物流成本、较低的能源消耗、出色的持续性等，不足之处在于无法实现直接点到点的配送，必须与公路运输相结合。铁路建设占地面积较少，受自然条件影响较小，然而其建设投入较高，周期较长。

3) 水路运输

水路运输是指依托船舶作为其核心载体，确立港口或港站为其运作枢纽，并在海洋、河流与湖泊等水域范围内展开运输活动的一种交通方式。水路运输持续扮演着全球众多国家关键的物流角色。其特性主要包括如下几点。

（1）水路运输因其巨大的运载能力、低廉的成本、高效的能源消耗和较低的投资需求，成为多个国家在国内及国际物流中不可或缺的重要手段。在中国的运输业中，水运贡献的运量仅次于铁路与公路。

（2）受自然条件的限制与影响大。在地理分布上，海洋与河流的存在，以及其背后的地质、地形、水文和气象条件，对水路运输产生了显著的限制和影响。为确保运输效率，水运应与其他运输方式如公路、铁路及管道运输协同运作，实现联合运输。

4) 航空运输

航空运输涉及利用飞机、直升机以及其他飞行器来搬运旅客、货物和邮件等。快捷性和灵活性是其显著特征，这使得它成为当代长途旅行和运输的关键方式。在国际贸易领域，对于贵重物品、新鲜商品以及精密设备的运输，它起到了不可或缺的作用。其特性主要包括如下几点。

（1）航空运输领域涉及巨额资金投入，无论是飞机这类运输工具，还是配套的设施设备，均需巨额资金支持。

（2）航空运输业技术要求高、设备操作复杂、部门间依赖性强，导致运营成本非常高，同时运营过程中风险性也较大。

（3）航空运输业具有自然垄断性。由于航空运输业投资额巨大，资金、技术、风险高度密集，投资回收周期长，存在严格的行业进入门槛。

5) 管道运输

管道输送系统依托管道作为一种介质，实现流体和气态物质的远程转移。它专门负责将石油、煤炭以及化学制品从产地直运至市场，构成了一体化运输网络中主体运输的重要环节。管道输送方式在众多运输模式中独树一帜，其显著优势在于能够承载巨大的货物量，同时对土地资源的占用相对较少。在基础设施建设过程中，其周期较短，投入成本较低，而且具备高安全性和持久连续运作的能力。此外，其在能耗方面表现出色，效益亦属上乘。尽管如此，这种运输方式也存在一定的局限性，主要体现在其专业性较强，仅限于石油、天然气、化学品、煤浆等气液态物质的运输，且其灵活性不足，无法实现直接门到门服务，而是需要与其他运输方式相结合，以达到完整的物流运输与配送。

图 3-8 展示了现实生活中不同物流运输方式的选择。

图 3-8　现实生活中不同物流运输方式的选择

2. 物流运输组织模式

物流运输是一个将货物从始发地运抵目的地的过程，在这个过程中，承运人需要根据实际运输需求平衡安全、经济、效率、环保等要素之间的关系。消费者或终端用户在获得商品时总是希望最大限度地获得商品本身的价值，尽可能降低物流所产生的费用，同时还希望商品完好并且快速地送达。而运输服务质量的提升必然会带来成本的增加，因此物流活动的实现在很多情况下涉及如何平衡的问题，包括运输需求要素间的平衡、货流在不同运输方式间的分配与平衡、物流行业与供应链上下游的利益平衡等。从某个角度来看，物流的运输组织模式可以看作这种平衡的产物，它是物流各参与主体在某种运输需求场景下达成的一种共识。在实践中，物流运输组织模式灵活多变，不同的货物类别、营运方式、时效要求、运输装备等都可以衍生和实现创新性组合。常见的物流运输组织模式主要包括如下几类。

1）专线物流

在两个物流节点之间，当货源往返充足且平衡时，物流公司通过固定路线进行往返运输，这样可以显著降低物流成本。这种物流模式称为专线物流，是众多物流模式中的一种常见形式。专线物流往往面向常规商品，其不利之处在于运送速度不快，并且物品仅被运抵货运站点或物流园区，进而还需最后的配送环节来完成送货到家的服务。

2）零担物流

对于整车物流而言，若是货主所委托运输的货物体积或重量大大低于货车所能承载的极限，单独使用专车进行配送在经济上并不可行。此时，通过汇集多笔货源，使之达到一辆车的装载标准，便成为一种减少运输成本的常见做法，即零担物流。

3）整车物流

通常情况下，在公路运输方式中，一次性托运3吨以上货物的，一般会选择整车运输方式，即整车物流。在实践层面，此处的核心在于，针对不超过3吨的物品，可以选择专门的车辆进行一次性运输。这类物品包括危险物品、粉状或颗粒状的货物，以及那些对时间敏感的货物。

4）集装箱运输

集装箱运输是一种利用集装单元化技术，将货物进行集中装配以提升装卸效率的物流模式，集装箱运输作为综合运输体系中的核心要素，为多式联运的实施提供了关键路径。

5）甩挂运输

甩挂运输是物流运输中一种节省时间并提高效率的方法。在这种运输方式下，可以分离的挂车系统，允许牵引车在装卸货物时独立行动，因此减少了挂车等待的时间。通过采用诸如"两端甩挂""循环甩挂""沿途甩挂"等高效运作策略，不仅能进一步提高牵引车的使用效率，而且还能显著增强整体物流的运作效能。

6）滚装运输

滚装运输是指通过水路运输方式将陆路运输工具，如货车和铁路车辆，连同其装载的货物一同运送。这种运输方式极大地提升了港口作业的效率，并且扩大了"门到门"服务的覆盖范围。

7）驼背运输

驼背运输是指铁路货车将公路车辆连同货物整体运输的模式，目前比较成熟的做法是与公路甩挂车辆相结合，只运送挂车部分，拖挂分离。驼背运输的核心目的在于最大限度减少多式联运中装卸作业的耗时。

8）冷链物流

冷链物流形式专注于为水果、蔬菜、肉类、水产品、乳制品、冷冻饮品、速冻食品、医药冷链以及其他特殊货物如化妆品、化学试剂等提供专业服务。这些货物在整个供应链过程中必须保持低温状态，以确保其品质或有效性得到维护。冷链物流的核心价值不单是实现货物的空间位移，更重要的是减少货物损耗，它在管理及运输上的成本普遍高于常规货物运输。

9）城市配送

城市物流的终端环节常被称作"最后一公里"，涉及的是在城区内进行的商品传递服务。城市配送与干线物流相较，不仅时效性需求更为严格，同时对居民出行及生活质量亦可能构成负面影响，如加重交通堵塞，影响土地资源的有效运用，并引发尾气、噪声、振动等环境问题。在城市管理中，城市配送占据着重要地位，对城市资源的整合与协作能力提出了考验。

10）逆向物流

逆向物流是指专注于存在瑕疵的产品或废旧物资的回收过程所涉及的物流活动。其核心理念不仅局限于经济效益，还包括物流领域对环保和可持续发展的贡献。在实际操作中，逆向物流往往依托于零售商、制造商及第三方机构的协同合作模式。

11）多式联运

多式联运是指整个运输过程涉及两种或以上不同运输方式的协同作用。多式联运注重把多种运输方式的优点进行整合，实现一体化运输的优化。根据多式联运合同或运单的约定，承运人负责提供服务并承担相应责任，而托运人无须关注运输的具体环节。

12）国际物流

国际物流活动涉及跨越至少两个不同国家的边界，需要多国之间的合作与共同努力来完成运输过程。相较于国内物流系统，国际物流更为错综复杂，涉及跨国管理、不同经济体制、多样化的法律框架、文化差异、技术发展水平以及标准化进程的同步问题。为了减少这些差异带来的障碍并实现标准化，国际合作和世界货物运输联盟的共同努力至关重要。

13）地下管网物流

地下管网物流是近年来提出的创新性物流模式，主要依托智能自动化技术，通过地下管网系统完成货物的高效分发。该技术不仅以其迅速和精确的优势引人注目，还能高效应对城市配送所引发的负面影响，成为推动未来城市可持续发展的关键策略之一。

14）应急物流

应急物流主要针对气象灾害、地质灾害、公共安全和卫生等领域可能发生的突发事件提供必要的物流支持和服务。应急物流显著的特征在于其不可预测性和对经济性的较低要求，它注重在事前、事中、事后的各个阶段实现快速的响应、决策和处理。

9.2　物流企业运输业务管理

1. 运输计划与调度

物流行业中，运输安排与指挥是核心业务管理要素之一。分析运输需求后，应制订出恰当的运输安排，涵盖运输的时刻、路径选择及所需运输资源的配置。调度过程中，必须保持对货物运输状况的即时监管，并依据实时状况对运输安排进行灵活修正，以保障货物能够在规定的时间内在保证安全的前提下抵达预定的地点。

2. 提货作业

在安排提货作业时，必须确保准备充分的加固材料、隔离设备以及必要的防水物品，如塑料薄膜、木板块、纸张、泡沫板等，并且携带所有必需的文件证件，如客户提取货物的单据和确认收货的凭证等。每项物品都需要经过仔细的审核，确保其干净卫生，没有受到任何污染或浸水，同时，防雨的塑料覆盖必须保持完整无缺。若需要对运输工具进行密封，那么还必须准备充足的密封材料。

学习加油站 3-5
运输调度要考虑的
核心问题（视频）

调度资源时，将依照客户的物流安排来调度运输车辆；同时，会考虑货物的特性和供方的运输能力来合理分配运输量，并据此指派必要的提货代表。在实施多品货物共载运输的过程中，那些存在物理性、化学性以及气味的潜在交叉污染风险的物品，必须采取隔离措施，以确保它们不会被放置于同一运输单元内。供应商车队接收到已经分配好的运输计划通知后，需要根据公司的质量标准和车型要求准备好相应的车辆，以便进行货物提取。针对起讫点重合问题，存在一种简洁且高效的路径策划手段即扫描法，其操作流程如图 3-9 所述。

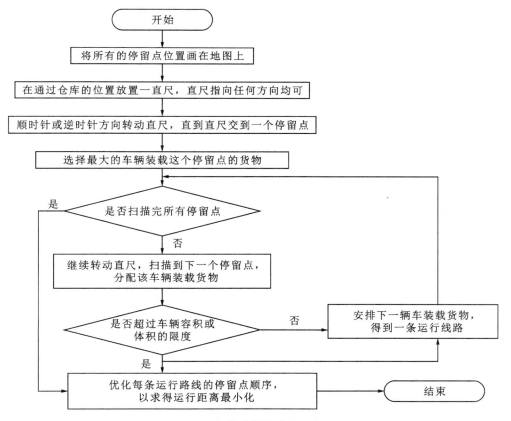

图 3-9 扫描法操作流程示意图

3. 货物追踪与监控

物流公司要想提升运输效率和服务品质，离不开对货物踪迹的追踪与监控。利用全球定位系统、无线射频识别等先进的信息技术，能够对运输中的货物执行精确的实时追踪与管理。这样，货物的具体位置和当前状况可以被迅速获取，从而显著提升物流的透明度，并充分满足消费者对货物信息查询的具体要求。

4. 运输成本与优化

在物流企业的运营成本中，运输成本占据着重要地位。若对运输成本进行有效的控制和调整，则能够帮助企业提升盈利空间。合理规划物流路径、最大化装载效率，是减少运输开支、增进公司财务健康程度的关键策略。

5. 运输安全与质量

物流公司运作的根本，在于确保物品运送过程中的安全性和品质，这一点直接关联着客户对该公司服务的最终评价。物流公司须构筑完善的运输安全与品质管理体制，强化对运输环节的安全控制，保障物品在运送途中免遭损害或遗失。同时，须提升服务水准，以迎合客户的特定需求。

6. 客户满意度管理

客户满意程度凸显了物流公司在市场竞争中的地位，同时也对企业的长远发展起到了关键作用。物流公司须打造一个全面细致的客户服务系统，确保在售前、售中和售后环节提供高品质服务，并且主动解决客户遇到的难题，以增强客户的满意度。同时，加强与消费者之间的联系同样重要，这样可以洞察消费者的需求，提供量身定制的服务，从而增强消费者的忠诚度。

7. 运输资源整合

物流企业通过整合运输资源，如车辆、仓储设施、装卸工具等，以达成资源的最优分配，从而提升资源运用效率和物流运输效率。同时，还应深化与供应商等合作伙伴之间的合作，实现资源的共享与协同发展。

8. 运输数据分析

物流企业进行精细化管理，离不开对运输数据的深度分析。通过搜集与审视涵盖配送速度、费用和品质等方面的物流信息，可以识别出运输流程中的瑕疵与制约因素，据此制订出专门的优化方案。同时，运输规划和战略决策可借助数据分析成果进行优化，从而提高企业的管理效率和决策质量。

9.3 运力调度与资源管理

1. 运力调度的目标

物流运输效能的提升，涉及对运输工具与人员的精准配置，以此保障运输流程的高效率执行。物流调度的过程在于适应物流需求的波动，通过合理安排与控制运输工具和工作人员，确保运输能力的高效运用。货物周转量的核算常依据发货地点与收货地点之间的直接路线，即所谓的计费里程进行。货物周转量由货物运输量与运输距离相乘得到。商品运输量采用"吨千米"作为其衡量标准。

盈亏平衡点的计算公式可以表述为：$Q = F / (P - V)$。实际运输价格的计算公式则表示为：$W = C(1 + R) / H$。在上述公式中，单位保本运价被指定为 P（元/吨）；固定成本则用 F（元）来表示。盈亏平衡点的运输量以 Q（吨）来计量；单位变动成本用 V（元/吨）来表示；实际运输价格则被标记为 W；利润率以 R 表示；实际运输的总成本以 C（元）表示；实际运输量以 H（吨）表示。

运力调度的目标涵盖了以下三个主要领域。

（1）优化货物流转速度。通过保障充裕的运输能力，确保商品能迅速抵达指定地点，进而缩短物流运送的周期，增强物流的效能。

（2）通过确保充足的运输能力，可以避免由于运力短缺引发的紧急加价运输或者原料积压问题，进而削减物流开支。

（3）客户满意度的提高依赖于运力的充足程度。唯有即时且精确地迎合客户的需求，客户的满意度方能得以提升。

2. 运力供应与调配挑战

运力供应与调配挑战主要包括如下几个方面。

（1）物流领域常常遭遇的一个挑战是运输能力的短缺。为了妥善应对这一挑战，可以采取与物流服务提供商建立合作关系的方式，事先确保运输能力的供应。此外，应深化对运输市场的分析研究，实时掌握市场的动态变化，以便能够及时做出适宜的调整。

（2）运力使用效率不高，会带来资源的不必要消耗和作业效率的降低。为了提高运输效率，宜采取提升运输循环速度、改善储存及分发流程等措施，以便对资源进行恰当配置。

（3）物流运输效率受制于运力品质的不足。挑选物流服务商时，其运输能力及企业诚信至关重要，要尽量避免由运输问题导致的客户投诉和法律争议。

3. 常见的运力调度策略

常见的运力调度策略主要包括如下几个方面。

（1）运输路径的优化安排。通过对运输距离和路况等因素进行细致分析，可以有效地规划出最佳运输路径。这样的规划可以减少不必要的路程和复杂路况所带来的时间和运输资源的浪费。

（2）开展多式联运。多式联运涉及在物流领域整合不同运输手段，通过这种方式，各交通方式的独特长处得到充分利用，从而提升了整体的运输效能。例如，长距离运输时，可以选择铁路或水路运输，以取代公路运输，从而降低运能的损耗。

（3）推行共享物流模式。物流领域内，运输能力通常面临未被充分利用或资源浪费的问题。借助共享物流模式，各异业公司得以互助协作，从而有效提升运输能力的运用效率。例如，某些物流公司能够通过共享运输车辆的方式，提升运力的运用效率。

（4）采用先进技术设备。借助物流信息化系统和智能物流装备，能够准确地进行运输力量的管理与指挥。如此一来，便能迅速识别并处理运输能力短缺或过剩的情况，从而优化运输能力的分配成效。

4. 物流运输资源采购管理

物流公司若要顺畅运营，必须对各种运输资源进行有效整合，与各式各样的运输商建立合作关系，保障货物能够按时、高效率、确保安全地被送达目的地。

学习加油站 3-6
运输业务外包应如何选择合格的承运商？（视频）

一方面，运输能力涵盖的资源范畴广泛，包括运输车辆、储存空间、装卸工具以及高科技装备等。以车辆为例，多种车型可供选择，包括载重货车、集装箱运输车以及冷藏运输车，它们各具特色，能够适应不同货物的运输需求。物流公司必须根据自身需要采购合适的运输资源。

另一方面，物流公司要根据自身需要选择合适的运输商。运输商种类多样，包括合同承运商、临时运输服务供应商、货运代理、没有车辆的承运人等。在物流领域，所谓的合同承运商，指的是那些与物流企业签订长期合作协议的运输公司，这些运输公司能够为企业提供稳定而可信赖的运输服务；临时运输服务供应商，是指那些向物流公司提供货物来源细节以及调度运输的实体，这类机构使得物流公司能够有效地处理突发的运输要求；货运代理，是指专门针对即时运输需求寻找合适运输服务的供应商，这类代理商为物流公司带来的是富有弹性且成效显著的运输计划；没有车辆的承运人，是指那些没有自己的运输工具，却能提供货物运输服务的企业或个人，这些承运人依靠整合社会上的资源来完成货物的运送工作。各种类型的运输服务提供商在物流公司的运输能力打造和资源配置中发挥着至关重要的作用。借助对这些资源的优化运用，物流公司能够更有效地迎合客户需求，从而增强自身的市场竞争力。

拓展训练

汪经理负责某物流集团在广州基地的运输管理工作。在破晓时分，他踏入了基地的办公场所,开始了一天的忙碌。在完成了上午运输订单的确认、货物运输过程中的跟踪监控以及相关运输单据的细致审查等日常任务之后,时间已经悄然来到了正午。午休过后,他面临着两项管理任务。其一,人事部门来电通知,今日下午将有一位新求职者前来面试,请汪经理最后决定是否录用该候选人。其二,某新客户请求将物流基地之运输业务外包,须评估是否携手合作,并在合作情况下,拟定针对该客户之运输报价。

汪经理决定在招募新人时,除了进行常规的面谈,还要通过实际操作来评估其基本的运输技能。他构思了如下两个疑问。

◆ 疑问一

合风公司拥有 12 位客户,他们的位置遍布在公司附近的各个角落,具体的分布情况如图 3-10 所示,图中圆圈内的数字代表每位客户的货物数量。合风公司须派遣车辆从嘉丰仓库出发,至各客户地点提取货物。提取完成后,这些货物将被运送回仓库,进而整合成较大批量的货物,之后再执行长途运输。提货量采用件作为计量单位,配送车辆每次运输能力为 1 000 件。一般来说,完成一次配送大约需要耗时 1 天。

(1) 为了在短短 24 小时内为 12 位客户完成货物提取任务,合风公司采用了一种名为"扫描法"的策略,以此来计算出需要多少辆能够装载 1 000 件货物的运输车辆。从北方起始,扫描方向以逆时针路径进行。如何确定每辆车的真实装载能力?

(2) 请在图 3-10 上画出每台车的取货路径。

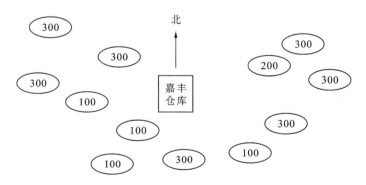

图 3-10 物流提货地点分布示意图

◆ 疑问二

某运输车辆的标定承载能力为 5 吨,从停车场 K 启程,按序向三个卸货位置 1、2、3 运送一批散装货物。卸货点的装卸量及彼此之间的距离已在图 3-11 中展示。

依据图 3-11 所示,对各种行车路线计划中的负载行程、总行程、里程利用率以及运输周转量进行核算,然后把得出的数据填写到表格内,详见表 3-1。

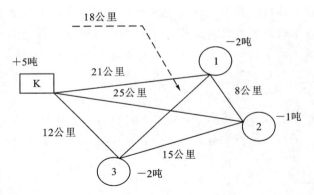

图 3-11　物流装卸点及距离示意图

表 3-1　物流运输载重及周转量综合数据表

编号	路径方案	负载行程 （千米）	总行程 （千米）	里程利用率 （％）	运输周转量 （吨千米）
1	K—1—2—3—K				
2	K—1—3—2—K				
3	K—2—1—3—K				
4	K—2—3—1—K				
5	K—3—1—2—K				
6	K—3—2—1—K				

　　汪经理在考虑是否与一位新客户合作时，累积了相关数据，并实施了一系列经营与管理分析。该新客户此次寻求运输的是一大宗散装货物，总量达到 2 200 吨，其保本运输报价为每吨 450 元。若汪经理负责的运输部门接受该项运输工作，据成本计算，每批次货物的固定费用总计为 4 万元，而每吨货物的变动成本为 250 元。

　　假定在角色扮演游戏中，你是被招募的新员工，需要接受一项运输技能的评估和考核，同时帮助评估与新客户是否进行运输业务合作的决策。

　　汪经理在深思熟虑之后，对于与新客户的合作机会，做出了积极回应，同意了他们的运输合作需求。你认为汪经理的选择是否恰当？为何如此？若要达到基地运输 10％ 的利润率，应当设定怎样的运费标准？

直通职场

　　图 3-12 展示了运输管理员岗位及其职责。
　　关于运输管理员岗位及其职责，还应注意以下几点。

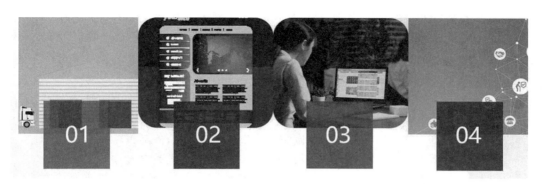

图3-12 运输管理员岗位及其职责（示例）

（1）精通不同交通方式的特性，了解货物运输的步骤、阶段和关键事项，能够有效地安排运输路径。

（2）运输领域的佼佼者往往深谙数据解读之道，他们善于对物流信息进行汇总与深入研究，以此作为制定运输策略的坚实基础。掌握一定的协商技能，能在关键时刻与其他方进行交涉，力求获得最优越的物流条件及价格。

（3）擅长在团队中沟通与协作，有领导力，能和同事一起完成运输任务。同时，能与公司内不同部门、外部客户和供应商等维持有效交流，保障运输工作的顺畅进行，从而提升运输运营的效率。

素养课堂

致力于绿色行动，坚定不移地贯彻环保理念！

2017年6月，京东物流携手九大知名品牌共同启动了一项名为"青流计划"的绿色供应链项目。该计划旨在通过减少包装材料的使用、创新和实施绿色物流技术，以及推进节能减排等措施，为物流行业的绿色发展贡献力量。2018年5月，"青流计划"得到了全方位的升级。它不再仅仅关注绿色物流领域，而是提升为京东物流可持续发展战略的核心。这一计划的视野也从生态环境扩展到了包括"环境"（Planet）、"人文社会"（People）和"经济"（Profits）在内的多个方面，致力于促进人类可持续发展。

在2020年11月11日的促销节日中，"青流计划"致力于在绿色包装、环保仓储、可持续运输和慈善回收等多个领域深化其影响力，不断促进从供应链到生态链的全面绿色转型。该计划成功降低了10万吨一次性包装废弃物的产生，并使得循环使用的中转袋的平均利用率超过了90%。11月18日，2020年度保尔森"绿色创新"类别优胜奖授予了京东物流，这得益于其在绿色物流领域的"青流计划"所取得的创新性成就。保尔森基金会等国际组织对京东物流在可持续发展领域的持续努力给予了高度评价。

科学碳目标倡议（SBTi）在其官方网站上公布了针对京东物流的科学碳目标审核结果。在其指导下，京东物流设定了2030年的减碳目标：相比2019年，到2030年将碳排放总量削减一半。这表明，京东物流将成为我国首个完成设立碳排放目标的物流公司。在京东物流的成长轨迹中，其从未放弃任何实施环保策略的可能。不论是哪个环节，绿色理念均得到了贯彻。可以预见，在不久的将来，京东物流将走出一条独一无二的环保之路。让我们为京东物流呐喊助威！

任务10　物流企业仓储管理

物流企业依赖精确的仓储管理以提升作业效率并控制成本支出，这一环节对物流企业的整体运营具有决定性作用。在选择仓库位置时必须慎重，深入探究仓储空间的布局及其可能的优化举措，确保为仓储划分出恰当的功能区域，并选取合适的仓储设备以增强储存效能，提升空间的应用率，实现高效的库存管理和精准的物流配送。库存管理在仓储运作中占据着关键地位。公司应依据市场需求及其变化，灵活调节库存，防止资源浪费和库存积压。仓储管理同时涉及货物安全与品质维护，因而必须实施严格的质量控制和安全管理措施。随着信息技术的突飞猛进，物流行业必须主动寻求尖端的仓储管理系统以及技术方法，以此增进仓储作业的效率及精确度。

10.1　仓储设施布局与优化

1. 仓库布局规划

仓库的平面布局规划涉及将库内不同部分按照既定准则进行有序的安排，以确保仓库功能的最大化发挥。在规划仓库的平面布局时，应考虑以下几项基本原则和影响因素。

学习加油站 3-7
常见的仓库平面布局类型分别适用于什么场景？（视频）

1）仓库布局规划的基本原则

仓库布局规划的目标是优化仓库的空间配置,以此减少物流方面的费用。在进行布局规划时,需遵守一系列基本原则,这些原则涵盖便捷的储存、作业的高效、安全的保障以及投资的节省,如图 3-13 所示。

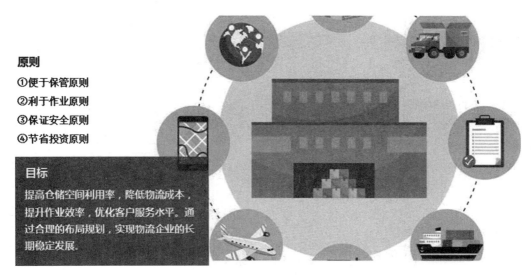

图 3-13　仓库布局原则与目标

2）影响库内布局的因素

影响库内布局的因素主要有如下几个方面。

(1) 存货特点。货物种类、属性、体积大小、包装质量等都可能要求不一样的储存条件,例如储存真皮类高档服装的仓库与存放一般服装的仓库在库内布局时,就需要考虑不一样的通道设计。

(2) 仓库结构特性。例如,电商流通型仓库与传统存储仓库在布局上需采取差异化的设计。

(3) 作业流程。作业流程对于货物在仓库中的移动路径和距离具有决定性作用,因此,流畅的作业流程是仓库布局时必须重点考虑的一个方面。

(4) 技术条件。在人力、机械化和自动化方面的差异可能会导致仓库布局出现显著的变化。

图 3-14 总结了仓库布局的影响因素。

2. 仓库功能区构成

各类型仓库的功能区可以根据其功能有所区别,总体来看,它们可以被划分为以下几个部分。

(1) 收货区:主要功能就是接收货物,包括接收过程中涉及的卸货和搬运的过程。

(2) 检验区:货物在接收的过程中和入库之前需要进行相对应的检验和简单的处理。检验区的功能就是对货物进行检验,包括对货物的质量和数量进行检验。

图 3-14　仓库布局的影响因素

（3）储存区：储存是仓库最基本的功能，主要包括对货物进行的保管与养护。

（4）流通加工区：对货物进行流通性加工，包括对货物的分解、分拣、冷冻、保鲜、再包装等，尤其对于电商型或零售型仓库，此功能区必不可少。

（5）分拣区：对货物进行分类、拣选和配装。在零售型仓库中，此类功能区较为常见。

（6）暂存区：对货物进行暂时存放，包括入库暂存区和出库暂存区。

（7）发货区：包括对货物的打包、称重、贴单等相关操作，主要功能是对货物进行复核与发运。

（8）办公区：管理人员现场办公区域。

对于仓库的功能区域划分，除了上述已经提及的分类方式之外，还存在其他的做法。例如，可以将仓库划分为以下几个区域：商品进入时的存放区；商品准备出库的区域；集中存放货物的区域；商品出库时的理货区；退货存放区；待处理的货物区；等等。

3. 物流动线

物流动线是指在仓库中货物运输过程所形成的点点相连的线路。在平面布局中，仓库内部物料流动的路径设计占据着核心地位。物流动线对于各功能区布局的规划与配置起着决定性作用。优良的动线设计能有效缩减库内操作路径，防止逆向物流的发生，提升货物处理效率，同时还能减少仓库操作与管理的相关费用。物流动线设置原则为不迂回、不交叉、动线最优化。

1）基本动线模式

物流动线的基础结构通常可归纳为三种典型模式：I 型（直线型）、L 型以及 U 型。需注意的是，提及的 I 型、L 型和 U 型并非指建筑外观的轮廓，而是描述仓库内部货物移动路径的形态。

（1）I 型动线

I 型动线是指仓库配备有各自独立的进出口月台，这些月台位于库房两侧，实现货物在库房内直接进出的一种布局模式，如图 3-15 所示。

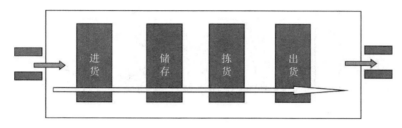

图 3-15　I 型动线图

I 型动线的特性体现在其货物流转路径的直接性。在此布局下，货物沿直线路径流动，各操作线路保持平行，极大地减少了人流与物流的交汇点。这样的设计有效减少了操作人员与搬运车辆发生碰撞的风险。因此，它特别适宜于迅速移动的物品，比如仅涉及越库的任务，这样的做法有利于处理高峰时段库房的双向物流作业问题。同时，因为其布局的简洁性，便于操作，一些流程简洁、规模较小的仓库经常选用 I 型布局模式。

I 型物流中心所面临的主要挑战是月台之间的距离较远，这导致货物流通路线的延长，从而影响了效率。然而，得益于其直线型的操作流程，上手相对简单，工作人员能较快适应，在一定程度上弥补了上述问题带来的不便。继而，采用直线式布局难以实施 ABC 分级储备模式。此外，鉴于进货和出货平台散布于物流中心的两侧，至少需要两个保安团队分别对这两个平台进行监控，从而推高了人力资源和运营成本。

（2）L 型动线

L 型动线是仓库设计中的一种布局方式，其特点是具备两个相互独立的月台，分别用于货物的出库和入库。这两个月台位于仓库库房的两个不同侧面，使得货物在库房内部的流动路径呈现出 L 形。L 型动线图如图 3-16 所示。

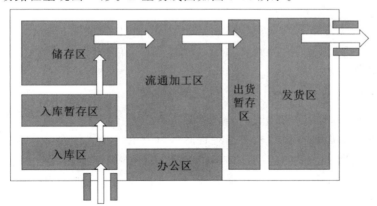

图 3-16　L 型动线图

L 型动线的特征在于，它的布局和 I 型动线相似，同样配备了两个独立的月台。该系统的优势在于大大降低了碰撞和交汇点的可能性，非常适合处理高速流动的物品以及进行超越库存的操作，同时，它还能有效处理进出货物高峰期同时出现的情况。

该设计的不足之处在于，除了那些位于 L 型流向区内的货物外，其他功能区的货物流通效率相对较低。因此，选择 L 型流线式仓库的设计，是为了同时管理"快速流动"与"缓慢流动"的物品。将"快速流动"的物品存放于 L 型流线内，而"缓慢流动"的物品存放于 L 型流线外，这样可以根据货物的搬运频次，高效地运用仓库中的不同功能区域。

（3）U 型动线

U 型动线意味着仓库的进出口平台集中于一个特定方位，仅需要在仓库一侧设置货车泊位及装卸货通道，从而使得货物在仓库中运动的轨迹呈现 U 形。U 型动线图如图 3-17 所示。

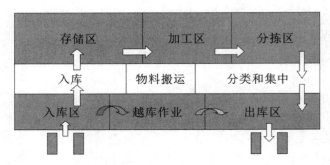

图 3-17　U 型动线图

U 型布局的动线能够高效地利用仓库周边区域，同时集中月台的管理工作，降低对月台监管人员的需求，并简化月台的管理复杂性。在处理众多产品的同时出入库作业时，U 型布局是一个合适的选择。这种布局模式使得物流流程简单易控，同时方便实施安全防护措施。然而，由于仓库内货物的装卸工作往往在同一个月台上进行，并且方向相同，这就很容易导致误解和差错，尤其是在工作高峰期和处理相似类型货物的时候。为应对该问题，需要组建多个小组专门负责库存的取出和放入工作。

以上三种物流动线类型构成了仓库内部平面规划的关键要素，它们对各个功能区之间的互动和最优分布起着决定性作用。通过周到的布局设计，有效融合并增强了仓库内不同作业区域之间的货物流动效率，进而降低了货品损耗，确保了仓库运作的顺畅，有助于企业效益的增长。

2）从至表法

从至表法是一种用于构建定量关联图的策略。通过计算物流量，可以揭示不同功能区之间的相互关联性。详尽的实施过程涵盖以下七个步骤。

步骤一：利用所提供的信息建立一个定量的序列表。

步骤二：依据定量从至表的数据分析，挑选出流量最大的成对作业区，并将它们纳入布局图中进行设计。

步骤三：挑选已输入的作业区域流量以及最大的作业区进入布局图，组合成三角形。

步骤四：按照步骤三的方法，将未选择的作业区域以节点形式嵌入三角形内，由此产生四个新的三角形，这些三角形将分布在原有三角形的内部。

步骤五：依照步骤四的方法，逐一估算剩余作业区中形成的各个三角形的三个顶点（作业区）的流量总和，然后挑选出最大的值，将其定位到相应的三角形内部。

步骤六：重复执行第五步，直至最后一个节点嵌入完毕。

步骤七：建立各功能区之间的邻接关系图，绘制出初步布局图。

3）仓库布局规划流程及案例

（1）仓库布局规划流程

在规划仓库库区的平面布局时，需完成三个主要阶段的工作。

首先，对仓库的功能区域进行详细剖析。在规划仓库之前，需要深入了解和分析其功能，明确各功能区域的分布。

其次，需要对不同功能区域间的相互作用及其空间布局的相对位置进行细致的分析。在仓库管理中，各类功能区因其作业流程与业务管理的需求，展现出相互之间的依赖性。考察并解析这些相互依赖的特性，将有助于确定各区域的布局规划。分析功能区之间的相互作用，可借助流程动态评估技术与定量从属图分析等手段。

最后，需完成仓库分布图的绘制工作。依据先前确定的各功能区域之间的内在联系以及初始规划图，并结合所提供的具体参数，制作出仓库的布局设计图。

在设计布局图时，需遵循以下规则：首先，必须遵循最小化原则，包括距离最短和物流成本最低；其次，需要遵循避免原则，防止出现曲折和十字交叉的情况。

绘制仓库内部平面布局图时，可以选择以下任意一种方法：① 利用 Word 的绘图工具进行图形绘制；② 使用 Visio 软件绘制；③ 使用 Autocad 绘制；④ 手工绘制。

（2）仓库布局规划案例

达利通公司针对其新建电商仓库内部布局有特定需求，具体要求如下：① 库房应设有专门的接收区、储存区、分类区、成品临时存储区以及发货区，并且需要配备简单的办公区域；② 在规划仓库主要职能时，应着重扩大存储空间的规模；③ 仓库总面积 1 200 平方米；④ 基于月台的布置需求，必须采取直接线条式的排列方式。

依据物流动线分析法，公司决策层对达利通公司新建仓库的内部布局做出妥善安排，如图 3-18 所示。

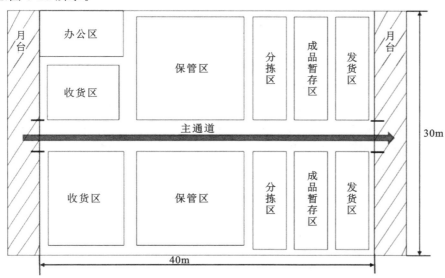

图 3-18　仓库平面布局图

10.2 仓储作业管理

1. 入库作业管理

入库作业管理主要涉及如下几个方面。

（1）在货物抵达之后，接收工作人员应依据供应商提供的到货通知，对照运输者或配送员的交付凭证，执行详细的检验和点收程序。

（2）在货品到达后，接收的工作人员需与供方或运输者协作揭开封条，并开启车门以检验内部货物的状态。一旦发现货物遭受重大损害，应立即通报相关机构以便采取相应措施。如果货物保持完好无损，接下来便可以开始卸载流程。

（3）在货物卸载过程中，接收工作人员应严格审查装卸作业的质量，确保产品的数量、包装、规格以及保质期等信息与相关单据完全一致。在接收货物时，任何损坏或缺失的情况都须在收货单上详细记录，并且需要保留一份由运输人员签字认可的文件，如送货单等，以作证据。货物损坏和缺少的情况应立即告知有关人员。

（4）在货物卸载过程中，若遭遇不利气象条件，需运用多种措施以保障商品免受损害。产品在卸载过程中，必须由监督人员确保其正置放置，严禁倒置。

（5）在货物抵达后，接收工作人员对运输箱执行签收手续，并随即开展送检表单的填写工作。他们将包含产品详情、数量、生产时间（包括保质期、批次号或订单编号）、货物状况等关键信息的送检表格，提交给品质控制（IQC）部门进行必要的检验。一旦通过品质控制部门的审核，确认货物质量达标，这些资料便会转交给库房管理人员，以便及时打印相应的入库凭证。

（6）接单后，库管人员应立即对单据进行详细核对。若发现问题，他们需立即向采购部门或上级管理人员汇报。若无误，他们接着打印单据，并迅速通知各相关库管人员接收货物。库管人员需要在当天结束前，将相关数据记录于账册。若遇特殊情况，他们需要将情况报告给生产及物料控制（PMC）部门的相关人员。

（7）有瑕疵的产品应当被隔离，存放于单独区域，直至采取相应的处理措施。同时，将相关信息储存于相应的档案。

（8）所有退货与换货的产品必须附带相应的单据，否则仓库接收人员将有权拒绝接收（除非是在特殊情况下，例如急需物料，但必须获得相关人员的签字确认）。一旦发现来料存在质量问题需要退货，采购部门必须在3天之内明确退货的具体时间和原因，并通知供应商。

（9）产品退货分为两种品质状态：合格与不合格。合格品退货，要求商品维持其原始的良好状况，否则仓库将不予接收。对于不合格品的收货，必须确保所提供的单据正确对应，同时包装也需要是完好的。替代过时的商品在接纳时，必须确保其与通知单上列明的物料编码、具体型号和数量一致，不一致时，仓库将不予接纳。

（10）在货物验收过程中，负责接收的工作人员需按照相关单据对货物进行仔细核对。确认无误后，他们将对各种不同状况的货物进行分类，并将它们分别储存于不同的区域。同时，对于退货或更换残次品的货物，工作人员会详细记录下产品名称、数量以及状态等信息，并将其与收货入库单一同归档保存。按照系统台账的要求，将单据信息录入其中。

图 3-19 展示了现代物流立体仓库作业现场。

图 3-19　现代物流立体仓库作业现场

2. 出库作业管理

出库作业管理主要涉及如下几个方面。

（1）出库作业在进行时，需以公司批准的文档（含授权签名）作为发放货物的凭证。

（2）当接到公司的出库计划通知时，仓库管理员会对单据进行仔细审查（确保单据的准确性以及核实库存是否充足）。一旦审查完成，将通知相关部门准备相应的运输车辆。

（3）仓库管理员严格按照出库单进行货物发放。一旦发现出库单上所列货物数量与实际不符，须立即向管理者通报，并在出库单上详细记录问题，以便迅速处理。

（4）仓库管理员在核对发运单上的库存数量后，按照派车单对提取货物的车辆进行核对，同时检查运输车辆的状态，确保无误后才可进行装货作业。

（5）仓库管理员依据出货规定，按顺序逐项提取货物，并与运输人员协同确认提取货物的编号、数量、状况及相关凭证等。

3. 在库作业管理

1）商品储存规定

新入库商品应在放置前附上物料管理标签，且存储高度不得超出商品指定的最大堆叠层数。货物在存放时，严禁直接接触地面，需严格按照指定货位，有序地放置于木制托盘之上。储存物品时，应注意保持其整洁，对于长时间保存的物品，应定期清除其上的灰尘。同时，不要在物品上放置任何无关的物品，例如废纸、废绳、胶带等。残损及低质物品须隔离存放于指定区域，并确保其环境整洁，同时细致地进行登记。

2) 商品清查流程

对于所有商品，每隔半年需要进行一次全面盘点。A 类货物应于每月底进行一次盘点，B 类货物每 3 个月进行一次盘点，C 类货物则遵循每 3 个月一次的盘点周期。对于每日出库的产品，需进行仔细清点，同时，对部分库存商品应实施周期性复核，确保商品数量的正确无误。必要时，可执行盲盘，即每次盘点时，接单人员负责打印盘点表，表中不包含产品数量信息，然后将表格交给盘点工作人员。两名以上的仓储管理人员需共同执行盘点工作，并将盘点记录表格交给负责文档管理的仓库职员。该职员随后从系统中输出打印件，供管理人员对照核实物资数量。若在核对过程中发现数量不符，需再次进行盘点。待二次盘点确认无误后，方可进行资料归档。如有差异出现，必须进行详细核查。若查出存在收发货不准确的情况，应当立刻向上级汇报。若损失已无法挽回，应依照既定的事故处理流程进行处理。

学习加油站 3-8
盘点为什么是仓储作业非常重要的一项工作？（视频）

图 3-20 展示了物流轨道式立体仓库存储中心的场景。

图 3-20　物流轨道式立体仓库存储中心

4. 仓库日常管理

1) 仓库日常检查内容

仓库日常检查内容主要涉及如下几个方面。

（1）库区及其内部地面是否完全清理了淤泥、杂物等。

（2）照明系统在仓库中是否处于良好的工作状况以及能否确保安全。

（3）仓库管理是否维持着井然有序的状态。要求如下：① 单据需整齐摆放；② 分类需明确可见。

（4）仓库内部是否对存放区和整理区进行了明确标识。

（5）在指定的区域内，托盘被整齐地码放。

（6）活动货位在仓库中布局紧凑，不包含任何多余的空间。活动货位，即通过活动标识来区分的货物存放区域，它能够依据实际需求，在仓储空间内实现便捷的调整和变动。

（7）警示标志的充分性、清洁度以及张贴的规范性是否达到要求。

（8）对于损坏、闲置和禁止发行的物品，是否已经分别储存并且附上了相应的标识，并且需要在指定的截止日期之前完成处理。

（9）仓库是否存在"四害"迹象。

（10）账面库存与实际库存是否吻合。

（11）所有库存是否均依照"PMC产品配料清单"完成备货并发送。

（12）库中相同种类与品种的物品应当安置在相邻或相同区域内，同一品种的货物则建议存放在某一特定仓库中。

图 3-21 展示了物流平仓业务现场。

图 3-21　物流平仓业务现场

2）仓库保管基本原则

仓库保管基本原则主要涉及如下几个方面。

（1）物品应存放于通道方向。为了确保物品的进出库作业便捷，并在仓库中实现轻松移动，最基础的要求是确保物品存放时面向通道。

（2）在保证安全的前提下，尽量把物品放置在较高的位置，这样可以提升储存的效率。库内空间的垂直利用应当最大化，通过将物品存放于较高的位置来实现。

（3）基于存取频率进行布局优化（采用 ABC 分类法）：频繁出库与入库的物品应被安置于出口邻近区域，以便于操作；那些流通性较低的物资则应置于距离出口较远的位置。

（4）应依据各类物品的季节性特征来决定其储存位置。

（5）相同品种应存放于同一区域。物品的存放与作业的流畅性紧密相关，因此在库房管理中，同种类或相似的物品应当被集中存放于固定的区域。仓管员对于存放位置的熟悉程度，在很大程度上决定了出入库作业的速度。邻近存放相似物品，是提升作业效率的关键策略之一。

（6）在规划存储空间时，应依据物体的分量来决定存放的高度：较为沉重的物品应置于底层，较轻的物品则应置于顶层。此原则对于效率提升与安全维护至关重要。

（7）按照先进先出的原则，存储管理中一个关键指导准则是优先处理易于变质、损坏的物资；同时，对于那些功能易于退化或老化的物资，应当尽量遵循先进先出的原则，以加速其流通。

5. 库存管理与控制

现代库存管理与控制的任务是通过适量的库存达到合理的供应，实现总成本最低的目标。何时订货、订多少货、在哪儿存货、存什么货以及货物种类与仓库的搭配都成为库存管理者需要综合考虑的问题。上述问题之间有着紧密的联系，这使现在的库存管理者面临更加复杂的情况。从众多库存管理方法中选择一种最适合本企业的方法显得至关重要，方法得当才能取得较好的效果。库存管理要遵循经济性原则，管理成本不能超过由此带来的库存成本节约。库存管理者需要在库存成本和客户服务水平之间寻找平衡点，100％的客户服务水平往往不是最佳选择，企业总是在寻找维持系统完整运行所需的最小库存或达到"满意"的客户服务水平基础上的最低库存。

1）仓库存货分类管理法

要对库存进行有效的管理和控制，首先要对存货进行分类。常用的存货分类方法有 ABC 分类法和 CVA 分类法。

（1）ABC 分类法

ABC 分类法又称重点管理法或 ABC 分析法。它是一种从名目众多、错综复杂的客观事物或经济现象中，通过分析找出主次、分类排队，并根据其不同情况分别加以管理的方法。该方法是根据巴雷特曲线所揭示的"关键的少数和次要的多数"的规律而在管理中加以应用的。通常是将手头的库存按年度货币占用量分为三类：

① A 类是年度货币占用量最高的库存，这些品种可能只占库存总数的 15％，但用于它们的库存成本占到总数的 70％～80％；

② B 类是年度货币占用量中等的库存，这些品种占库存总数的 30％，占总价值的 15％～25％；

③ 那些年度货币占用量较低的为 C 类库存品种，它们只占全部年度货币占用量的 5％，却占库存总数的 55％。

除货币占用量指标外，企业还可以按照销售量、销售额、订货提前期、缺货成本等指标将库存进行分类。通过分类，管理者就能为每一类的库存品种制定不同的管理策略，实施不同的控制。

建立在 ABC 分类基础上的库存管理策略包括以下内容：

① 花费在购买 A 类库存的资金应大大多于花在 C 类库存上的；

② 对 A 类库存的现场管理应更严格，它们应存放在更安全的地方，而且为了保证它们的记录准确性，应对它们更频繁地进行检验；

③ 预测 A 类库存应比预测其他类库存更为精细化。

ABC 分析法所需要的年度货币占用量，可以用每个品种的年度库存需求量乘以其库存成本求得。表 3-2 中列示了三种库存类型的管理策略。

表 3-2 ABC 分类库存管理策略

库存类型	特点（按货币占用量分类）	管理方法
A	品种数约占库存总数的 15%，成本占 70%~80%	进行重点管理。现场管理要更加严格，应放在更安全的地方；为了保持库存记录的准确，要经常进行检查和盘点；预测时要更加仔细
B	品种数约占库存总数的 30%，成本占 15%~25%	进行次重点管理。现场管理不必投入比 A 类更多的精力；库存检查和盘点的周期可以比 A 类长一些
C	成本也许只占总成本的 5%，但品种数量或许是库存总数的 55%	只进行一般管理。现场管理可以更粗放一些；但是由于品种多，差错出现的可能性也比较大，因此也必须定期进行库存检查和盘点，周期可以比 B 类长一些

利用 ABC 分析法可以使企业更好地进行库存预测和现场控制，减少安全库存和库存投资。ABC 分类法并不局限于分成三类，类别可以增加。但经验表明，最多不要超过五类，过多的种类反而会增加控制成本。

（2）CVA 管理法

由于 ABC 分类法有不足之处，通常表现为 C 类货物得不到应有的重视，而 C 类货物往往也会导致整个装配线的停工。因此，有些企业在库存管理中引入了关键因素分析法（Critical Value Analysis，CVA）。

CVA 的基本思想是把存货按照关键程度分成 3~4 类，详情如下所示。

① 最高优先级：这是经营活动中的关键性物资，不允许缺货。
② 较高优先级：这是经营活动中的基础性物资，但允许偶尔缺货。
③ 中等优先级：这多属于比较重要的物资，允许合理范围内的缺货。
④ 较低优先级：经营中需用这些物资，但可替代性高，允许缺货。

表 3-3 展示了 CVA 法库存种类及其管理策略。

表 3-3 CVA 法库存种类及其管理策略

库存类型	特点	管理措施
最高优先级	经营管理中的关键物品，或 A 类重点客户的存货	不允许缺货
较高优先级	经营管理中的基础性物品，或 B 类客户的存货	允许偶尔缺货
中等优先级	经营管理中比较重要的物品，或 C 类客户的存货	允许合理范围内的缺货
较低优先级	经营管理中需要但可替代的物品	允许缺货

CVA 管理法比起 ABC 分类法有着更强的目的性。在使用中要注意，人们往往倾向于制定高的优先级，结果高优先级的物资种类很多，最终哪种物资也得不到应有的重视。CVA 管理法和 ABC 分析法结合使用，可以达到分清主次、抓住关键环

节的目的。在对成千上万种物资进行优先级分类时,也不得不借用 ABC 分类法进行归类。

2)经济订购批量法——EOQ 模型

库存总成本最小的订货量称为经济订购批量(Economic Order Quantity,EOQ)。对于仓库货物来说,其总储存成本应该包括三个部分:存货储存成本、订货成本和缺货成本。其中,储存成本是为保管物资所花费的全部费用,包括出入库的装卸搬运费、堆码和检验费用、保管工具和用料费用、仓库房租和水电费、保管人员的相关费用等。订货成本是与订货有关的全部费用,包括差旅费、订货手续费、通信费、招待费等。缺货成本表示当存货不足时给企业带来的所有损失,由于缺货会造成顾客满意度下降等,处理相对复杂,所以在计算中不予考虑。

因此,总存货成本计算公式如下:

$$总存货成本=订货成本+储存成本$$

订购批量的多少,决定着库存水平的高低,也影响着整个仓库管理的总成本。为了获得最佳的库存管理成效,一般采用经济订购批量。所谓经济订购批量,指的是合理确定一次订购的数量,使订货成本和储存成本的总和最低。随着订货规模(或生产数量)的增加,储存成本增加,而订货(或生产准备)成本降低,总成本曲线呈 U 形。存货成本与订货规模之间的关系如图 3-22 所示。

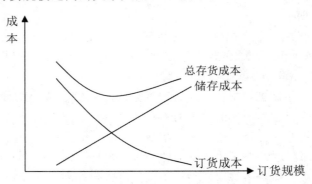

图 3-22 存货成本与订货规模的关系

订货成本和储存成本都会随着订货量的变化而变化,因此,我们需要寻求一个能使得两者之和最小的订货量,该订货量被称为经济订购批量。当储存成本和订货成本相等(两条线相交)时,总成本最小,此时的订购批量为经济订购批量,其计算公式如下:

$$Q=\sqrt{\frac{2RC}{H}}$$

其中,Q 表示经济订购批量,R 表示全年需求量,C 表示单次订货成本,H 表示单位货品年储存成本。需要注意的是,基本的经济订购批量模型是一种理想化的表述,在应用此模型进行订购量决策分析时,需满足如下假设:

(1)货物是一种需求独立的物品,不受其他货物影响;

(2)全年存货总需求量是已知常数;

（3）单位时间的耗用量已知且是固定的；

（4）订货提前期是常数；

（5）单位货物成本为常数，无批量折扣（单价不变）；

（6）货物是一次性入库（不存在陆续供应的情况）；

（7）库存储存成本与库存水平呈线性关系（单位储存变动成本不变）；

（8）不允许缺货，即无缺货成本。

EOQ 方法属于定量订货库存控制方法，其主要优点是库存控制的手段和方法相对清晰和简单，并且可对高价值货物的库存费用进行精确控制。此外，每次订购的数量是固定的，因此可以采用将费用保持在最小的订货量（也称经济订购批量）。定量订货库存控制方法的再订货点和订货量都是事先确定的，其主要缺点是它必须连续不断地核查仓库的库存量，当库存量下降到订货点时就必须发出订单订货。定量订货法是以过去的消耗记录为基础而决定再订货点和订货量的，如果货物需求量变动很大，就很难多次重新设定再订货点和订货量，因此，该方法不适用于需求变动剧烈的货物。

3）固定订货周期法（定期订货方式）

固定订货周期法属于一种定期订货方式，其特点是按照固定的时间周期（1 个月或 1 周等）来订货，订货数量则是变化的。一般都是事先依据对产品需求量的预测，确定一个比较恰当的最高库存额，在每个周期将要结束时，对存货进行盘点，决定订货量，使得货物到达后的库存量刚好达到原定的最高库存额。与 EOQ 方法相比，这种方法不必严格跟踪库存水平，减少了库存登记费用和盘点次数。价值较低的商品可以大批量购买，也不必关心日常的库存量，只要定期补充就可以了。如果需求和订货提前期是确定的，并且可以提前知道，那么使用固定订货周期法时，每个周期的订货量是一样的；如果需求和订货提前期都不确定，那么每个周期的订货量就是需求和订货提前期的函数。

这种方法的关键在于确定订货周期，订货周期是指提出订货、发出订货通知，直至收到订货的时间间隔。采用这种库存管理方法进行订货时，需要预先掌握每个时期内订货点的库存量。定期订货法的适用范围主要有：消费金额高、需要实施严密管理的重要物品；根据市场的状况和经营方针，需要经常调整生产或采购数量的物品；需求量变动幅度大，而且变动具有周期性，可以正确判断的物品；建筑工程、出口产品等可以确定的物品；设计变更风险大的物品；多种商品同时采购可以节省费用的情况；同一品种物品分散保管，同一品种物品向多家供货商订货、批量订货、分期入库等订货、保管、入库不规则的物品；需要定期制造的物品等。

6. 仓库 8S 精细化管理

仓库 8S 精细化管理是一种用于提高仓库运营效率的管理方法。它通过对仓库内各个方面的管理进行全面的评估和改进，以达到提升仓库效率、减少浪费、提高质量和降低成本的目标。图 3-23 展示了物流仓库 8S 精细化管理概况。

图 3-23　物流仓库 8S 精细化管理概况

物流仓库 8S 精细化管理的详情如下。

（1）整理。整理是指对仓库内的物品进行归类，将不必要的物品和过时的物品清理出去，保持仓库的整洁和有序。通过整理，可以减少物品的丢失和损坏，提高物品的可用性和可见性，从而提高仓库的运作效率。

（2）整顿。整顿是指对仓库内物品的摆放和布局进行优化，使物品的摆放更加合理和便捷。通过整顿，可以减少人员在仓库内的移动和寻找时间，提高人员的工作效率和准确性。

（3）清扫。清扫是指对仓库内的设备、工具和地面进行定期的清洁和维护，保持仓库的整洁和卫生。通过清扫，可以减少设备的故障和损坏，提高设备的可靠性和使用寿命，从而提高仓库的运作效率。

（4）清洁。清洁是指定期审视仓库管理各项规范和标准的制定和执行情况，确保仓库管理的一致性和可持续性。通过清洁，可以减少工作中的失误，提高工作的准确性和可靠性，从而提高仓库的运作效率。

（5）素养。素养是指人人依规定行事，从心态上养成良好习惯，遵守仓库管理的各项规定和要求，确保仓库管理的持续改进和稳定运行。通过提高员工的行为素养，从根本上减少人员的违规行为和不当操作，强化人员的工作纪律和责任意识，进而提升仓库的运作效率。

（6）安全。安全是指对仓库内的安全措施和风险管理进行评估和改进，确保人员和物品的安全。通过安全管理，可以减少事故和损失，增强员工的安全意识，提高员工的安全技能，从而提高仓库的运作效率。

（7）节约。节约是指养成降低成本的习惯，加强作业人员减少浪费意识教育，从而减少企业的人力物力消耗。

（8）学习。仓库作业团队应深入学习各项专业技术知识，从实践和书本中获取知识，同时不断地向同事及上级主管学习，从而达到完善自我、提升自己综合素质之目的，使企业成为学习型组织。对仓库管理的各个方面不断进行评估和改进，可以提高仓库的运作效率和质量，适应和满足不断变化的客户需求，提高客户满意度和企业竞争力。

总结起来,仓库 8S 管理是一种全面提高仓库运营效率的方法。通过整理、整顿、清扫、清洁、素养、安全、节约和持续学习改进等方面的管理,可以有效提高仓库的效率和质量,降低成本和风险,从而增强企业的竞争力和可持续发展能力。

10.3 仓储作业绩效评价

表 3-4 展示了仓库管理考核内容及评分标准。

表 3-4 仓库管理考核内容及评分标准(示例)

序号	考核项目	考核内容	考核评分标准	分值
1.1	分类存放	1. 分类定库,合理存放	发现串类、混杂存放	2
		2. 划线定区	作业区等未进行划线定区	1
		3. 物资归属	不得在库房内储存合作方指定货物以外的物品,每发现违规一次	1
		4. 合理利用仓库空间	未合理利用仓库空间	1
1.2	科学布局	1. 仓库合理布局及科学编码	排列顺序无规律、规划不合理的	1
		2. 建章立制	无仓库平面图或平面图绘制不正确的	1
			未制定并张贴仓库管理制度的	1
			未制定并张贴仓管员岗位责任制度的	1
1.3	库容库貌	1. 库内外环境	库内外不清洁、不整齐美观的	2
		2. 卫生	货架不卫生、不牢固的	1
			地面不洁的	1
		3. 工具摆放	工具摆放不整齐、无固定位置存放的	1
1.4	物资摆码	1. 规范码垛	码垛的物资在同一垛中除最高一层外,必须以每层相同的数量放置,但不同垛每层放置的数量可以不同;凡未按此规范进行合理码垛的,每发现一次	3
			堆码不整齐美观的	2
		2. 避免混堆	不同性能的物资不得混堆(属同一项目的工程物资除外),不同规格的物资不得混堆,每发现一次	2

续表

序号	考核项目	考核内容	考核评分标准	分值
1.5	安全措施	1. 执行公安部发布的《仓库防火安全管理规则》及甲方的《安全管理制度》	无消防设备，发现一项，不得分；发生火灾，不得分	3
		2. 避免安全隐患	未合理存放易爆物品或存在其他安全隐患的	2
		3. 必须执行24小时的保安监控服务	每发现一次离岗现象	1
		4. 持证上岗，规范作业	物流人员未持证上岗的	1
			发现工作人员未按照操作规程作业的	2
		5. 按时安检，详细记录	未按时进行安全巡检的，每发现一次	0.5
			未做好相应巡检记录的，每发现一次	0.5
1.6	装卸搬运	装卸搬运任务的完成	对于备货任务，每发现任意一项任务延迟一次的	1
			搬运装卸过程中每损坏物资一次，除按价索赔外	1
1.7	其他事项	1. 门禁管理	非仓库人员进入仓库重地，未填写《出入库人员登记表》，每发现一次	1
		2. 人员管理	未提供仓库作业人员岗位分工情况的	1
			有人员岗位变动，但未提前通知甲方的，每发现一次	2
		3. 稳定性管理	保持仓库管理人员的稳定性，不得频繁更换人员，应确保工作人员对业务的熟悉程度	2
			每季度更换人员5人次及以上的	2

表3-5展示了仓库库存物流管理考核内容及评分标准。

表 3-5　仓库库存物流管理考核内容及评分标准（示例）

序号	考核项目	考核内容	考核评分标准	分值
2.1	保管保养	1. 易燃、有污染性的物资应分库存放	易燃物资未分库存放，每发现一项	1
			有污染性的物资未分库存放，每发现一项	1
		2. 保障物资质量	变质，有蛛网，每发现一次	1
2.2	管理计划进度	1. 确保物资的正确收发	错收或错发物资，每发现一次	3
		2. 遵守操作规程进行作业	违反操作规程的，每发现一次	2
		3. 进行定期盘点和动态盘点	没有按时盘点的，每发现一次	3
			盘点后未及时做记录的，每发现一次	2
		4. 账卡实之间完全相符	任意一项数据有差错的	2
		5. 时间质量（出库时间）	实际交货时间超出规定的时间，每发生一次	1
		6. 分拣质量指标	未按需求单出库，每出现一次物品错发的	3
2.3	报废物资管理	1. 回收利用与处理登记	没有按时整理回收物资的，每发现一次	1
			没有按时进行回收记录的，每发现一次	1
		2. 入库管理	未对入库余料进行分类摆放的，每发现一次	1
2.4	物资规范化管理	1. 须严格按照《移动工程类物资物流管理规范书》进行物资管理作业	未按照此办法执行的，每发现一次	2
		2. 严格入库管理	每发现一次来历不明的物品及危险品进入仓库	3
		3. 提供优质服务，确保客户满意度	每发生一次经核查属实的合理客户投诉	3

表 3-6 展示了仓库信息管理考核内容及评分标准。

表 3-6　仓库信息管理考核内容及评分标准（示例）

序号	考核项目	考核内容	考核评分标准	分值
3.1	台账管理	1. 货位卡两账统一	发现未按要求设立台账的，不得分	3
		2. 确保出入库信息登记的准确、及时	出库后，应于当日内登记账卡；未及时登记账卡的，发现一次，不得分	2
			账卡数据不准确的，发现一次，不得分	1
		3. 到货信息的及时反馈	到货后未及时通知地市州分公司相关部门的，每发现一次，不得分	2
		4. 物料卡（标签）管理	出入库时间和经办人姓名的任意一项有误的，不得分	2
		5. 账（卡）整洁，记账及时，日清月结	账（卡）有登记不及时的现象	2
			无日清月结，每发现一次	
3.2	报表管理	1. 对储存时间在 2 年及以上的物资应及时上报处理	未及时上报的	2
		2. 月报表管理	未及时整理打印仓库月收发存报表，做到月结的	2
		3. 季度盘点表管理	未及时整理打印仓库季收发存报表，做到季清的	2
		4. 年报表管理	未在年底对仓库所有物资进行盘点，提供盘点数据报表，并与系统的月报表及季报表核对，做到年结的	3
		5. 库存数据管理	未能实时提供任意在库存储物资的详细情况（种类、数量）的	3
		6. 动态随机数据的提供	未能按照要求准确提供随机数据的，每发生一次	2
3.3	档案管理	原始单据管理，负责对原始单据进行分类归档，并按顺序逐月装订成册	原始单据以时间顺序按项目装订，漏装订或装订不整齐的	1
			收集的原始单据不符合要求的	1
			原始单据未收集齐全的	1
			原始单据无专人管理的	1

拓展训练

表 3-7 至表 3-12 是科顺仓库连续六周的物动量统计表，请据此对货物进行 ABC 分类，并详细说明 ABC 分类管理的具体措施和注意事项。

表 3-7　第一周出库作业周报（物动量统计）

制表人：李华　　制表时间：6月1日

货品编码/条码	货品名称	出库量（箱）
6901521103111	费列罗糖果巧克力榛果威化	1 050
6904555692132	冬麦咔咔脆威化饼干	1 332
6918010061256	巧丽白巧克力燕麦棒	572
6941660500232	百事可乐	2 312
6901535178450	恰恰五香香瓜子	1 808
6920907800176	三只松鼠夏威夷果	2 066
6932010061908	农夫山泉矿泉水	14 098

表 3-8　第二周出库作业周报（物动量统计）

制表人：李华　　制表时间：6月8日

货品编码/条码	货品名称	出库量（箱）
6901521103111	费列罗糖果巧克力榛果威化	660
6904555692132	冬麦咔咔脆威化饼干	889
6918010061256	巧丽白巧克力燕麦棒	452
6941660500232	百事可乐	1 800
6901535178450	恰恰五香香瓜子	1 325
6920907800176	三只松鼠夏威夷果	1 125
6932010061908	农夫山泉矿泉水	14 887

表 3-9　第三周出库作业周报（物动量统计）

制表人：李华　　制表时间：6月15日

货品编码/条码	货品名称	出库量（箱）
6901521103111	费列罗糖果巧克力榛果威化	1 220
6904555692132	冬麦咔咔脆威化饼干	870
6918010061256	巧丽白巧克力燕麦棒	562
6941660500232	百事可乐	1 928
6901535178450	恰恰五香香瓜子	1 438

续表

货品编码/条码	货品名称	出库量（箱）
6920907800176	三只松鼠夏威夷果	1 209
6932010061908	农夫山泉矿泉水	11 020

表 3-10　第四周出库作业周报（物动量统计）

制表人：李华　　制表时间：6 月 22 日

货品编码/条码	货品名称	出库量（箱）
6901521103111	费列罗糖果巧克力榛果威化	850
6904555692132	冬麦咔咔脆威化饼干	982
6918010061256	巧丽白巧克力燕麦棒	452
6941660500232	百事可乐	1 300
6901535178450	恰恰五香香瓜子	896
6920907800176	三只松鼠夏威夷果	1 045
6932010061908	农夫山泉矿泉水	12 385

表 3-11　第五周出库作业周报（物动量统计）

制表人：李华　　制表时间：6 月 29 日

货品编码/条码	货品名称	出库量（箱）
6901521103111	费列罗糖果巧克力榛果威化	2 225
6904555692132	冬麦咔咔脆威化饼干	1 334
6918010061256	巧丽白巧克力燕麦棒	3 121
6941660500232	百事可乐	2 102
6901535178450	恰恰五香香瓜子	1 514
6920907800176	三只松鼠夏威夷果	118
6932010061908	农夫山泉矿泉水	14 342

表 3-12　第六周出库作业周报（物动量统计）

制表人：李华　　制表时间：7 月 6 日

货品编码/条码	货品名称	出库量（箱）
6901521103111	费列罗糖果巧克力榛果威化	980
6904555692132	冬麦咔咔脆威化饼干	1 056
6918010061256	巧丽白巧克力燕麦棒	872
6941660500232	百事可乐	2 048
6901535178450	恰恰五香香瓜子	1 938

续表

货品编码/条码	货品名称	出库量（箱）
6920907800176	三只松鼠夏威夷果	1 974
6932010061908	农夫山泉矿泉水	14 084

图 3-24 展示了物流仓储管理员岗位职责及其要求。

图 3-24　物流仓储管理员岗位职责及其要求（示例）

关于物流仓储管理员岗位职责及其要求，还应注意以下几点。

（1）物流领域中，仓储管理员扮演着极为重要的角色，他们的工作包括对物品的存放、维护以及进出库的管理，这些任务对于保障物流环节的顺畅运作至关重要。通过实施仓储管理系统（WMS），可以实现对库存的实时跟踪与核实，保障库存数据的准确性与时效性。同时，对仓库内的环境条件进行严格监控与调整，防止物品在存放期间遭受损害或过期，确保存储物品的品质和安全。

（2）在规划仓库布局时，需考虑物品特性、储存要求以及作业的便捷性，建立并执行一套明确且统一的仓库标识体系，涵盖货位、货架及货物标识，并周期性地对仓库布局及标识体系进行检查和改善，以保证其能契合实际的运作需求。

（3）建立并实施严格的物品入库检查规范，保障进入库房的物品数量准确并且品质达标；按时开展库房存货清点，以确保存储数据的精确性。根据先进先出的原则，合理规划货物的出库顺序，避免货物过期或变质的问题。

（4）拥有卓越的沟通、协调技巧以及团队合作精神，能够引导团队协同完成仓储任务。同时，与公司内部各部门、外部客户及供应商等维持有效沟通，确保仓储作业的高效进行，从而提升仓库运营效率。

素养课堂

仓库安全，人人有责

在一家规模庞大的物流公司仓库里，员工小张在执行例行的安全巡查时，注意到了一个可能引发安全问题的陈旧电线插座。插座边缘积聚了一层深厚的尘埃，昭示着它已经长时间未被启用。经过细心查看，小张注意到该插座的导线已经严重老化，部分线段甚至出现了铜丝外露的现象。若有人不慎接触这些无遮拦电线，触电风险极高。此外，过时的电源插座有可能成为火灾的隐患。这个隐忧或许会引发严重的后果，然而极易被人们忽略。

小张马上行动起来。他在电源插座旁竖立了一块显眼的告示牌，上面写着"当心电击"，目的是提醒同事们要留意周围的安全隐患。随后，他向管理层报告了这一状况，并迫切要求马上更换掉这个过时的插座。管理层对小张的发现给予了高度关注，迅速指派维修团队进行了更换工作。在这次例行的检查中，小张敏锐地识别出了仓库中隐藏的安全风险。他首先考虑到了同事们的安全，确保无人员受到损害。紧接着，他迅速与上级沟通，汇报了情况，促使问题得到了妥善处理。这一防范举措不仅提高了整个仓库的安全水平，而且体现了小张对安全职责的深刻理解和关注。

小张的行为告诉我们：安全问题不容忽视，每个个体都应承担起维护安全的重任。一旦察觉到任何潜在的威胁，无论是针对人员还是财产，都应当迅速做出反应，并且及时与上级进行沟通。在物流工作中，每个员工都应如同小张一般，始终对仓库安全保持高度警觉。仓库的安全管理涉及多方面内容，如防止火灾、盗窃、损害以及防潮，这些措施渗透于仓库运营的各个阶段。强化仓库安全管理培训，提升员工的安全技术能力，及时识别并消除安全隐患，这对于根除事故发生有着至关重要的作用。

任务 11　物流配送与快递运营

行动锦囊

物品配送与快递服务在现代社会扮演着至关重要的角色，它们负责将商品迅速且精确地送达指定地点。物流配送涵盖了运输、仓储、包装、装卸搬运以及流通加工等一系列环节,实现物品由一个地点向另一个地点的转移。快递服务作为物流分发的一种手段,承诺以高效、可信的方式将物品递送至目的地,从而满足了大众对迅速传递物品的期待。在当今时代,物品的配送与快递服务已经紧密交织于日常生活的各个角落。无论是线上购物,还是文件、礼物的发送,都仰赖于此。物流配送和快递行业在运营过程中不可避免地会面临众多挑战,其中包括但不限于在高峰期间如何缓解配送压力、提升配送的效率以及如何有效降低运营成本。应对这些挑战,物流配送与快递行业必须持续创新并优化运营流程,从而提升服务水平和运营效率。

11.1 物流配送管理

1. 物流企业配送业务特点

电子商务的蓬勃发展,社会经济和科技的不断进步,使得消费者的购物习惯发生了明显的变化。他们正从购买大批量、少量次的商品,转变为购买小批量、多量次的商品。此外,消费者对配送服务的即时性有了更高的期待,这使得订单的特点表现为单笔订单量小、总体订单量大且商品种类繁多、配送地址分散、响应时间短且要求严格。因此,物流企业对于有效的零散商品拣选解决方案的需求变得越来越强烈。物流企业的配送业务展现出多维度的特性,主要涵盖以下几个关键方面。

1) 单笔订单包含库存量单位(SKU)少

电子商务领域主要针对的是个体购物者,这些客户在一次性购物时,倾向于选择较小的商品组合,导致他们的订单中包含的商品品种数量不多。电商平台所接收的订单在总量上显著且在品种上具备广泛性。以京东商城与天猫为首的在线购物平台聚集了众多消费者,他们的购物习惯各不相同,因此产生的订单类型也极为丰富。众多电商物流公司为了迎合消费者的需求,持续增加商品储备量。

2) 响应时间短且严格

高效处理大量零散的订单,包括迅速响应、挑选、包装、运送和分发,这已逐渐转变为电商物流公司争夺市场的关键策略,并且显著地影响着消费者的满意程度。京东物流率先推出了"京东限时达"服务。作为京东物流的重要竞争对手,菜鸟联盟已经支持淘宝、天猫在全国1 000多个区县推出了"当日达""次日达"服务。"次日达""限时达"成为越来越多电商物流公司的标配服务。电商领域的配送订单呈现出显著的波动性,尤其是大型促销活动期间,订单数量会出现急剧上升,从而导致订单拣选工作的压力也随之剧增。这种波动性给电商物流供应链系统带来了较大的挑战。

3) 客户对准确率期望高

在传统物流领域,订单通常品种单一而数量庞大,偶尔的货物损坏或短缺对整体影响有限。电商物流公司接收的订单通常是单一商品或少量商品,这就对物流配送的精确性提出了更高的要求，订单挑选过程中的错误率必须尽可能减少。物流配送的后端仓储管理系统必须能够迅速且高效地处理退货流程，包括实现退款等服务，这无疑对物流企业的配送管理及信息技术提出了更高的要求。

学习加油站 3-9
收货人信息的
维护为何是配送管理的
关键任务？（视频）

2. 物流企业配送拣选模式分类

在物流公司中，配送拣选的运作模式占据着极其重要的地位。根据订单组合细分，有订单式拣选、批量拣选、单品批次拣选和复合拣选四种；根据运动方式细分，有人到货和货到人两种。下边着重介绍订单式拣选、播种式拣选、复合拣选、人到货模式和货到人模式。

1）订单式拣选

订单式拣选又称果实挑选式分拣，每次仅处理一个订单。在执行分拣与配货任务时，工作人员或挑选工具会在各个存放区之间移动。他们根据各个订单的具体要求，从相应的存放区提取所需物品，进而完成整个分拣过程。这种方法酷似人们在果园挑选果实的过程，因此，可以形象地将其命名为果实挑选式选取方法。在拣选作业中，货位的存储位置保持相对不变，执行拣选任务的人员或设备则发生相对移动，这种作业方式又常被称作人至货前拣选工艺。订单式拣选具有如下特性：

（1）每个个体独立进行选择，彼此的选择行为互不影响；

（2）针对迫切的需求，可以通过集中资源迅速进行挑选处理；

（3）一旦货单被彻底挑选，相应的物品即刻备齐，因此无须进行临时储存，该特性亦展现在对严格机械过程的适应性上；

（4）在一定技术范围内，用户基数不受约束，伸缩空间大。

订单式拣选的适用领域主要有：

（1）用户不稳定，波动较大；

（2）用户间的共性需求并不突出，相反，他们的个性化需求极为显著；

（3）用户需求的种类较多；

（4）用户配送时间要求不一；

（5）在建设新的配送中心的初始阶段，拣选和配货流程可以作为一种暂时性的解决方案；

（6）直接向最终用户进行网络销售的商业模式。

2）播种式拣选

播种式拣选是指将多个订单合并为一个批次，依据商品种类对数量进行统计后执行挑选工作，接着依据各个客户的订单需求进行分拣处理的作业模式。这种作业方式的过程犹如农夫耕作时撒播种子，一次性取出覆盖数亩土地的种子，并进行有系统的流动撒布，因此，它也常被喻为撒播法或播种法。大批量挑选商品能够减少在拣选过程中所需的移动时间，进而提升单位时间内的拣选效率。其应用环境主要有如下几类：

(1) 拥有稳固的用户基础且人数众多，有利于打造恒定的配送系统；
(2) 用户需求的共同性强、差异性小；
(3) 用户需求的种类有限；
(4) 用户对配送时间的要求不高。

图 3-25 展示了订单式拣选和播种式拣选的区别。

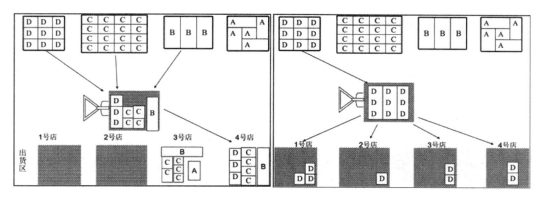

图 3-25 订单式拣选 VS 播种式拣选

3）复合拣选

复合拣选是指将以上两种拣选方式相结合，根据订单的商品种类、数量以及出库的频次来判断哪些订单适合单件挑选，哪些则适宜采用批量挑选方式。

4）人到货模式

人到货（M2G，Man to Good）作业模式，即工作人员根据订单要求，逐个前往货架执行挑选商品的操作。在配送业务中，面对大量的订单，常见的做法是首先将那些路线相近的订单进行汇总，接着由一名操作员对这批订单进行集中处理。这一汇总的数量，会根据所涉及产品的具体特性和配送车辆的容量来决定，可能为每车 4 份订单，或者每车 20 份订单，或更高。这种模式通常不需要额外的二次分拣处理。在仓库物流系统中，工作人员沿着预设的路径操控装有定量货格的搬运车，对各类别产品进行分拣作业。在此过程中，他们如同在园艺中一边采摘果实一边播下种子。待所有订单商品均被完整分拣后，将无缝转入后续的打包和物流配送阶段。M2G 拣选模式非常适合处理小型商品，比如服饰、美容产品、电子产品等。随着产品种类的增多，挑选区的空间也需要相应扩大，这使得拣货工作人员需要覆盖更长的移动距离，从而导致拣选作业的效率相对下降。

5）货到人模式

目前，国际与国内知名的物流设备供应商已经提出了货到人（G2M，Good to Man）的拣选模式。这一模式通过使用全自动的物流设备来取代人工，完成物品的拣选工作，并将已拣选的物品转移到播种作业区域。在那一区域，拣货员会根据各个订单的具体要求，进行所谓的"二次分拣"作业。采纳 G2M 选取模式，可以通过三个主要途径来实现：一是采用如 AGV 类的自动化搬运车辆，将存储物品的货架运送至拣选工作人员处，KIVA 型机器人为此类型的典型例子；二是运用适应性广泛的堆垛机器人，通过改变其货叉间距，能够自动对料盒、料盘、纸箱等物品进行拣选和出入库作业，以此应对电商的多样化需求，拣选型堆垛机器人为此类型的代表；三是运用"穿梭车搭配提升机"的自动化存储系统，此系统由众多穿梭车协同作业，实现物品的水平移动，提升机则负责物品的垂直运输，这种设计有效应对了电子商务对快速出库的需求。

3. 智能物流设备在配送业务中的应用

在物流配送领域的拣选环节，诸多机械设备被广泛应用，包含仓储设施、装卸与搬运机械、信息处理系统、输送机械以及自动化分拣系统等。这些机械设备彼此协作、形成合力，确保拣选流程的顺畅执行。在拣选作业中，包装单位的配合至关重要，涉及储存、搬运以及分类设施的合理安排。这样的配置必须能够适应多样化、小规模的产品配送需求。在拣选过程中，广泛采用的辅助工具主要有电子标签辅助分拣系统、无线射频（RF）拣选系统、穿梭车拣选系统、类 Kiva 机器人"货到人"拣选系统、旋转货架式"货到人"解决方案以及自动分拣机等。

1）电子标签辅助分拣系统

电子标签辅助分拣系统利用计算机技术，实现无须纸质记录的分拣作业。该系统在每个存放单元安装数字显示屏，通过计算机系统将订单详情发送至这些显示屏。工作人员根据屏幕上的指示数字进行货品挑选，挑选完毕后按下确认键，便完成了整个分拣过程。处理方式既可以是即时的，也可以是分批进行的。电子标签辅助分拣系统的每小时分拣能力可达到 500 件，同时，分拣错误率可低至大约 0.01%，预处理时间大约需要 1 小时。

图 3-26 展示了电子标签货架安装示意图。

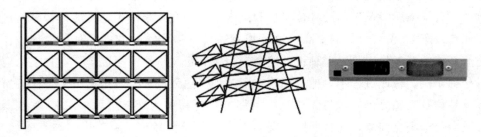

图 3-26　电子标签货架安装示意图

电子标签辅助的拣选方法分为两种基本模式：一是摘取（Pick to Light）模式，二是播种（Put to Light）模式。

（1）摘取式拣选系统

在摘取式拣选系统下，货架上安装有电子标签，按照规则每个储位仅对应一种产品，意味着每个电子标签对应一种产品。当系统接收到订单时，会点亮代表订单中商品的电子标签。工作人员根据闪烁的标签和显示的数字，从货架上取出相应的商品。

图 3-27 展示了摘取式电子标签拣选系统的运作模式。

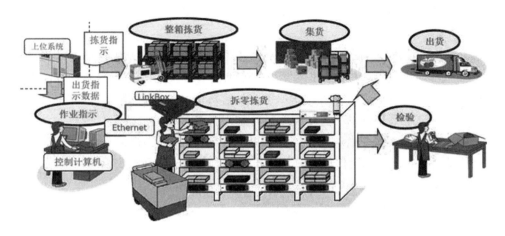

图 3-27 摘取式电子标签拣选系统的运作模式

（2）播种式拣选系统

在播种式拣选系统下，每个电子标签都象征着一份订单的客户或者是一个物流对象，换言之，每个电子标签都等同于一个订单。每项产品作为单独处理单元，检验工作人员首先提取货物的预定总数，接着把商品信息输入系统。系统随后激活那些代表订购该货物的客户电子标签。工作人员仅需根据电子标签的亮起指示和数字信息，向相应客户分配货物。

图 3-28 展示了播种式电子标签拣选系统的运作模式。

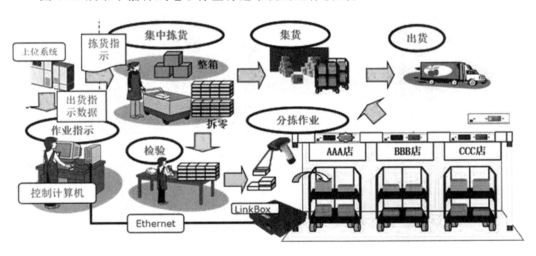

图 3-28 播种式电子标签拣选系统的运作模式

2）RF 拣选系统

RF 拣选系统起源于二战结束后的美国及日本，并在这些国家的物流枢纽中得到了广泛应用。随着时间的推移，该系统演变成发达国家大中型物流中心极为重要的一环。RF 系统作为挑选商品过程中人与机器交互的界面，利用无线通信设备来展现挑选的相关资讯。相较于电子标签系统，RF 系统提供了更加灵活的操作空间，适用于以托盘作为拣选的基本单位，并通过叉车提供辅助拣选作业，其成本较电子标签系统为高。

在 RF 拣选系统中，分拣过程依托于便携式计算机设备、条码读取器和射频无线控制系统的协同作业。订单资料由计算机主机传输到掌上终端，分拣员根据掌上终端所指示的货位，扫描货位上的条码，如果与计算机的分拣资料不一致，掌上终端就会发出警告，直到找到正确的货物货位为止；如果与计算机的分拣资料一致，就会显示分拣数量，分拣员根据所显示的分拣数量分拣，分拣完成之后按确认钮即完成分拣工作。分拣信息通过 RF 系统传回计算机主机，同时将库存扣除。该系统实现了无纸化运作，并能够实现信息的即时处理。

在分拣作业中，按订单单品分拣和批量分拣因其效益高和作业灵活而广受欢迎，在商品种类繁多的环境下更是如此。这种方法特别适合处理多种、少量订单，而且经常与分拣台车结合使用，这种组合是最普遍的搭配方式。RF 分拣系统的每小时分拣效能大约能达到 300 件，同时其错误率维持在 0.01% 的水平，拣选准备工作大约需要 1 小时完成。

图 3-29 展示了 RF 无线手持终端和 RF 拣货台车。

图 3-29 RF 无线手持终端和 RF 拣货台车

3) 穿梭车拣选系统

穿梭车拣选系统因具备低能耗、高效率和灵活作业等显著特点，而成为完成"货到人"零散拣选任务的理想选择。多层穿梭车系统随着技术的日益精进，在最近几年大量投入使用。这一系统对应着拆零拣选作业需求的增长与操作复杂性的提升，成为高效仓储拣选技术的杰出代表。多层穿梭车的系统操作极其高效，其拣选速度相较于常规作业手法增进了 5~8 倍，通常能够实现每小时 1 000 次以上的处理能力。此外，它还能显著减少人力资源的投入。因此，对于电商等领域来说，面对庞大的零散商品挑选需求，多层穿梭车的使用显得尤为合适。

图 3-30 展示了华章多层穿梭车拣选系统。

图 3-30　华章多层穿梭车拣选系统

4）类 Kiva 机器人"货到人"拣选系统

智能仓储机器人，类似于亚马逊广泛采用的 Kiva 机器人，正日益受到广泛关注和追逐。这个系统具备高度自动化的特点，能在很大程度上取代人工操作。该项目的执行速度很快，且交付周期较短。与传统的固定式自动化系统相比，该系统的投资成本更低。更重要的是，它具有极强的灵活性，便于扩展，非常适合那些商品种类繁多、SKU 数量庞大且存在多种规格订单的场景。类 Kiva 机器人系统已然在电子商务、商业超市零售、生物医药、快递等多个领域得到实际运用，并展现出其独特的优势。

图 3-31 展示了快仓第三代智能机器人。

图 3-31　快仓第三代智能机器人

5）旋转货架式"货到人"解决方案

旋转货架系统是一种极为成熟的"货到人"拣选技术，特别适用于小件商品的储存。技术的革新推动了旋转货架系统效率的显著提升。例如，在南京，苏宁云仓成功运用了胜斐迩公司的 SCS "货到人"系统，该系统使得每个拣选站能够在每小时内处理 500~600 个订单行，显著提升了拣选效率。此外，旋转货架系统还拥有高密度的储存能力，它能够执行自动储存、自动盘点、自动补货、自动排序缓存等一系列分拣动作。当系统指示有订单待拣选时，SCS 旋转货架即时且精确地定位到装有订单商品的周转箱，并自动将周转箱传送至传送带。随后，传送带负责将周转箱运送至"货到人"拣选工作站。

图 3-32 展示了胜斐迩的 SCS 旋转货架"货到人"系统。

图 3-32　胜斐迩的 SCS 旋转货架"货到人"系统

6）自动分拣机

自动分拣设备主要由输送装置、电气自动控制系统以及计算机网络联结而成。该设备能够依据用户需求和现场条件，高效且精确地对挑选出的物品进行分类，分类标准包括用户、地点、物品名称等。之后，它将分类好的物品运送至特定位置，如指定的货架、加工区或出货平台等。自动分拣机的运用能使物流中心的操作变得既精确又迅速。

图 3-33 展示了自动分拣机。

图 3-33　自动分拣机

4. 物流企业的配送策略与管理运营

物流公司在选择配送策略时，无疑面临着极大的挑战。企业需在市场环境的快速演变中，精准地感知客户需求的转变，并且基于这些变化，执行敏捷而精确的应对措施。客户群体对配送服务的要求通常存在显著差异。部分消费者期望快速收到商品，他们渴望在最短时间内完成购物；而其他消费者更看重配送的规律性，希望物流公司能定期且有序地运送货物；当然，还有一部分消费者对时效性和规律性都有要求，他们渴望得到一种专属定制的配送解决方案。物流公司要想迎合各种复杂的需求，就必须采用灵巧的多样配送手段，如按时配送、按量配送以及更为高级的定时定量配送等策略。通过精确对接客户需求与配送方案，物流公司不仅能增加客户的忠实度和满足感，还能在激烈的市场竞争中赢得主动。

选择适当的配送策略是物流公司在管理配送过程中的一个关键环节。为了提供高效率、低成本的配送服务，企业必须在选择配送中心的位置上投入足够的精力。配送中心是物流网络的核心，其选址至关重要，它决定了配送过程的效率及成本。理想的物流枢纽应选择地理位置优越、便于接入主要交通网络并且紧邻其目标消费者集中区域的地方。这样的布局能够减少配送所需的时间，并且有助于减少运输成本。内部配送中心的规划及其设备配置同样占据着重要的地位。合理的平面规划布局与高端设备的配备，可以极大地增强物流配送中心的作业效率，保障在商品分配环节的稳妥性、精确度以及效率。

11.2 物流快递运营

完整的快递业务涉及三个主要环节：快件收寄、内部处理与运输、快件投递，如图 3-34 所示。

1. 快件收寄

快件的收取和寄送过程涵盖了快递业务员从客户那里接过包裹的整个步骤，这些步骤包括快件验视、快件包装、运单填写以及资费计算。

1）快件验视

验视，这一快递业务操作流程中的关键环节，涉及快递公司在接收快递时对客户所交寄物品的详细核查。这一过程必须严格依照禁限寄规定执行，确保所有快件均符合规定。同时，快递公司还需验证客户在快递运单上所填写的信息如物品名称、数量和重量等是否与实际交寄的物品一致。2016年，国家邮政局、公安部以及国家安全部联合发布《禁止寄递物品管理规定》，该规定在安全检查、企业职责、用户责任以及监督管理等方面提出了明确的指导原则和要求，具体内容详见表 3-13。

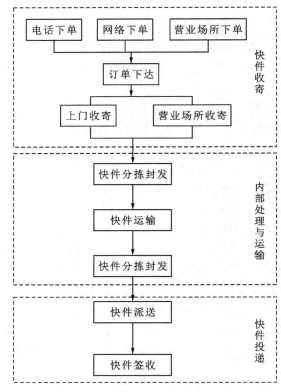

图 3-34 快递业务操作流程

表 3-13 禁寄物品的综合概览及处理办法

禁寄品名称		处理办法
1. 枪支（含仿制品、主要零部件）、弹药	（1）枪支（含仿制品、主要零部件）：如手枪、步枪、冲锋枪、防暴枪、气枪、猎枪、运动枪、麻醉注射枪、钢珠枪、催泪枪等	应当停止发运，立即报告事发地邮政管理部门和公安机关
	（2）弹药（含仿制品）：如子弹、炸弹、手榴弹、火箭弹、照明弹、燃烧弹、烟幕（雾）弹、信号弹、催泪弹、毒气弹、地雷、手雷、炮弹、火药等	
2. 管制器具	（1）管制刀具：如匕首、三棱刮刀、带有自锁装置的弹簧刀（跳刀），其他相类似的单刃、双刃、三棱尖刀等	
	（2）其他：如弩、催泪器、催泪枪、电击器等	

续表

禁寄品名称		处理办法
3. 爆炸物品	（1）爆破器材：如炸药、雷管、导火索、导爆索、爆破剂等	应当停止发运，立即报告事发地邮政管理部门，疏散人员、隔离现场，并视情况报告公安、环境保护、卫生防疫、安全生产监督管理等部门
	（2）烟花爆竹：如烟花、鞭炮、摔炮、拉炮、砸炮、彩药弹等烟花爆竹及黑火药、烟火药、发令纸、引火线等	
4. 压缩和液化气体及其容器	（1）易燃气体及其容器：如氢气、甲烷、乙烷、丁烷、天然气、液化石油气、乙烯、丙烯、乙炔、打火机等	
	（2）有毒气体：如一氧化碳、一氧化氮、氯气等	
	（3）易爆或者窒息、助燃气体：如压缩氧气、氮气、氦气、氖气、气雾剂等	
5. 易燃液体	如汽油、柴油、煤油、桐油、丙酮、乙醚、油漆、生漆、苯、酒精、松香油等	
6. 易燃固体、自燃物质、遇水易燃物质	（1）易燃固体：如红磷、硫黄、铝粉、闪光粉、固体酒精、火柴、活性炭等	
	（2）自燃物质：如黄磷、白磷、硝化纤维（含胶片）、钛粉等	
	（3）遇水易燃物质：如金属钠、钾、锂、锌粉、镁粉、碳化钙（电石）、氰化钠、氰化钾等	
7. 氧化剂和过氧化物	如高锰酸盐、高氯酸盐、氧化氢、过氧化钠、过氧化钾、过氧化铅、氯酸盐、溴酸盐、硝酸盐、过氧化氢（双氧水）等	
8. 毒性物	如砷、砒霜、汞化物、铊化物、氰化物、硒粉、苯酚、汞、剧毒农药等	
9. 生化制品，传染性、感染性物质	如病菌、炭疽、寄生虫、排泄物、医疗废弃物、尸骨、动物器官、肢体、未经硝制的兽皮、未经药制的兽骨等	应当停止发运，立即报告事发地邮政管理部门，疏散人员、隔离现场，并立即报告公安机关
10. 放射性物质	如铀、钴、镭、钚等	
11. 腐蚀性物质	如硫酸、硝酸、盐酸、蓄电池、氢氧化钠、氢氧化钾等	

续表

禁寄品名称		处理办法
12. 毒品及吸毒工具、非正当用途麻醉药品和精神药品、非正当用途的易制毒化学品	（1）毒品、麻醉药品和精神药品：如鸦片（包括罂粟壳、花、苞、叶）、吗啡、海洛因、可卡因、大麻、甲基苯丙胺（冰毒）、氯胺酮、甲卡西酮、苯丙胺、安钠咖等	应当停止发运，立即报告事发地邮政管理部门和公安机关
	（2）易制毒化学品：如胡椒醛、黄樟素、黄樟油、麻黄素、伪麻黄素、羟亚胺、邻酮、苯乙酸、溴代苯丙酮、醋酸酐、甲苯、丙酮等	
	（3）吸毒工具：如冰壶等	
13. 非法出版物、印刷品、音像制品等宣传品	如含有反动、煽动民族仇恨、破坏国家统一、破坏社会稳定、宣扬邪教、宗教极端思想、淫秽等内容的图书、刊物、图片、照片、音像制品等	应当停止发运，立即报告事发地邮政管理部门，并及时报告国家安全、公安、新闻出版等部门
14. 间谍专用器材	如暗藏式窃听器材、窃照器材、突发式收发报机、一次性密码本、密写工具、用于获取情报的电子监听和截收器材等	应当停止发运，立即报告事发地邮政管理部门，并及时报告国家安全机关
15. 非法伪造物品	如伪造或者变造的货币、证件、公章等	应当停止发运，立即报告事发地邮政管理部门，并及时报告公安、工商行政管理等部门
16. 侵犯知识产权和假冒伪劣物品	（1）侵犯知识产权：如侵犯专利权、商标权、著作权的图书、音像制品等	
	（2）假冒伪劣：如假冒伪劣的食品、药品、儿童用品、电子产品、化妆品、纺织品等	
17. 濒危野生动物及其制品	如象牙、虎骨、犀牛角及其制品等	应当停止发运，立即报告事发地邮政管理部门，并及时报告公安、野生动物行政主管等部门
18. 禁止进出境物品	如有碍人畜健康的、来自疫区的以及其他能传播疾病的食品、药品或者其他物品；内容涉及国家秘密的文件、资料及其他物品	应当停止发运，立即报告事发地邮政管理部门，及时报告海关、国家安全、出入境检验检疫等部门

续表

禁寄品名称	处理办法
19. 其他物品 《危险化学品目录》《民用爆炸物品品名表》《易制爆危险化学品名录》《易制毒化学品的分类和品种目录》《中华人民共和国禁止进出境物品表》载明的物品和《人间传染的病原微生物名录》载明的第一、二类病原微生物等,以及法律、行政法规、国务院和国务院有关部门规定禁止寄递的其他物品	应当停止发运,立即报告事发地邮政管理部门,并及时报告相关政府部门

2)快件包装

在完成快件验视后,应挑选适宜的包装材料,对物品进行封闭,确保包裹在运送、转移等环节中的完整性。在封装过程中,必须保证填充材料得以平均分布,确保整体重心集中,并使包装单元与商品紧密结合,以实现最大的防护效果。

图 3-35 展示了常用的内部填充材料。

牛皮纸

泡沫箱

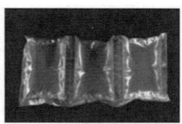
充气袋

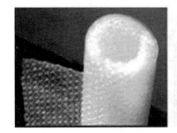
气泡膜

珍珠棉

纸卡

图 3-35 常用的内部填充材料

图 3-36 展示了常用的外部包装材料。

3)运单填写

当前,绝大多数快递公司已转向使用电子面单系统,通过智能手机或便携式设备来输入相关数据。在填写运单时,应确保内件品名、种类、数量等信息的准确性;同时,寄件人和收件人的姓名、地址、联系方式等信息也必须完整无缺。

牛皮纸封套　　　　　纸质硬封套　　　　　塑料封套

包装袋　　　　　　　包装盒、包装箱

图 3-36　常用的外部包装材料

4）资费计算

（1）确定重量

确定重量时，需要区分实际重量、体积重量和计费重量。实际重量，亦称实际毛重，是指将包装完整的物品直接置于电子秤上进行称量得到的数值；体积重量主要适用于体积大而重量轻的轻泡货物，可通过测量其体积，并利用特定系数换算成相应的重量；计费重量是在计算运费时所采用的重量，通常取体积重量与实际重量的较大值作为参考。体积重量计算公式如下：

航空件体积重量（kg）＝［最长（cm）×最宽（cm）×最高（cm）］/6 000

非航空件体积重量（kg）＝［最长（cm）×最宽（cm）×最高（cm）］/12 000

（2）计算运费

以王先生从北京紧急送往广州的包裹（航空件）为例，该包裹封装后的外形立体长、宽、高分别为60cm、40cm、30cm，其实际重量为5kg。运费计算规则如表3-14所示。请据此计算其运输费用。

表 3-14　运费计算规则

目的地	首重 1 kg	1 kg＜重量≤20 kg	重量＞20 kg
广州	12 元	10 元/kg	8 元/kg

首要步骤是确定计费重量。根据体积重量计算公式，可计算得其包裹的体积重量为 12 kg，而实际重量只有 5 kg，故计费重量为 12 kg。

接下来，根据"首重费用加上续重费用（续重乘以续重的单价）"计算运费。具体计算过程为：首重12元，减去1 kg的基本重量，剩余的11 kg续重部分按照10元/kg计费，所以续重费用为11×10＝110（元）；因此，总运费＝12＋110＝122（元）。

2. 内部处理与运输

1）快件接收

快件处理流程的初始步骤为快件的接纳。在快件抵达站点时，负责接收的工作人员需严格依照程序对运输车辆上的封条以及快件接收凭证进行仔细核对，同时对大宗快件的尺寸和品质进行严格审查。这样做是为了确保在责任分明的条件下有效处理快件，从而保障服务品质。

2）快件分拣

分拣作业是快递服务流程中的关键步骤，此环节涉及将快件依据其运输路径或终达地点，尽力高效且精确地进行分类，并将它们归置于适当的区域。快递公司根据快件的流量、流向、运输和网络结构的变动，在特定时段内决定快件是直接封装还是需要中转。将快件直接封装发至目的地城市分拣中心，这是根据快件最终到达地点进行分拣的方法。另外，还存在一种快件中转分拣方式，即将快件从初始分拣中心发往途中分拣中心，在此进行再次分拣后，最终发往目的地的分拣中心。

学习加油站 3-10
交叉带分拣机
工作场景（视频）

3）快件封发

将发往同一目的地或沿线及其传递区域的快递物品进行分类处理后，聚集在一起，依照规定封装成快递总包，并交付给快递运输环节的操作称为快递封装作业。散件在发送至目的地分拣中心处理之前，必须完成登记并制作封发清单，涵盖入库单据。封发清单是记录快件号码、目的地、种类或内件分类等信息的特殊文件，它为快递内部操作提供了查询依据，并且是收件方核对快件总包的重要参考；而建包过程包括记录封发清单、利用机械分拣、将快件装入袋中以及捆扎和标记出库快件，以此来建立快件总包。

3. 快件投递

快件投递涉及快递工作人员将快递物品转交给接收者或者被委托的代为收件人。《快递服务》国家标准明文规定，快递服务商必须向客户提供至少两次不收取额外费用的快递派送服务。

1）派前准备工作

快递派送要严格遵循派送程序，确保所有快件准时送达。对于那些特别标注为紧急的快件，需要特别关注并优先处理。

在会客之前，务必衣着得体，并备好书写工具及必要的财务凭证。

2）派中操作规范

当客户需要对快递进行验收时，应主动协助解决问题，并且保持足够的耐心。客户在确认收货时，应请客户在运单上签字。在派送完成后，客户应尽可能亲自收取快递，若需他人代收，则必须获得客户明确的授权。

3）派后后续工作

企业指定的工作人员需将已正常接收的快件签收单进行电子录入。对于未能如期签收的快递，应详细说明导致该情况的具体原因，并及时通知收件人。根据情况，可考虑重新安排投递，或采取其他适当的后续处理措施。

4. 快递配送路线设计

快件的配送路径对投递效率至关重要，其涉及快件排序和物流路径规划两个方面。

1）快件排序

设计配送路径之前，必须综合考虑时效需求和物品性质等因素对包裹进行分类整理，具体包括如下几个方面：

（1）对特殊物品或高价值、易碎货物及特定业务需求执行加急快递服务，确保这些物品得到优先配送；

（2）派送快件时，应优先处理那些对时效性要求较高的快件；

（3）依据距离递增的原则进行递送安排；

（4）将快件按照体积大小进行分类，体积大的快件优先配送。

2）物流路径规划技术——缩短行程策略

节约里程法作为众多配送路线挑选策略中的一种，广泛应用于实际操作中。它的核心理念在于运用一辆运输车，装载不同客户的物品，并遵循一条经过精确计算的最优路径，按照顺序将货物准确无误地派发到每个客户指定的接收点。其目标是确保货物能够在规定的时间内抵达客户指定的地点，同时最大限度地降低送货车辆的出车次数和总行驶距离。

假定点 P 为快递网点，而 A 与 B 为客户的取货位置，三者不在同一条直线上，它们之间的路面间隔可标记为 a、b、c。试分析如下两种不同的配送模式。方案一涉及将两辆车派遣至客户 A 与客户 B，分别进行派件。此举将导致车辆在行驶过程中累计的总里程达到 2 倍于 $(a+b)$ 的数值。方案二涉及派遣一辆车，从网点 P 出发，依次向客户 A 和客户 B 进行巡回配送。据此，车辆在完成任务过程中将累积的行驶里程总计为 $(a+b+c)$。在对两个方案进行比较时，我们暂且不考虑额外一辆车带来的燃油消耗、车辆磨损以及人工成本，只需比较两方案所行驶的里程数，便可以看出，方案一较方案二多行驶了 $(a+b-c)$ 的里程。因而，相较于方案一，方案二呈现出显著的优势。在这样的理念指导下，假使快递网点的配送任务涵盖了第三家、第四家以至于第 n 家客户，而运输车辆的载重和空间尚未达到上限，那么这些客户可以根据节省路程的多少依次加到巡回路线上，这个过程要持续到车辆装载达到满额为止。对于剩余的客户，则可以通过相同的方式规划出巡回路径，并派遣车辆。

直通职场

图 3-37 展示了配送管理员岗位及其职责。

图 3-37　配送管理员岗位及其职责（示例）

关于配送管理员岗位及其职责，还应注意以下几点。

（1）物流配送管理员承担着对配送流程进行监督与管理的职责，他们的任务是保证物流过程的流畅性和效率，同时提升客户的满意度。

（2）配送管理员岗位应聘者需具备大专或更高层次的教育背景，专业方向为物流管理或交通运输的将予以优先考虑，最好拥有配送管理方面的实践经验，对配送程序及其操作准则有深入了解。

（3）配送管理员需要精通办公自动化工具及物流管理平台的操作，掌握必要的交流技巧，具备一定的团队管理协调能力。

（4）配送管理员需要积极投入工作，彰显严谨细致的工作态度，具备一定的抗压能力。

素养课堂

合理配置消费者，达成季节性互益效果

位于上海的一家私营物流公司在城市配送服务上具备显著优势。起初，其主要客户群体为大型食品公司，这些公司有一个共性：在炎热的季节，食品销售步入低谷；而随着气候逐渐凉爽，销售量逐步上升，这就导致物流业务呈现出明显的季节性波动。在认识到炎热季节物流服务能力过剩的问题后，这家物流公司的管理层意识到需要寻找那些在夏季销售旺盛的产品。经

过深入市场调研，他们决定将啤酒和饮料生产商定为主要的营销目标。面临季节性波动带来的成本与管理挑战，该物流公司与啤酒及饮料公司迅速达成共识，并紧锣密鼓地完成了合约签订。

物流公司通过资源整合所获得的规模经济收益呈增长趋势。鉴于配送任务的高度复杂性和对时效性的严格要求，配送管理部门常常承载着巨大的工作压力。因此，团队必须拥有优秀的心理素质和出色的应对技巧。若管理得当，不仅能提升客户满意度，增强客户忠诚度，还能有效地增强公司在物流领域的竞争力。这家私营物流公司通过实施一项策略，有效地把一家主要食品公司的物流运营与啤酒饮料企业的物流需求结合起来，达到季节性平衡。这一整合方案确保了公司全年物流活动量的均衡，并因此实现了显著的经济收益。

从上述案例可以看出，配送管理在物流企业中扮演着关键角色，其重要性不容忽视。它不只是操作流程或管理工具那么简单，更是代表了一种理念和文化。要游刃有余地提升企业运营效率和竞争力，必须深刻领会并精准把握配送管理的理念与目的，进而才能在实际操作中得心应手地运用多样策略与手段。

我们同样需要意识到，配送管理是一个不断演变的过程，只有通过持续的学习和创新，才能适应市场的不断变化和客户需求的更新。因而，面对物流管理所提出的挑战与机遇，维持一种开放的思想和踊跃的态度是必不可少的。物流公司追求可持续成长，其中一个策略是转变配送环节，实行环保和低碳作业，以此减轻生态压力。例如，采用绿色能源交通工具，科学布局运输路径，以此来降低碳排放。这种做法不但能够提升公司的社会道德形象，而且能够为其带来长远的经济收益。

任务 12 物流网络设计与优化

物流网络指的是在物流活动中彼此联系的组织与设施所形成的整体，涵盖了多种运输方式和路径以及各类物流节点。这些节点可被视为中心仓库、转运站点或分销中心等。物流系统的宗旨在于优化物流网络，以促进社会整体的高效物流运作。因此，对于确保物流运作的高效性来说，精心规划与持续改善物流网络是至关重要的。主要在线路上的活动是运输，涵盖集货、干线运输以及配送等多个环节。其他如包装、装卸、储存、分拣以及流通过程中的加工等物流功能，均在各节点上得到实施。信息处理在物流网络的各个环节都扮演着至关重要的角色。物流的关键节点构成了其网络的心脏，对此我们必须给予精细的规划和设计。在实际运营过程中，物流线路的运作完全依赖于节点的存在。因此，必须给予物流节点布局及优化工作以高度关注，深入了解并掌握物流网络布局与优化的核心要素。在此基础上，以系统化的方法完成物流网络的规划与设计，并确保其高效运作，以达到提升整个物流网络运作效率与流畅性的目标。

12.1 物流网络概述

1. 什么是物流网络

物流网络可以定义为由承担物流运输任务的路径和负责物流中转的节点这两种基础成分构成的网络体系。物流系统通常被称作物流基础设施网络。物流网络的构成可概括为物流节点与物流线路的结合。

物流网络的重要性主要反映在以下三个方面：

（1）物流网络是物流系统中的基础设施，构成了物流活动不可或缺的物质支撑，奠定了物流服务的根本；

（2）物流网络是物流信息、管理组织、业务流程等关键要素的基石；

（3）物流系统的成本与效率深受其网络布局的影响。

1）物流节点

物流节点指的是在物流网络里连接物流路径的枢纽部位。物流节点亦被称作物流设施，在多数情况下指的是仓库，它是构成物流网络的核心部件。

2）物流线路

物流线路通常涵盖公路、铁路、海运及空运等运输路径。物流路线主要承担物流运输的任务，涵盖了干线运输以及区域和城市的配送工作。物流通道主要依赖于政府投资建设的公用物流基础设施。企业物流的核心在于合理规划运输路径。

图 3-38 展示了物流网络概述及方法步骤。

物流网络概述
物流网络是物流过程中相互联系的组织与设施的集合，一个完整的物流网络是由各种不同运输方式的运输路线和物流节点共同组成的。

物流网络化方法
物流网络化就是用系统、科学的思想将物流网络规划设计"网络化"，把物流从一种"混沌"状态转变为有序的网络化状态，用系统思维统领物流网络的规划设计。

物流企业的网络化
物流企业的网络化分为三个步骤，包括运输手段网络化、物流企业间的网络化和物流需求信息整合。

图 3-38 物流网络概述及方法步骤

2. 物流节点的类型和功能

1) 物流节点的类型

物流节点根据其功能差异，大致可归纳为四个主要类别。

（1）物流枢纽节点：航空港、海港、陆港、物流园区、仓储区、分拨中心。这类节点主要是面向公众的物流枢纽。

（2）存储型节点：仓库、集货中心。

（3）流通型节点：配送中心。

（4）综合型节点：物流中心。

2) 物流节点的功能

物流节点在物流网络中扮演着不可或缺的角色，主要发挥着以下四项功能。

（1）衔接功能：实现运输模式的转换、联结主运输线路与末端配送、进行货物的中转与分流等。

（2）作业功能：涵盖了从接收、打包、装卸到储存、分拣、配送、流通加工等一系列物流操作。

（3）信息功能：主要包括物流信息的收集、加工、传输和使用等方面。

（4）管理功能：作为物流的管理操作和控制核心，物流节点这一关键设施扮演着物流活动监督与指令发布的角色，担负着整个物流运作过程的管理职责。

3. 物流网络的层次与结构

物流节点在物流网络中扮演着关键角色，其构造直接影响着物流网络的整体布局。

1) 构成物流网络的关键节点

构成物流网络的关键节点主要有：

（1）CDC，全称为 Central Distribution Center，通称中央配送中心，又被称为总仓；

（2）RDC，全称为 Regional Distribution Center，称作区域配送中心，又被称为分仓；

（3）DC，全称为 Distribution Center，即配送中心，也被称为终端仓，主要负责产品的分销和配送。

2) 物流网络的基本模型

复杂性是企业物流网络的一大特征，对于大型企业而言更是如此。大型企业的产品遍布全国，甚至远销海外市场，因此在其物流体系中，涵盖了多样化的物流中心、配送中心以及仓库等设施，这些设施在地理上分布广泛。不同企业之间在物流网络的结构与规模上呈现显著差异，尽管如此，它们的基础结构模型大致如图3-39所示。

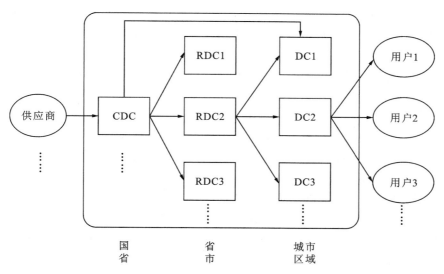

图 3-39 物流网络基础结构模型

图 3-40 展示了某知名品牌食用油公司在全国范围内的物流布局。

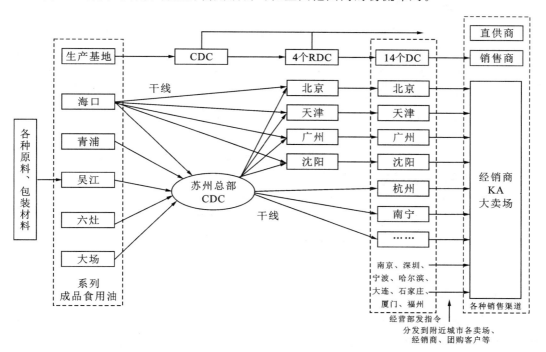

图 3-40 某知名品牌食用油公司全国物流配送体系网络结构

 12.2 物流网络规划及优化的主要内容

物流系统规划的核心在于将物流、资金流和信息流三者进行有效整合,实现资源的优化配置，从而提升整体物流系统的效率。具体而言，这种整合包括对财务资源的管理（如资本流动与成本计算）和对各类信息的高效处理（涉及订单处理、货物动态追踪等），从而将物流的各个独立环节纳入一个统一的系统中实现协调运作，从而使现代物流系统能够发挥出比各个子系统独立运作时更高的整体效益。

1. 物流的整合

物资的独有属性及其流通方式是决定物流规划的关键因素。在制定运输方案、确定仓储位置、分配运输任务及选择运输路径等物流环节中，主要依赖线性规划和非线性规划技术来确定效率最高的物流方案，以促成物流的高效化。通过系统化的分析手段，寻找最优的物资配比和配送路径，以便实现物流的集成配送。同时，借助库存管理知识，保持效益最优的库存水平，完成物流的集成库存管理。这些方法综合应用于散装货物、石油、集装箱货物等多种物资在现代物流体系中的运输、装卸和储存等方面，旨在简化物流流程、优化调度，从而实现降低企业物流成本、提升企业效率的目的。

2. 资金流的整合

物流公司区别于其他公司，具备独特的经营模式和管理体系，因此，其资金流的优化不能照搬一般企业的做法。作业成本法核算体系相较于常规核算方式，更能契合物流行业特有的成本结构，其中共同成本占据较大比例，多为混合成本，并且费用发生与收益实现之间存在时间上的差异。针对物流公司在成本计算上所面临的挑战，实施切实可行的对策是至关重要的，这能有效地纠正成本信息的严重失真问题。作业成本法并非单纯围绕成本本身进行讨论，而是将焦点扩展至成本产生的根本原因及其后续影响。这种方法能够精确地进行成本核算，并揭示企业在物流方面的成本信息，从而使企业在实时获取精确成本数据的基础上做出决策。通过这种方法，企业能够对物流系统的资本流动进行优化，实现资金使用的最大效率。在建立作业成本计算体系的过程中，关键在于明确物流公司的作业类型、成本承担者、成本驱动因素、作业节点以及成本构成这五个核心要素。对物流企业成本计算方式进行革新，已变得紧迫而必要。

3. 信息流的整合

信息扮演着物流系统发展中的核心角色，计算机网络技术的应用促成了高效信息平台的构建，可以进一步通过完善的信息网络，借助管理信息系统软件实现企业业务的一体化处理，从而基于信息整合达成系统资源的整合。物流公司需要着手分析自身的运营细节，基于公司现状，明确适宜的目标，运用尖端且可靠的技术手段，从各个子系统入手，采用"逐步完善法"促进物流信息系统流转的全面融合。

物流企业信息化的初始阶段为物流运营管理时期。在这个发展阶段，需要重构和执行企业物流系统内的关键运营管理信息系统。重点涵盖的子系统包括凭证管理、仓储与分销、综合运输管理、货运代理、GPS车辆监控与调度、运营收支与财务结算、综合管理决策以及客户端服务（电子商务系统）。系统融合与全面提升信息化水平构成了物流企业信息化的次阶段。在这个发展阶段，关键任务是对物流运营管理系统进行深度优化，并确保与公司核心业务紧密相连的关键应用软件得到实施。主要涵盖集中数据交换系统、海关通关系统、办公自动化（OA）系统、人力资源管理系统、数据分析与辅助决策系统。物流企业信息化的第三阶段涉及整体信息化和系统的深化完善。在这个发展阶段，物流公司被置于全方位的信息化进程之中。这种转型不仅限于公司的运营范畴，还延伸至行政、财务以及其他企业治理方面。涉及的信息化系统包括客户管理系统、物流效率系统、资源分析系统、地理信息系统在物流网络管理中的应用以及培训平台等。

图 3-41 展示了物流网络规划及实施。

图 3-41　物流网络规划及实施

物流网络的规划设计是一项极为繁杂且具有系统性的任务，涉及的考量因素与问题极为广泛。在这门课程中，我们重点讨论一些物流网络规划和完善的典型问题。

1）网络节点的区域分布安排

针对特定公司规划物流网络，首先要明确的问题是确定该网络中的节点（如区域配送中心、区域分销中心、配送中心）在特定区域内的布局安排。对于一些非常基础的物流服务，只需构建单一层次的网络结构，即仅包含一个物流节点便足矣。随着服务范围不断拓展，客户数量持续上升以及货运量的逐步增加，配送网络的级别相应增长，规模也随之扩大。这就涉及两个问题。第一，节点类型及其数量规划。针对特定区域，应如何设定各节点的数量？重构后的配送系统必须确保对服务区域内所有地点的全面涵盖，同时，还需在成本控制与作业效能之间取得平衡。第二，节点位置选择。在明确不同类型节点的规划后，确定各节点在特定区域内的确切位置。在常规情况下，选择物流配送中心或仓储设施的地理位置，主要涉及两个关键决策因素：首先，必须选定一个城市作为该配送中心或仓库的基础位置；其次，需要进一步确定在这个城市中的具体建设地址。这两个方面所需思考的内容存在明显差异。选择建立配送中心的城市时，既要考虑该城市是否位于物流服务区域的地理中心位置，又要考虑本企业在该城市中的物流规模以及客户数量的情况。选址的具体位置主要取决于交通条件、土地或仓储租赁成本以及周边设施情况。

2) 网络节点所承担的职能及其界定

在明确各节点区域分布安排之后，下一步便是明晰各个节点所负责的具体职能。通常情况下，在特定公司的物流系统中，中央配送中心主要负责采购、储存及管理商品；区域配送中心主要负责商品的分拣、加工、包装以及配送；配送中心则专注于商品的临时存放和分发。当然，企业特有的需求决定了每个节点具体承担的职能。节点功能定位与区域布局紧密相连。物流规划的制定，并非仅关注物流环节的片面元素，而是要从宏观的视角对其全面、连贯地进行探讨与整合。传统物流努力在各项业务活动或单一功能上施展其最大效能，往往对总体业绩造成了不良影响。通过对当前物流资产进行优化组合，对现有规模进行调整，结合前沿物流理念与创新思维，方能最大限度地激发物流体系的整体协同作用。因此，考虑到物流系统的整体性，需要审视各部分之间的互动关系。通过细致地剖析业务流程中的每个功能模块，可以辨识出哪些是核心的竞争优势，哪些是过剩的资源配置。各个组成部分应当突出其在实现整体系统目标方面的独有职责，同时，应剔除那些多余或造成功能冗余的设计。

物流公司在其物流体系规划中，应以价值链管理理论为指导，对企业管理体系进行深入分析。此过程旨在提升管理效率，从供应链的视角重新评估并改进传统物流中部门间信息不畅、缺乏有效协调的问题。这样的改进使得物流企业内部的物资、资本和信息三大流体的流动变得更加迅速和流畅，有效缩减流通节点，并简化相关流程。企业物流运作的优化，需以规模经济理论为指引，对企业目前的物流配送与仓储能力进行协同整合，集中企业现有的各类专业资源，进而提升物流服务的专业化水平与效率，充分发挥物流系统在物流运作中的整体优势。

12.3 物流网络系统规划的层次

物流企业的系统规划可细分为以下五个核心层面。

1. 关键平台以及核心系统

构建两个关键平台以及两套核心系统是企业战略布局的基础。物流本质上是一种服务行业，而企业构建物流体系的初衷首先是服从于企业战略目标的实现。因此，企业在发展物流业务时，必须将物流系统的规划和管理视为其整体战略的有力支撑。企业要想在现代物流领域取得发展，就必须着手打造两个关键平台与两个系统：一个是基础设施完备的节点平台，另一个是高效的信息共享平台；一个是覆盖广泛的信息网络系统，另一个是运行流畅的物流配送系统。在启动公司物流规划管理工作时，首要任务是对企业的资源与能力进行全面的审视，汲取过往与当前的流通途径、节点及其他各类资源，以此为基点，精心打磨公司的总体战略。目标是在保证效益最大化的同时，高效构筑两个关键平台和两个系统。

2. 企业战略规划

企业战略规划必须以客户服务为出发点和归宿。物流的根本宗旨在于确保客户得到及时且完好的货物交付服务。因此，在构建物流战略时，优质的客户服务扮演着不可或缺的角色。执行有效的营销策略，需要全面审视企业在吸引及维系客户过程中的各项行为。其中，物流运作是构建企业核心竞争力的重要元素，并可被转化为关键的战略资源。当一家企业选择以物流能力作为其竞争优势时，它便拥有了独特且难以复制的特质。

3. 渠道布局与网络结构设计

渠道布局与网络结构设计要考虑到规划网络途径及其节点布局。物流渠道的设计主要针对实现预期服务水平所需执行的具体操作与功能，同时，还需要明确在这一渠道中，各个成员分别承担哪些任务。渠道系统的构建是一个复杂的过程，涉及对渠道目标的周密设定、对渠道的深度与广度的细致评估，以及对市场动态、产品特性、企业战略和中间商角色的深入研究。此外，选择合适的渠道成员并明确其职责，建立有效的渠道合作关系也是至关重要的环节。所有这些都需要经过严谨的分析与审慎的判断，因为一旦渠道体系被确立并投入使用，想要对其进行调整就会变得相当困难。客户需求的演变以及竞争对手的策略调整，要求对渠道战略进行重新审视，以保持或提升企业市场竞争力。

4. 对物流系统战略各环节进行标准化处理

物流作业系统的管理涉及对物流系统战略的各个环节进行标准化处理。在企业战略规划中，物流系统扮演着核心角色，关键在于深入分析并提升物流操作的管理效率。物流分析涵盖了选择运输载体、优化运输流程、集中货物、制定装载方案、规划路线以及调度车辆等多个方面，同时，也包括了评价返程运输或承运的效果。在仓储管理领域，主要涉及节点配置、选择合适的货物装卸搬运技术、提高生产效率、保障安全以及执行规章制度等。而在物料管理领域，分析主要围绕预测、控制库存、规划生产进度以及优化采购流程等方面展开，旨在提升操作效率。

5. 执行力的日常管理监督

除了以上几个方面，物流企业还必须进行执行力的日常管理监督，以确保物流体系设计方案的落地与监督指导。企业战略规划在物流系统管理的层级架构中位于终极执行层面，这一层面涵盖了信息系统在物流支持方面的功能、制定与实施日常物流操作的相关方针和程序、对物流节点设备的配备及其运维，同时也关注组织结构和人力资源管理等方面的问题。在物流信息系统的构建中，至关重要的要素包括硬件和软件设备的质量，以及组织架构中权责利的恰当分配。

12.4 物流网络设计方法与实施步骤

1. 物流网络概述

物流系统是在网络经济和信息技术支持下，为满足物流系统化和专业化需求而构建的将众多互相关联的组织结构和设施有机结合起来而形成的统一体，包括多样化的运输途径和物流枢纽。物流网络，具体而言，是由众多节点以及连接这些节点的链路组合而成的网络配置体系，其内部各组成部分之间相互制约、彼此强化。该网络整合了物流组织、基础设施和信息三大要素，从而形成了一个全面的物流服务系统。在线路上，其主要活动是运输，涵盖了集货运输、干线运输、配送运输等方面。物流的其他关键组成部分，例如包装、装卸与搬运、储存与分配、配送以及流通过程中的加工等职能要素，均在其节点上得到实施。信息处理则在整个物流网络中持续进行。因此，从某种角度来看，物流节点在物流网络中占据着至关重要的地位，我们必须对其进行周密的规划和设计。物流线路的运行实际上依赖于节点的结构化和彼此联结。失去了节点，物流线路的活动将不可避免地停滞不前。

物流网络代表了物流网络化的一个具体表现形式。物流组织网络构成了物流网络运行的框架；物流基础设施网络是确保物流网络高效运作的基础；物流信息网络则为物流网络的顺畅运行提供了关键的技术支持。物流网络并非仅限于企业内部或外部的单一体系，而是一个多元化的综合体。它依托互联网的开放性和资源共享特性，通过网络化的组织架构，打造了一个全新的物流服务网络。

物流系统的宗旨在于达成物品移动的空间与时间效率，在确保社会生产过程连续性的基础上，促成各个物流节点的优化组合，以此获取最高的经济收益。在具体层面，构建一套物流网络可能涉及多种目标，例如高标准服务、及时高效、节省资源、规模经营、合理库存管理等。

2. 物流网络化方法

物流网络化涉及采用系统、科学的方法对物流网络进行规划布局，实现从无序到有序的转变，这一过程需借助系统性的思维来主导物流网络的设计与规划。物流的网状结构可以从微观和宏观两个不同的层面进行思考。在微观层面，物流企业通过物流规划设计，促进物流网络化的发展；在宏观层面，政府通过物流产业政策，创造有利的物流产业运作环境，从而推动物流的网络化进程。

学习加油站 3-11
为什么设计好的物流网络还要更新？（视频）

物流行业的网络化进程可分为三个阶段逐步实施。首先，当下运输途径已经变得密布如网，而诸多物流公司仅具备一种运输途径，难以迎合客户的各种需求。因此，将各类运输方式进行有效融合是至关重要的，这样可以更好地满足客户的需求，简化客户的操作流程，同时还能降低物流成本。例如，可以适时提供多式联运服务、集装箱运输等。其次，物流需求信息的整合是重要一步，这涉及将物流需求信息进行汇总、融合和最优化的配置，以达成物流网络的物理一体化，例如，对小宗货物进行合理的配载运输等操作。最后，物流企业合作的网络化是很重要的，这包括共同建设配送中心以及建立信息网络等实际举措。

将物流网络延伸至国际场合，则涉及跨国货物运输事项。跨国货物运输涵盖了跨国交易的货物储存、海运、铁路货运、空运、邮政服务、多式联运以及在此过程中涉及的加工和清关等多个环节。跨国或跨政治边界的交易活动涉及广泛的地域和文化差异，这就要求具备现代化的物流功能，以便适应各种法律法规、传统习俗以及满足多样化的消费者需求。在国际贸易物品的流转中，国际物流扮演着不可或缺的角色，它的发展架构主要建立在不同港口和国际化物流园区设施的协同作用基础上。全球供应链网络涉及跨越国界的货物运输，由互相协作的组织和基础设施构成，旨在支持国际商业交易和跨洲经营活动。在国际贸易和跨国经营的背景下，国际物流网络规划显得尤为关键，因其起始门槛高、涉及面广，需要充分考虑诸多因素。在规划过程中，以下几点尤为重要。

（1）全球物流活动牵涉到跨越不同国家和地区的复杂事务，其规划与执行需遵循国际通行的规则、标准和趋势。这要求对不同国家或地区的政治体系、经济结构、文化特性以及法律框架有深入的理解和掌握。

（2）物流的规范化扮演着国际物流行业进展的基石角色，它同样是物流高效运作的根基。必须遵循国际公认的规范与中国正在拟定的物流规范，对物流的基础设施、技术、信息、管理、服务、法律规章等各个领域实施标准化处理，特别要注意依照国际规范来规划国际物流网络。

（3）港区一体化是将港口与保税区融合起来，实现地理位置上的无缝对接，同时在物流功能上，依托物流园区进行海关监管，使得仓储、分拨、转口贸易、进出口加工等物流业务能够享受到保税区的优惠政策。这样，就可能构建起现代化的国际物流运作体系，并逐步向国际自由港和自由贸易区迈进。

3. 物流网络设计的实施步骤

物流系统的核心工作在于精心规划商品由起源地至目的地的流转路径，涉及选择适当的节点、通道以及运输方法。具体来说，需要在供应链各环节中明确仓库的种类、数量和位置，确定各节点服务的客户和商品种类，同时，明确商品在不同节点间的运输方式选择。物流网络的构建既需要考虑空间的布局，又需要考虑时间的效率。空间布局与地理规划体现为各类设施在平面上的合理安排，物流时效的议题则专注于确保产品随时可满足客户需求，换言之，即客户获取产品的时间效率。

图 3-42 展示了物流网络规划与设计评价的步骤。

在市场竞争日趋激烈、技术飞速发展、物流环境日新月异的今天，构建物流网络实际上意味着迎接一场充满挑战的革新任务。为确保物流网络设计达成既定目标，必须依托科学的策略和合理的逻辑进行。物流网络规划融合了科学性与艺术性，并非单纯依靠数学或定量模式就能全面涵盖其理论及实践内容或找到解决策略。在设计阶段，往往需要设计者依据个人主观分析或过往经验做出决策。尽管如此，规划与设计

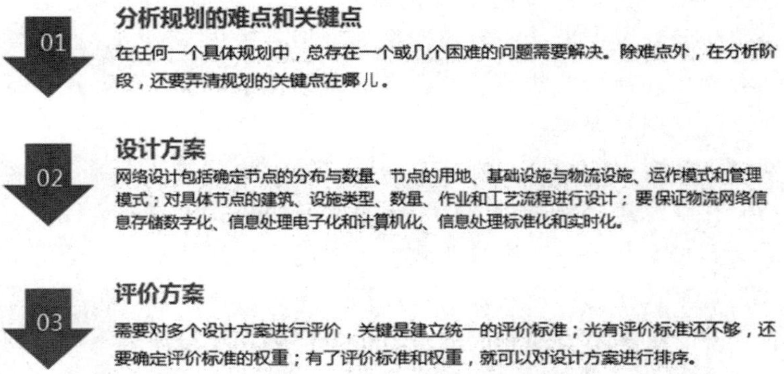

01 分析规划的难点和关键点
在任何一个具体规划中，总存在一个或几个困难的问题需要解决。除难点外，在分析阶段，还要弄清规划的关键点在哪儿。

02 设计方案
网络设计包括确定节点的分布与数量、节点的用地、基础设施与物流设施、运作模式和管理模式；对具体节点的建筑、设施类型、数量、作业和工艺流程进行设计；要保证物流网络信息存储数字化、信息处理电子化和计算机化、信息处理标准化和实时化。

03 评价方案
需要对多个设计方案进行评价，关键是建立统一的评价标准；光有评价标准还不够，还要确定评价标准的权重；有了评价标准和权重，就可以对设计方案进行排序。

图 3-42 物流网络规划与设计评价的步骤

物流网络的专家必须坚守科学探究路径，决不能单纯依赖个人主观经验来进行设计工作。

在工业工程中，处理问题的方法通常包括以下步骤：明确需要探讨的问题；对该问题进行详细分析；形成对问题的理解；制定解决方案；对解决方案进行评估；在众多解决方案中进行选择；实施所选方案；在方案实施后对其进行再次评估。

图 3-43 展示了物流网络方案的选择与实施步骤。

选择方案	实施方案	实施后评价
考虑设计方的战略目标，以最能满足这一战略目标的设计方案为最佳备选方案，兼顾其他的评价标准。	一旦选定某设计方案，在具体实施前，要先进行许多深入细致的设计工作，主要是将设计方案细化，提出具体设计要求。然后招标，招标的关键是选择一家系统集成商，所有相关建筑、设施、设备的功能等，由系统集成商在业主监督下统一考虑解决方案。	实施后评价是对设计方案进行总结，肯定成绩，累积经验，找出存在的问题和不足；对未来的改善提供方向，明确下一个目标是什么，未来应该如何做。实施后评价可以为其他正在进行类似项目的企业提供借鉴经验，少走弯路。

图 3-43 物流网络方案的选择与实施步骤

1）定义问题

物流网络设计的目标首先需予以明确，不论是创建新的物流网络还是对现存的物流网络进行优化，关键在于确定项目的具体范围。要将物流网络服务的对象以及期望达到的服务标准用具体数据来描述，同时明确各个节点、线路以及作业层面或数量的具体定义。

2）分析问题

分析问题这一步骤主要包括如下内容。

（1）收集资料。分析定义中的问题，核心在于全面掌握相关信息，这些信息涵盖了社会经济的进展、物流设施的配置、物流活动的流转、交通网络的布局、劳动力的情况以及科技的发展程度等多个方面。

（2）建立节点之间的联系。在既定问题的界限内，明确各个节点的数量、位置以及它们之间存在的联系。

（3）建立节点内部的空间结构。在每一个节点上，安排其内部空间布局，这包括确定功能区、设施种类与数量、物料和人力资源的需求、工作流程以及各项工作之间的相互联系。

（4）分析规划的难点和关键点。在每一种具体的蓝图设计里，总会遇到一两个或是若干个富有挑战性的难题，必须加以应对和解决。在分析阶段，除了处理难点之外，还需要明确规划的核心所在，这可能包括投资额度、设施的现代化程度、对物流需求的预判、选址策略、物料成本控制以及规模带来的效益等方面。

3）设计方案

在构建网络的过程中，涉及的关键环节包括对节点的位置和总量进行精确规划，以及对节点的用地规划、基础设施与物流设施的配置、运营机制与管理体系的设定。此外，还需对节点的建筑风格、设施的类别与规模、业务流程以及工艺步骤进行详尽的设计。在信息层面，保障物流网络信息的存储数字化、处理自动化、标准化以及实时更新，是网络信息设计的基石。

4）评价方案

评价方案这一步骤主要包括如下内容。

（1）设定评价标准。要实现对众多设计提案的评估，前提在于制定一套统一的评估准则。

（2）确定评价权重。仅仅设定评估准则是不够的，还必须确定这些准则的相对重要性以及它们在评估过程中的作用程度。

（3）将设计方案进行排序。通过设定评估准则与分配比重，得以对各项设计提案进行比较和排名，详细阐述每项提案的优势与不足，这将为管理层的决策制定提供必要的参考。

5）选择方案

在制定设计方案时，应将重点放在实现设计方的战略目标上，选取最能符合这些目标的建议作为优选方案，同时也要考虑到其他评价因素。

6）实施方案

在决定采用特定设计方案之后，详尽、细致的设计工作是必不可少的，这包括将方案具体化，并明确各项设计要求，这些步骤必须在具体实施前完成。随后开展招标流程，挑选合适的系统集成商成为招标的核心目的。系统集成商需在业主的监管下，全面考虑包括所有相关建筑、设施、设备的功能在内的综合性解决方案。

7）实施后评价

实施方案后，应总结设计方案，认可成就，积累经验，并揭示存在的问题与不足。这不仅是对过去的回顾，亦为未来改进指明了道路。例如，下一个目标将是什么？对于未来的应对之策，应该如何制定？可以通过评估结果来获取所需信息，进而为未来的规划布局提供参考。同时，该项评估能够为其他正在进行类似项目的企业提供参考，帮助它们规避风险和失误。

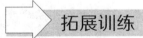

在广东省内，一家电信集团在 21 个地级市建立了仓库，这些仓库的面积介于 2 000～20 000 平方米。每个仓库的主要职责是处理所在市县的电信设备（包括基站和相关维护设备）的储存、分类和分发等相关业务。市属仓库的管理权责分属各个分支机构。公司当前的物流体系构建于二级结构之上，设备供应商们将物资直接运抵遍布 21 个地级市的仓库（这些仓库充当区域配送中心，即 RDC），再由这些 RDC 向各自区域内的各个工程现场数据中心（DC）执行物资配送任务，详见图 3-44。

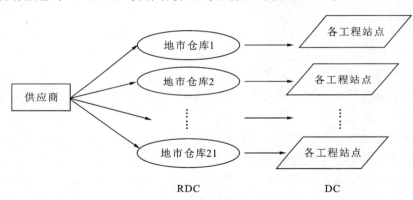

图 3-44 某电信集团的物流配送图

该电信集团的物流网络目前所采纳的结构范式，催生了一系列问题，具体可概括为以下三个方面。

（1）众多地市仓库为了满足储存、分拣、配送等多种需求，其占地面积偏大，员工数量众多，导致运营成本居高不下。

（2）供应商将省级采购物资直接运至各市级仓库，此做法阻断了物资的逆向与横向流通，从而导致了设备的空置与资源浪费。

（3）21 个地级市的仓库分别由地方企业进行管理。这些企业负责几乎所有的物流业务，但由于管理水平参差不齐，效率低下，服务品质也较差。

集团为了提升物流效率，计划对目前的物流系统进行改革。新的方案将实施三级物流模式，并在全省范围内新建 5 个省级中心分发仓库。这些新仓库将分担现有 21 个区域分发中心的部分职责。

【要求】

（1）提供针对该项目的解决方案。对于新建立的 5 个 CDC 配送中心的位置，请在提供的地图（见图 3-45）上进行标注，并详细界定每个中心的特定区域界限。

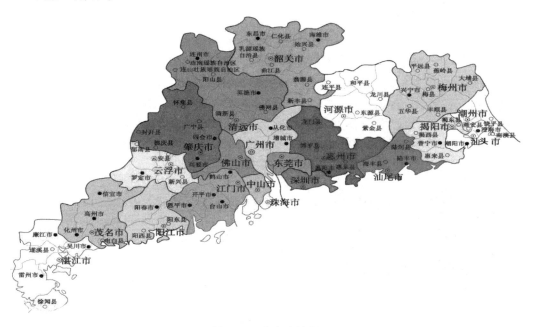

图 3-45　广东省地图

（2）请在表 3-15 中描述本次网络优化前后，CDC、RDC、DC 的主要功能变化。

表 3-15　网络优化前后 CDC、RDC、DC 的主要功能变化

网络节点	具体名称	具体位置	服务区域（具体到下一级）	承担的主要功能	
				调整前	调整后
CDC					
RDC					
DC					

（3）画出优化后的物流网络结构示意图。
（4）探讨新物流网络可能带来的影响。

直通职场

图 3-46 展示了物流网络规划员岗位及其职责。

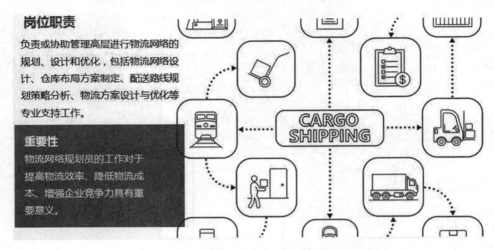

图 3-46　物流网络规划员岗位及其职责（示例）

关于物流网络规划员岗位职责及其要求，还应注意以下几点。

（1）物流网络规划员承担着制定与设计物流配送系统的专业职责。通过深入分析和精心研究，他们精心设计了物流网络的布局，优化了节点的配置，并选定了高效的运输模式。这些措施显著提升了物流的效率，减少了成本，进而增强了企业的市场竞争力。

（2）应在供应链战略和企业业务特征的基础上，以前馈的方式规划物流节点的分布、定位和规模，构建一个既高效又协同、稳定且灵活的物流网络。这样的网络旨在最小化物流总体成本、优化服务以及提升运作效率。

（3）具备大专及其以上学历者，通常对物流管理、工业工程等领域的知识有深入了解，且通晓物流流程及网络设计的根本原则。

（4）强大的团队协作能力与优质的服务理念非常重要。可以通过定期举行沟通会议和搭建信息共享平台，保障信息流通无阻，从而提升合作效率。

素养课堂

"亚洲一号"——智慧物流网络规划推动降本增效与体验升级

2023 年见证了京东这家企业的二十华诞，同时，这也标志着京东物流的"亚洲一号"智能化产业园已高效运转了整整 10 年。作为我国智能物流领域新基建的标杆，上海在 2014 年率先启用了一座名为"亚洲一号"的园区。此后的 10 年时间内，这样的园区已经在全国 20 多个省份遍地开花，数量达到了数十座。该智能化系统以其卓越的订单处理技艺和生态协同效应，创造出亚洲首屈一指的智能物流仓储集群，有效削减了社会物流开支。此外，它与遍布全国的超过 1 500 个仓储设施携手构筑起了层级丰富的物流供应链基础设施网络，将生产与消费紧密相连，推进了如"半日达"等高效物流服务的发展，实现了产业链全面升级。

此次第 100 亿件包裹所处的昆山"亚洲一号" 2 期（见图 3-47），是京东在"618"活动期间最新完成的。昆山，这个位于长三角地区并连续 18 年名列百强县市首位的地方，已经成为京东物流仓库网络战略中不可或缺的城市。早在两年之前，位于昆山的京东物流首个全自动分拣中心已投入使用。目前，最新投入使用的昆山"亚州一号" 2 期与昆山 1 期相邻，具备仓储、分拣、转运等多种功能，凝聚了京东物流"亚洲一号"十年磨一剑的智慧物流技术精华。

图 3-47　最新投入使用的昆山"亚洲一号" 2 期

昆山"亚洲一号"园区全面完工后，其占地高达 50 多万平方米，换算下来，其面积等同于 70 座标准足球场的总和。这一规模使其跻身全球智能物流仓储区之最，集仓储与分拣功能于一体。该中心的自动化分拣系统配备了 80 多条分拣线路，同时运用了 10 000 台智能机器人执行分拣任务，确保了高达 99.99% 的分拣准确度。在"618"购物节期间，京东的分拣中心实现了全天候运作，展现了日均处理超过 450 万件包裹的惊人能力，这一效率较平时提高了 5 倍，达到了全球领先水平。昆山"亚洲一号" 2 期仓库采用了自动移动机器人（AMR）和智能料箱拣货机器人等高科技硬件，同时，在其服装仓库中，也实施了京东物流自主研发的自动化仓储生产和操作系统——北斗新仓模式。这一创新模式将原本人工执行的静态拣选任务转变为全自动的动态任务分配，有效减少了拣货员的移动距离，并使得拣选作业的效率提高了 3 倍以上。投产后，昆山"亚洲一号" 2 期项目将极大提高服务品质。在苏浙沪皖等华东地区，超过 93% 的自营订单可以实现当日或次日配送，这将进一步优化超过 2 亿"包邮区"居民享受到的物流服务。随着零售产品线的迅猛拓展和订单量的迅猛增长，公司对于在全国布局具备巨大吞吐量和高处理能力的大型智能化物流园区的需求变得尤为迫切。该智慧物流园区需要具备顶尖自动化水平，其理念需引领时代，突破常规仓储模式的限制，这便是"亚洲一号"名称（见图3-48）的由来。

图3-48 首座被称为"亚洲一号"的上海智慧物流产业园

在启用后的3年内，"亚洲一号"将它的版图从上海扩张至广州、北京、沈阳、昆山、青岛等全国关键枢纽。在完成对全国的覆盖之后，一个以智能物流为特色的骨干枢纽网络也同步建立完成。随后，"亚洲一号"的扩展步伐逐步加快，其服务范围城市不仅限于一线和二线城市，也扩展到了更多的三线和四线城市。在现今时代，已有数十座"亚洲一号"仓库拔地而起，遍布全国二十几个省份。这些仓库以其高度智能化的订单处理能力和集群效应，不仅构建了全亚洲最大的智能仓库群，还与全国超过1 500个仓库协同工作，建立起多层级的供应链网络。由此，将"上午下单、下午送达"的"半日达"高效服务（见图3-49）推广至全国各地。

图3-49 "上午下单、下午送达"的"半日达"高效服务

在物流网络的布局和智能物流的发展过程中，"亚洲一号"扮演了一个极为关键的角色。得益于京东物流在物理世界复杂业务场景的深度实践与理解，以及其技术投入和自主研发，它成功地将数据、经验和价值转化为更优秀、效率更高、体验更好的软硬件产品和解决方案。目前阶段，由京东物流独立研发的技术产品，已经全面覆盖了园区、仓储、分拣以及运输、配送等供应链的关键环节。这些产品以硬件为基础，以软件为核心，构成了多个智能仓储和智能园区的解决方案。这些方案有能力全方位提升系统的预测、决策以及智能执行能力，从而实现降低成本、提高效率和优化体验的目标。

任务 13　物流大数据与智慧物流技术应用

当前时代数据激增，每日产生的信息量巨大，对物流领域而言，这些信息极具价值。利用先进的大数据技术，深入挖掘和分析物流信息，可以更有效地对物流流程进行优化，提升物流的效率，同时减少物流的成本。智慧物流技术的运用，使得物流领域迈向智能化、自动化以及精细化的发展。智慧物流技术在智能仓储、智能配送以及智能客服等方面的应用，为物流行业的进步提供了坚实的助力。人们的生活与工作模式正受到大数据及智能化物流技术的深远影响。这些技术能够迅速地对大量数据进行加工整理，助力我们深入把握和洞察市场动向及消费者习惯等关键资讯。智慧物流技术能够有效地实施智能调度和自动化配送等操作，显著提升物流的效率和精确度。在将来，伴随着技术的持续进步，大数据和智能化物流技术预计将在更多领域获得普遍的运用，从而为我们的日常生活增添更多的便捷与效率。总体而言，物流领域即将迎来大数据与智能化技术的广泛应用，这一趋势将为该行业带来新的机遇及前所未有的挑战。展望未来，物流领域将迎来更高效且智能化的革新。

13.1　物流大数据

1. 大数据概述

1）大数据的基本概念

大数据，亦被称作巨量数据，是指那些超出常规软件工具处理能力的海量信息，这些数据规模宏大，以至于在常规

学习加油站 3-12
建设数字中国（视频）

时间内无法被有效提取、操控、处理并转化为有助于企业决策的策略性信息。在《大数据时代》一书中，作者维克托·迈尔-舍恩伯格与肯尼思·库克耶阐述了大数据的内涵：它不是通过随机分析法（例如抽样调查）这种简便方式来进行分析，而是对所有数据进行全面的分析和处理。作为一家权威的大数据研究机构，Gartner 对其进行了如下阐释：海量的、快速增长的、多元化的信息资产需要新的处理模式，以便提升其决策支持能力、洞察发现潜力以及流程的优化水平。

图 3-50 展示了大数据的基本概念。

图 3-50　大数据的基本概念

麦肯锡全球研究所所下的定义表明，这类数据集合的规模极为庞大，远超出了传统数据库软件工具的处理能力，涵盖了数据的获取、存储、管理和分析。它们具备以下四大特性：庞大的数据量、高速的数据流动、多种类数据以及低价值密度。技术的革新，特别是大数据技术的进步，其真正的核心价值不在于简单地积累大量的数据集，而在于对那些蕴含深层次信息的资料进行精准且深入的分析与加工。换句话说，将大数据视为一个产业，其盈利核心在于增强对数据的"处理效能"，通过"处理"过程使数据实现"增值"。

从技术角度而言，大数据与云计算犹如同一枚硬币的正反两面，其联系紧密至极。对大规模数据处理的需求，远远超出了单机计算的能力范围，因此，分布式系统设计成为一种不可或缺的解决方案。该技术亮点在于对大量数据集执行分布式数据挖掘处理。但它必须依赖云计算的分布式处理、分布式数据库以及云存储和虚拟化技术。

2）大数据的基本特征

展开来说，大数据具有如下的基本特征。

（1）体积（Volume）。在数据领域中，体积代表的是其占据的空间大小。大数据的数据量庞大，其中非结构化数据规模较大和不断增长，已经从 TB 级别猛升到 PB 级别。

(2) 多元化 (Diversification)。多元化即大数据的多维度结构特征。各种数据类型琳琅满目，包括但不限于文本、图像、视频、机器数据、地理位置信息等。

(3) 信息的珍贵程度 (Valuable Intensity)。信息珍贵程度是指大数据的内在特质。其内容稀疏，但商业潜质巨大。在视频监控的连续流中，有价值的片段可能仅持续一秒或两秒。

(4) 速度 (Velocity)。在大数据的背景下，时间属性被定义为速度，要求高速处理，遵守一秒钟原则，进行即时解析而非集中式解析。

3) 大数据的关键技术

大数据的处理过程在本质上与传统的数据处理方法相似，主要的区别在于，大数据处理需要面对的是数量庞大且格式多样的数据，因此在处理过程的各个阶段，都可以利用 MapReduce 等方法进行有效处理。

图 3-51 展示了适用于 MapReduce 的各环节处理。

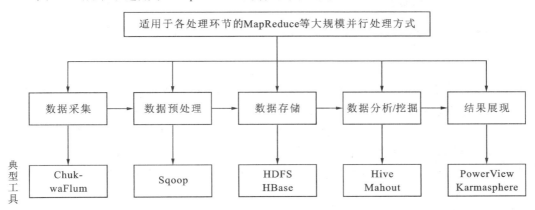

图 3-51　适用于 MapReduce 的各环节处理

(1) MapReduce：大数据处理的并行计算框架

并行处理技术 MapReduce 能够显著提升大数据的处理效率。MapReduce 的创造旨在利用众多经济的服务器进行大规模数据的并发处理，对于数据的完整性并没有过高的需求。它的显著特点在于强大的可扩展性和可靠性，非常适合处理大量结构化、半结构化和非结构化数据的混合作业。MapReduce 对传统的查询、分解和数据分析任务实施分布式处理，把任务分散到多个处理节点上进行，这样便拥有了更高的并行处理能力。MapReduce 作为一种简化的并行计算框架，极大地降低了并行程序开发的难度。MapReduce 是一种包含映射和化简两个核心步骤的软件框架。通过这一框架，可以实现对大规模数据的切割、分布式处理以及最终结果的集中汇总，使得海量数据的并行处理成为可能。

图 3-52 展示了 MapReduce 的工作流程。

MapReduce 的运作机制在本质上采取了一种分割后合并的数据处理策略。Map，其含义为拆分，此过程将大量数据划分成多个部分，这些部分随后被分配至多个处理器进行并行处理；Reduce，意为整合，它涉及将各个处理器处理完毕后的结果进行汇总，以便获得最终的输出结果。正如所展示的图像那样，借助 MapReduce 算法来计算各种几何图形的数量，过程如下：该算法首先把任务分散至两个处理节点，这两

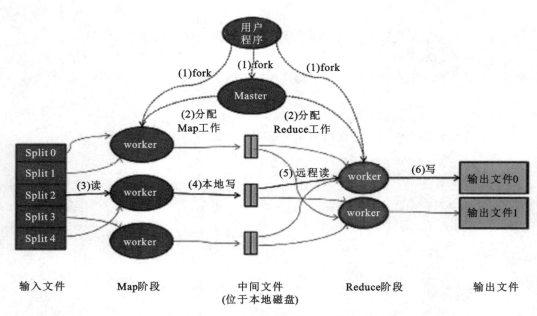

图 3-52　MapReduce 的工作流程

个节点并行地对所分配的任务进行处理；随后，这两个节点将各自的结果聚集起来，通过汇总这些结果，最终得出计算的结局。

MapReduce 适用于处理包括数据分析、日志分析、商业智能分析、客户营销以及大规模索引在内的多种业务，其实际效果显著。利用 MapReduce 技术进行实时分析的融合，可以使得一家电器公司的信用评估周期从 33 小时大幅减少至 8 秒。同时，MKI 的遗传分析过程也由原来的几天时间，急剧下降至 20 分钟内。

图 3-53 展示了通过 MapReduce 进行形状计数的情形。

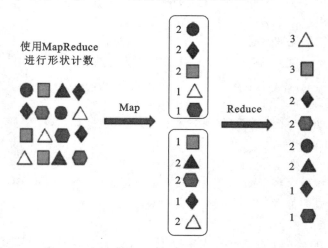

图 3-53　通过 MapReduce 进行形状计数

（2）数据搜集的方式

大数据技术采取的策略涉及数据搜集的各种方式，包括如下几种。

① 日志采集的系统化手段

众多网络公司配备了大规模数据搜集系统，这些系统主要针对日志数据进行抓取。例如，Hadoop 生态系统的 Chukwa、Cloudera 的 Flume 以及 Facebook 所使用的 Scribe 等，均基于分布式设计，具备处理每秒数以百计 MB 的数据采集与传输的能力。

② 对非结构化数据的搜集

采集网络数据的方法包括对非结构化数据的搜集。网络数据采集涉及利用网络爬虫或网站提供的公开 API，以便从网站搜集数据信息。此策略能够有效实现网页中无序数据的提取，并将其转换为一致的本地文件存储形式，进而以有序的方法予以保存。该技术能够实现对图片、音频、视频等文件或附件的采集，并能够自动将附件与正文关联起来。

③ 替代的资讯搜集途径

针对那些对安全性有较高要求的商业运营数据或者学术研究资料，可以通过与公司或学术机构协作，借助专门的系统连接等手段来收集信息。对于企业生产经营数据或学科研究数据等保密性要求较高的数据，可以通过与企业或研究机构合作，使用特定系统接口等相关方式采集数据。

（3）物流中的大数据

在数据爆炸的时期，依托先进的数据分析方法，可以建立数据处理中心，发掘深藏于数据海洋中的宝贵知识，这对企业来说意味着可以获得有价值的见解，进而使企业盈利能力得到提升。在浩瀚的信息海洋中，物流企业在提升对大数据的投入力度时，不应将大数据局限于信息技术的范畴，仅将其视为数据挖掘与分析的工具，相反，物流企业应当站在更高视角，将大数据视为一种策略资产。通过这种资产，企业可以充分释放其潜在的发展动力，从而在战略布局、商业模式以及人才资源等多个层面进行综合性的规划和运作。

学习加油站 3-13
为什么说物流运作产生的海量数据是管理的重要资源？（视频）

物流大数据是指在运输、仓储、装卸搬运、包装以及流通加工等物流各个环节中所产生的数据和信息。物流大数据利用巨量数据处理能力，能够优化运输与分送流程，进而降低物流开支，并提升客户服务品质。另外，通过融合所有货物流通的数据、物流快递企业以及供需双方的资源，打造一个庞大的实时信息网络，以此达成迅速、高效且经济的物流服务。信息平台不仅仅为企业物流活动提供管理服务，它通过对企业供应链或行业物流系统进行深入分析，为企业提供具有指导意义的解决方案。众多企业致力于物流数据信息平台建设，共同构建了物流大数据领域。

图 3-54 概述了物流大数据领域的构建。

2. 物流管理与大数据

1）物流大数据的发展背景

大规模数据储存、数据探索、图像和视频的智能解析三项核心技术的突破，涵盖了信息感知、信息传输和信息安全领域，对大数据产业的发展起到了至关重要的作

图 3-54　物流大数据领域构建概述

用,这些技术的发展与大数据产业紧密相连。2013 年 6 月,交通运输部发布《关于交通运输推进物流业健康发展的指导意见》,文件强调,要加快推进交通运输物流公共信息平台建设,发挥好交通运输物流公共信息平台的作用,推进行业信息系统建设,加快完善铁路、公路、水路、民航、邮政等行业信息系统,推进互联互通,增强一体化服务能力。

此外,涉及大数据的物流行业政策文件还包括《物流业发展中长期规划(2014—2020 年)》《第三方物流信息服务平台建设案例指引》《商贸物流标准化专项行动计划》《关于推进物流信息化工作的指导意见》等,这些政策文件将大数据技术与信息化处理手段视为物流业转型升级的关键指导理念。以《第三方物流信息服务平台建设案例指引》为例,该文件详细阐述了第三方物流信息服务平台建设的指导方针、根本准则、建设模式、建设规范、支持手段以及评估标准,同时,也收录了国内一些在经营模式上较为领先并且在经济社会效益方面取得显著成绩的第三方物流信息平台建设实例。当前,中国物流大数据领域正处于初始发展期,预计在接下来的几年里,该产业会迎来迅猛的发展势头,并可能成为推动大数据价值增长的先驱。

2)大数据对于物流管理的意义

物流活动在经济发展和社会生活中扮演着核心角色。2013 年被广泛认可为大数据的起始年,而 2014 年被认为是移动互联网的诞生年。在此背景下,研究并探讨大数据技术在物流行业的运用具有重要意义。物流领域的数据分析探索才刚刚开始,它属于一个较新的研究领域,目前其进展速度尚算平缓。观察细分市场的发展可以看出,医药物流、冷链物流以及电商物流都在努力搭乘大数据这趟快车。然而,根据实际应用的情况来看,电商物流目前由于其互联网平台的先发优势而领先于其他行业,特别是菜鸟网络的崛起,为电商物流的大数据行业带来了新的生机与希望,同时也指引了新的发展方向。大数据的运用已经深入到了物流行业运营的每一个关键部分。物流领域的决策制定、管理层的行政作业、客户关系的维护以及通过智能技术实现的早期警示等多个环节均显著体现了这一点。

图 3-55 展示了大数据在物流管理中的应用及其意义。

1 大数据应用环节
大数据在物流企业中的应用贯穿于各个环节，主要包括物流决策、行政管理、客户管理及智能预警等。

2 物流决策的大数据应用
在物流决策中，大数据技术应用涉及竞争环境分析与决策、物流供给与需求匹配、物流资源优化配置等方面。

3 供需分析的大数据技术
竞争环境分析需与合作企业分析竞争对手，了解合作伙伴；供需匹配需分析特定时期的供需情况，进行合理的配送管理。

图 3-55　大数据在物流管理中的应用及其意义

在物流决策领域，大数据技术的运用涵盖了分析竞争环境并做出决策、匹配物流供需以及优化配置物流资源等方面。在激烈的市场竞争中，为了实现利益的最大化，寻找合适的合作伙伴至关重要。这就要求对竞争对手进行深入、全面的分析，预判其可能的行为和策略，以便在特定区域或特定时段选择最合适的合作伙伴。在物流供需的平衡领域，关键在于考察在特定时间段和特定区域内物流的供应与需求状况，进而实施有效的配送管理。在分析和处理供需状况时，大数据技术的作用不可或缺，它能够从浩瀚的半结构化网络信息以及企业所拥有的结构化数据集（特指那些以二维表格形式存在的数据）中提取有用信息。

在物流资源的优化配置过程中，关键要素包括运输资源和存储资源等。物流领域呈现显著的波动与不确定性，这就要求深入洞察市场的即时演变。在此过程中，需从浩如烟海的数据集中提炼出即时的物流需求数据，并对现有的物流资源配置方案以及未来的规划进行细致优化，以促成物流资源的高效运用。企业行政管理领域同样能够采纳与大数据相关的技术。例如，在人力资源管理领域，选拔人才时，务必挑选与岗位需求高度契合的个体，这包括对候选人个性特征、行为模式以及与岗位的匹配程度的深入评估。同时，对现任员工，也要定期进行忠诚指数和工作满意度的调查分析。

在物流行业中，大数据技术的运用广泛体现在对客户服务满意度的深入剖析、忠诚客户群体的细致洞察、消费需求的精准解读、潜在市场的细致挖掘以及客户评价和反馈的全面分析等多个层面。物流行业的运营特性包括突发性、任意性和不平衡性。运用大数据分析技术，物流企业能深入洞察消费者偏好，准确预测消费趋势，进而实现对货物分布的优化调整以及物流路径的高效规划。这些措施有助于在物流高峰时段提升运输效率。《物流业发展中长期规划（2014—2020 年）》这一由国务院颁布的文件，明确将提升物流运作效率以及减少物流相关开支作为物流行业的工作重点。在当今大数据时代的语境下，对于物流领域而言，数据的统计分析成为一项至关重要的工作。

3）物流大数据的分类

物流领域的海量数据可被细分为三大类别，如图 3-56 所示。首先是微观层面，涵盖运输、仓储、配送、包装、流通过程加工及注册等环节的数据。其次是中观层面，涉及供应链管理、采购物流、生产物流的数据。最后是宏观层面，以商品管理为基础，将商品划分为不同种类以便进行数据分析。微观与中观层面的信息通常为物流公司所掌控，然而这些信息尚未经过整理与分析，它们在物流大数据交易中扮演着关键而基础的"供应商"角色。通过对这些"原始数据"进行整合、处理和分析，物流企业可以获得具备新颖价值的数据，即所谓的宏观层面数据。这些宏观层面数据对物流企业的运营管理起着指导性的作用。

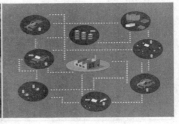

微观层面数据
微观层面数据涵盖运输、仓储、配送、包装、流通过程加工及注册等环节的数据。

中观层面数据
中观层面数据涉及供应链管理、采购物流、生产物流的数据。

宏观层面数据
宏观层面以商品管理为基础，将商品划分为不同种类以便进行数据分析。

图 3-56　物流领域的大数据分类

3. 大数据在物流管理中的应用

物流管理系统的数据处理存在一些挑战，例如数据的分布式存储、不一致的数据模型、有限的标准化水平、对非结构化和半结构化数据处理的支持不足，以及未能充分利用数据来创造商业价值。为了克服这些问题，需要构建一个能够集中数据、采用标准化数据模型、实现统一存储和处理并能够处理多种数据结构的管理系统。该系统能够收集和管理产品搜索和询价日志，对大量数据进行计算和分布式处理，确保海量数据能够快速加载、执行复杂查询，并实时更新。通过整合用户上网行为日志和互联网页面内容，系统能够进行深入的数据挖掘和分析，从而为企业的用户行为偏好分析、用户体验改进、精准营销和产品竞争力分析等提供有价值的数据支持。

1) 物流管理系统数据库

（1）Hadoop 介绍

MapReduce 范式的核心理念是分解后治理。MapReduce 集群由标准个人电脑组成，采用非共享式架构。在执行数据处理前，需把数据集分散到各个计算节点上。在处理过程中，各个节点直接从本地存储中读取数据进行初步处理（即 Map 阶段），接着将经过处理的数据集合进行汇总（Combine 阶段）、排序（Shuffle and Sort 阶段），然后传输至 Reduce 节点进行进一步处理。这种方法减少了大量数据的远程传输，从而提升了整个处理流程的效率。采用非共享式架构，结合复制机制，能够使集群具备较强的容错能力。即便个别节点出现故障，也不会对整个集群的运行产生严重影响。

相比之下，Hadoop 是一款以 Java 编程语言构建的软件框架，旨在执行大规模数据的分布式处理与分析任务。该系统依托分布式架构（HDFS）和分布式数据库（HBase）技术，旨在实现数据的分散存储及在多个计算节点上的有效部署。以普遍接受的数学逻辑表达，此公式可阐释为："Hadoop 等同于结合了 HDFS（涉及文件存储与数据管理的技术）和 HBase（一种数据库系统）以及 MapReduce（专用于数据处理的框架）。请提供需要改写的具体内容，以便我根据您的规则进行相应的文字改写。"

表 3-16 展示了 Hadoop 的框架结构。

表 3-16 Hadoop 的框架结构

云计算及架构 Hadoop	
HDFSF	MapReduce API
HBase	（Map，Reduce）

（2）HBase 介绍

HBase 是一种分布式列存储数据库，开源且针对非结构化数据设计，与传统关系型数据库有别。HBase 存储数据的方式与传统的基于行存储的系统不同，它采用列式存储架构。HBase 采用了与 BigTable 高度相似的数据模型，用户在表中保存数据记录。每行数据含有一个可选的标识符以及若干列，这些列可组合成 ColumnFamily。而属于同一 ColumnFamily 的列会被存储在 HFile 中，这有利于数据的缓存处理。

（3）物流管理系统数据库

物流管理系统运用了以 Hadoop 为核心的 NOSQL 数据库技术，同时也支持基于 SQL 的分布式数据库技术。通过结合 Hadoop 与数据仓库的混合架构，该系统能够有效地处理和存储大量的结构化及非结构化数据，包括那些复杂的数据信息。对于结构化数据，若其关联性不强且查询频率低，适宜存储于 NOSQL 数据库或 Hadoop 平台。相对地，那些结构化且关联性较强或频繁被查询的数据则适合存放在关系型数据库中。为了优化数据存储与处理，提高效率，降低成本，应将短期内有高价值的数据放置在性能优越的平台，而将中长期数据存储在成本较低的平台。Hadoop 架构模型如图 3-57 所示。

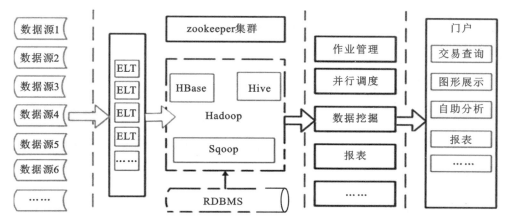

图 3-57 Hadoop 架构模型

（4）物流管理系统中大数据技术的应用

物流销售管理系统的统计分析子系统的功能包括对用户信息的采集、访问热点的深入探究以及产品竞争力的比对分析。该系统通过分析用户的网络行为日志和互联网上的页面内容，对消费者群体进行细致的划分。在此基础上，进一步对用户决策的动因、购物偏好以及价格的接受度进行详尽的研究。这样的分析能够帮助企业精准掌握消费者的购买心态、产品的流行趋势以及公司的战略布局，为系统的运作和管理决策提供有力的数据支撑。

图 3-58 清晰展现了物流销售领域大数据技术的运用。

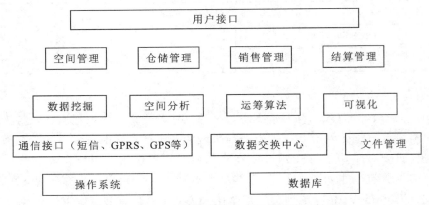

图 3-58　物流销售领域大数据技术的运用

接下来将对物流管理中大数据架构的各个组成部分进行详尽的分析与阐释。物流管理领域的大数据架构呈现出分层的特征，自顶向下细分为五个主要级别：用户交互层，分类处理单元，计算处理单元，数据存储单元以及查询处理单元。

① 交互界面。作为用户与系统交互的界面，它使得用户能够轻松处理信息，并且是信息流的起点，在此模块中用户输入数据。

② 模块分类。信息流经此处分拣，最终安放在指定的记忆库中。通过用户界面收集的信息将被重新导向至下层计算单元进行处理。对各类别进行细致的划分，以便对空间、仓储、销售和结算进行有效的管理。

③ 处理数据的核心单元。在这个计算模块中，物流管理依托于 Hadoop 集群，该集群构成了计算模块的核心。在这个集群中，每日都会针对物流管理数据执行多种 MapReduce 计算。可以借助数据挖掘技术、空间分析方法以及运筹学的算法对数据进行分类和整合，进而实施可视化处理。

④ 记忆单元。在存储模块中，集群利用 HBase 这一分布式关系型数据库，基于 Hadoop HBase 技术构建起了 NoSQL 存储集群。该集群还包含数据交换中心和分布式文件系统。

⑤ 信息检索单元。在这一环节，操作系统和数据库被用来对大数据技术处理过的数据执行搜索和分析操作。

2）大数据应用于物流管理的重要意义

（1）降低物流成本

物流管理中融入大数据技术，能有效提升货物流转效率，同时减少运输费用。针对某些特定商品，时效性和新鲜度是至关重要的因素。推动现代物流的发展，核心在于充分利用专业和现代化的运输手段，确保商品能够迅速且准确地到达消费地。这样做不仅加快了商品的流通速度，还减少了商品在产地积压所造成的成本。此外，通过大规模的运营，有效降低了操作成本，并且减少了因多次装卸转移而可能导致的商品损坏，进而显著降低了物流的整体成本。

（2）提升商品价值

将大数据技术融入现代物流管理的决策过程中，能够助力物流增值服务专业化，提升现代物流管理决策能力，在特定区域内实现物流集中化，降低物流成本，确保商品被高效运送至消费者，提高产品的价值，从而提升企业盈利能力和竞争力。

（3）做出科学决策

信息化与网络化是物流管理发展的两个重要阶段，当这两个阶段达到一定高度时，便萌生了智能化需求。物流管理的智能化，实际上是信息化与网络化技术的进一步深入应用。在物流管理领域内，无论是管理机构，还是生产与经营实体；不管是负责产品分发的企业，还是从事农业生产的个体户，都不可避免地需要面对运筹与决策的挑战。举例来说，确定产品的存储量、挑选运输的最佳路径、管理产品配送中心的日常运作等，这些问题都亟待通过整合丰富的管理智慧、宝贵经验与翔实信息来找到解决方案。智能化的物流管理离不开一系列智能物流管理信息系统的配合，例如物流专家系统、物流预测系统以及物流配送中心管理决策系统等。目前，部分物流管理信息系统仅向管理者输送基础的业务处理数据以及初级分析数据，这类系统未能整合数据挖掘与知识发现的技术，因而无法富有呈现出立体化、多角度及深入的数据视角。同时，它们亦无法富有预见性地揭示潜在信息，进而无法迎合物流网络在各个层级对实时信息的需求。依托大数据技术的物流管理信息系统能够对相关业务数据进行有效提取与深入分析。此过程与物流企业和客户的操作流程紧密结合，确保了实时性。这种方法有助于减少管理决策过程中的主观性，并有效防止牛鞭效应的发生。总之，数据挖掘技术的融入，为优化物流管理决策带来了全新的契机。

图 3-59 概括展示了大数据应用于物流管理的重要意义。

降低物流成本
大数据技术应用于物流管理决策可以提高物品流通速度，降低物流成本，通过运用专业化、现代化的运输工具，能够将商品迅速及时地运往消费地，降低商品积压在产地所占据的成本；同时通过大规模的作业降低作业成本，减少多次装卸搬运所产生的产品破损，从而有效降低物流成本。

提升商品价值
大数据技术应用于现代物流管理决策可以催生专业化物流增值服务，提升产品价值，是提高企业竞争力的需要。可以通过发展专业的第三方物流组织，为商品提供专业的物流增值服务，来发掘商品的内在价值。

做出科学决策
物流管理的信息化、网络化发展到一定程度就产生了智能化的需要，因此物流管理的智能化是物流信息化、网络化的高层次应用，需要借助大量的管理知识、经验和信息来解决运筹和决策的问题。

图 3-59 大数据应用于物流管理的重要意义

13.2　智慧物流技术应用

1. 人工智能在物流中的应用

人工智能技术的融入正逐步改变着传统物流领域，同时，它也对未来物流行业的进步将产生重大作用。物流行业中，人工智能技术的运用主要涵盖了智能检索、逻辑策划、视觉感知以及智能仓储机器人的运用等方面。人工智能技术在物流行业的运用主要集中在几个关键领域。

1）仓库选址优化

仓库位置的选择对后续运输和分配过程有重大影响，所以选择合适的仓库地址非常关键。物流活动的发起不再是在接到订单那一刻，而追溯至消费者做出购买决定之前。因此，在客户下订单之前，需要预测需求，评估订单的数量规模及位置，并对供应商和生产商的地理位置进行分析。在掌握了供需双方的基础信息之后，通过人工智能技术，可以整合地图信息、地理数据、运输量、运输成本和效益、劳动力成本及可用性、仓储建设或租赁费用、税收优惠政策等多方面的数据，通过深入的学习与优化过程，从而推导出最佳的选址方案。采用人工智能技术对仓库选址进行优化，能在最大程度上降低人为因素的干扰，使得选址更加科学合理。这样做有利于后续各项业务的顺利开展，降低企业的运营成本，提升企业的运营效率。

图 3-60 展示了人工智能应用于物流仓库选址的场景。

图 3-60　人工智能应用于物流仓库选址的场景

2）仓储管理智能化

在一定范畴内，传统的仓储管理对经验丰富的职员有着重要依赖，这些职员需要掌握关于物料存储位置、进出库的时间周期等细节信息。利用先进的人工智能技术，管理人员能够对各类商品的消费历史数据和库存进出记录进行即时分析。这种分析能力使得他们可以更精准地控制库存水平，及时调整以维持库存的合理状态，从而防止商品过剩或缺货现象的发生，确保企业库存运作的顺畅和高效。利用人工智能技术，可以在仓储管理过程中，保障企业日常运营不受影响，并在提升客户满意度的条件下，有效地管理企业库存，减少物流开支，从而提升企业的利润率。

图 3-61 展示了人工智能应用于物流仓储管理的场景。

01 仓储管理的依赖

在一定范畴内，传统的仓储管理对经验丰富的职员有着重要依赖，这些职员需要掌握关于物料存储位置、进出库的时间周期等细节信息。

02 人工智能技术分析

利用先进的人工智能技术，管理人员能够对各类商品的消费历史数据和库存进出记录进行即时分析。

03 库存控制

这种分析能力使得管理人员可以更精准地控制库存水平，及时调整以维持库存的合理状态，从而防止商品过剩或缺货现象的发生，确保企业库存运作的顺畅和高效。

04 仓储管理的影响

利用人工智能技术，可以在仓储管理过程中，保障企业日常运营不受影响，并在提升客户满意度的条件下，有效地管理企业库存，减少物流开支，从而提升企业的利润率。

图 3-61　人工智能应用于物流仓储管理的场景

3）仓储作业高效化

当前，智能仓库主要使用搬运机器人、分拣机器人、货架穿梭机等类型的机器人。机器人执行的仓储作业，与人工拣货方式相较，展现出显著优势。它们依据既定程序，以有序和协调的方式执行货物存取及挑选任务，从而显著提升作业效率、准确性和储存空间的利用率。如某物流公司打造的标杆性智能仓储中心，依靠机器人驱动的先进仓储管理系统，顺利执行了从商品入库到上架，再到下架分拣、后续的复核和质检包装，以及最终的货物交接与发货等一系列流程。这一变革极大地提升了作业的效率与经济效益，为仓储管理提供了新的思路和方向。

图 3-62 展示了人工智能应用于高效仓储作业的场景。

图 3-62　人工智能应用于高效仓储作业的场景

4）运输配送智能化

在物流的诸多环节中，配送环节占据了核心地位，其路径的选择对于效率、成本以及服务质量有着决定性的影响。借助人工智能技术，可以对人员、车辆、包裹等元素进行优化配置，从而为快递配送员制定出一条理想的路线，实现车辆与货物的精确匹配，降低空驶造成的损失和沿途环境污染。此外，此举还有助于企业在服务方面树立更优良的口碑，从而提高客户满意度。

图 3-63 展示了人工智能应用于智能物流配送的场景。

图 3-63　人工智能应用于智能物流配送的场景

当前，人工智能技术在全球范围内迅猛发展，其应用已经深入到众多行业，为这些行业带来了显著的技术革新。以传统物流领域为例，智能语音助手已具备理解人类语言的能力，它能够与工作人员进行流畅的对话，并通过电话帮助工作人员完成电话沟通任务，这极大地减少了快递员因打电话确认收件而耽误的时间。同时，利用摄像头对货物堆放和工作人员操作进行实时智能识别，可以有效监控物流场站，加快作业流程，从而降低企业运营成本。值得一提的是，部分物流公司已着手对机器人进行试验，以期实现不规则形状货物装卸作业的自动化。拥有陀螺仪和映射功能的尖端机器人能够辨识特定货物的尺寸和特征，并将其放置在合适的位置，为运输或包装做好准备。近期亮相的自动化卡车卸货装置充分展示了其卓越性能，该装置不依赖于物理障碍的存在与否，便能够有效地搬运箱子、货柜等物品。这项技术将显著减少人力资源的消耗，同时加速运输流程，并减少交付所需的时间。此外，利用先进的人工智能技术，企业能够根据市场销售数据、供应链动态以及仓库存储状况等多个环节的信息更新，精准制定生产计划。这种方法可以最大限度地优化现有资源的运用，并将成本和潜在损失降至最低。而在过去，这种效率和精确度是单纯依靠人力难以达到的。智慧物流旨在通过提升企业生产效率、降低成本和增强市场竞争力来实现其核心目标。在这一领域，人工智能技术的融入无疑将极大地促进企业的进步，并加速智慧物流的构建。

2. 智慧物流的发展趋势

智慧物流作为降低物流成本、提高物流效率的关键途径，其发展依赖于信息的畅通无阻和共享机制的建立。只有当信息交流的桥梁被搭建起来，信息资源得到广泛共享，智慧物流才能实现持续而稳定的进步。基于信息技术的智慧物流，通过对运输、储存、包装、装卸、分销以及信息服务等多个环节的系统感知和全面分析，能够实时响应并自我调整。这一模式反映了现代经济的运作特征，着重于信息与物质的迅速和高效流转，旨在整合社会资源，达到成本降低和效率提升的目的。智慧物流融合了众多服务职能，彰显了现代商业活动的新特性，其核心要素在于信息的流畅和物资的快捷循环，旨在达成对社会资源的高效整合与成本优化的成效。物流领域的进步日新月异，使得智能物流从理论的范畴逐渐踏入实践领域。得益于《中国制造2025》的战略部署与"互联网+"的推动，智能物流的发展即将迎来一个快速增长期。首先，供应链将实现全面转型，依托大数据推动供应链结构的根本变革，涉及原料供应、生产加工等上游环节以及分销等下游环节，传统的线性及树状供应链将转变为网状结构。其次，物流领域机器人的应用将日益普及。无论是大型企业还是小型公司，在仓储或分销领域，由于人工开支持续增长，机器人的使用将日益普及。智慧物流的发展正朝着更加自主、开放和透明的方向加速推进。

图 3-64 展示了智慧物流的发展趋势。

图 3-64　智慧物流的发展趋势

为了推进智慧物流的进步并强化物流行业的变革与提升，社会各方面必须共同努力。例如，针对物流领域，有必要打造一套特定的系统架构；利用信息技术手段，可以将多个企业串联起来，形成一个统一的整体，这就是供应链的作用，物流领域的核心要素在于信息的流通；构建一个行业信息共享平台，首要任务是实现行业内管理软件的标准化，确保其能够与不同的信息平台相兼容。通过该平台，公司之间能够进行有效的信息沟通，从而推动其成长与进步。因此，构建信息共享平台是极其重要的。借助共享平台的构建，物流公司能够实时掌握市场的最新信息和产品的更新动态，从而快速做出恰当的应对。市场动态转换瞬息万变，唯有洞察企业和市场资讯，方能令企业做出恰当的选择，避免资源的浪费及资金的滥用。在物流领域，资讯的互通有无不仅有助于企业成长与盈利能力的增强，而且对促进智能化物流系统的形成发挥着关键作用，从而推动行业整体向前发展。此外，物联网领域的进步，对智慧物流的成长至关重要。科技与经济进步共同催生了物联网，这一现象加速了物流行业的成长与优化。当前阶段，不同地区的物流公司依据各自所处的独特环境，已经规划并实施了适应本区域的发展策略和行动计划。随着行业信息的不断传递和共享，物流行业势必将迎来改革的春风，从而助力各地区相关产业的发展。

图 3-65 展示了智慧物流的系统平台构建。

图 3-65　智慧物流的系统平台构建

智慧物流的进步，同样依赖供应链与物流的紧密结合。产业链与物流一体化建设的关键在于创新技术的研发。尽管政府正在强化对智能物流行业发展的支持，并且各公司正主动对物流产业结构进行改革，但从全局视野审视，整个行业迈向智能化物流的转型还需经历漫长的过程。成本的汇总成为一个显著的挑战，而缺少核心技术也阻碍了智慧物流的发展。物流行业亟须在智能技术开发方面加大投入，利用尖端技术降低成本；同时，应致力于整合资源，塑造综合物流系统的理念。智慧物流领域的进步，离不开那些具备综合技能的专业人才，他们的贡献至关重要。具备多元技能的个体熟悉众多领域内的关键信息，他们能够从更宽广的视角审视问题，并高效地监督公司物流部门的运营。为了精细化培养具备多重技能的人才，物流行业需要在如下数个关键领域着手努力。

第一，要形成自己的人才培养模式。各个企业特性差异显著，因此在人才培育方面呈现出多样化的态势。在物流行业，存在着一些以理论为基础、专注于物流领域管理人才培养的企业；同时，也有那些以实际生产为中心、致力于物流领域技能人才培养的企业。因此，企业有必要强化物流专业人才的培养，打造标准化或类同的人才成长机制及职业发展途径，确保经过培训的物流人才能够顺应整个行业的变化。企业需准确识别自身的物流特色，依照实际需求，恰当培育和岗位相匹配的人才，避免无谓地效仿其他公司。

第二，要注重人才培养与实践相结合。产业发展于物流领域，当以市场需求为导向，人才培养方面亦应遵循市场需求之导向，将理论学习和实际操作相结合，弥补传统培训模式的不足，打造出符合企业需求的人才培养策略。

第三，还应加强政策的引导作用。政府扮演着物流市场调节者的角色，对人才培育与应用起到引领作用，从而为物流行业的进步营造有利环境。例如，通过发挥组织服务的功能，简化物流行业的烦琐程序，提升产品流通的效率，同时加强物流行业的产业互动与研究交流，推动整个行业的蓬勃发展，使其在国际舞台上占有一席之地。

可以参考国际上成效显著的发展模式，结合我国具体情况，实行一系列促进物流行业进步的积极政策。例如，通过促进不同公司之间的合作，实现互相学习与资源的高效共享。此外，政府还应激励企业进行自主创新，以便塑造和巩固其品牌形象。

智慧物流追求的一个关键成就在于实现仓储领域的自动化。目前，人工智能在物流领域的运用日益普及，但仓储自动化的广泛实现还未达到预期的水平。未来的物流服务将在多元化的场景中进行调整，不仅全面覆盖生活领域，而且致力于为消费者带来更优质的服务体验。过往依赖的固化批量、大量配送的物流方式将会经历根本性的转变。在未来的供应链中，物流的频率预计会上升，而每批次的货物数量可能会下降。为了适应这一变化趋势，物流领域必须构建一个能够灵活应对的系统。让物流服务达到随地享受、即见即得的境界，这并非遥不可及，只是依赖于技术的迭代提升，特别是人工智能、大数据分析、云技术、自动化机器人等前沿技术的显著进步及大规模运用，它们预示着物流领域在布局与运作上将迎来质的飞跃。物流领域的未来发展势不可挡地趋向于智能化。这种转型预示着物流将变得更加高效、更具备智能化特征，同时也将更加环保，并全面关注整个供应链的效率提升。

知识拓展

亚马逊的大数据技术运用

一、亚马逊的大数据业务

亚马逊的业务主要涵盖三个领域：首先是其核心的电子商务平台，包括自家品牌商品的在线销售，为第三方卖家提供的市场平台，以及面向特定会员提供的特殊待遇；其次是 Kindle 电子阅读器和相关的数字内容，如电子书和有声读物；最后是云服务，为各种用户提供强大的云计算能力和解决方案。电子商务领域的先锋亚马逊，起源于电子书籍销售，其后乘云服务之翼，企业的成长之旅得以加速，最终以其企业云平台享誉全球。

随着大数据技术的不断进步，亚马逊逐渐崭露头角，成为该领域的领头羊。亚马逊推出了一系列的大数据产品。这些产品包括基于 Hadoop 的 Elastic MapReduce，DynamoDB 大数据数据库，以及能够与 Amazon Web Services 无缝配合的 Redshift 规模化并行数据仓储方案。

二、亚马逊的大数据平台开发

亚马逊在进行大数据平台开发时，涉及三个主要群体：消费者，其他入驻商家，以及亚马逊公司自身。亚马逊身为综合性平台提供商，其实践功能跨越了价值链的多个阶段，充当了服务提供商与物流运输者的双重身份。亚马逊在智能物流领域的革命性进展，间接提升了其市场营销的实力。

通过对消费者购买行为的全方位追踪与分析，亚马逊积累了大量关于其目标市场的详细数据。最终，针对第三方卖家，亚马逊通过分析数据来探索商家的需求，并将这些数据与消费者信息整合，结合物流集成理念，以此增强平台的精准营销效能。

图 3-66 展示了亚马逊运用大数据技术经历的四大阶段。

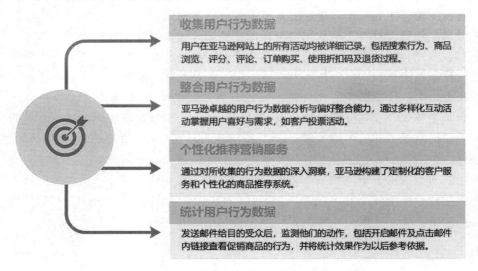

图 3-66　亚马逊运用大数据技术经历的四大阶段

1. 收集用户行为数据

用户在亚马逊网站上的所有活动均被该平台详细记录，包括搜索行为、商品浏览、评分、评论、订单购买、使用折扣码以及退货过程。亚马逊利用这些信息，持续勾勒出每位消费者的独特画像及其需求，进而基于这些分析实施精准的市场推广策略。

2. 整合用户行为数据

亚马逊之所以卓越，得益于其卓越的用户行为数据分析与偏好整合能力，据此进一步揭示了客户的深层次需求。公司通过多样化的互动活动来掌握用户的喜好与需求，其中最具代表性的互动形式便是客户投票活动。用户一旦完成投票，他们的观点、偏好或兴趣即刻揭晓，从而被亚马逊系统精准标识。

3. 个性化推荐营销服务

通过对所收集的行为数据的深入洞察，亚马逊构建了定制化的客户服务和个性化的商品推荐系统。此举不仅能激发客户的购买欲望，精简他们的购买过程和所需时间，还在最合适的时刻抓住了客户的最佳购买欲望，减轻了传统营销手段给客户带来的无意打扰。

4. 统计用户行为数据

发送邮件给目的受众后，他们的动作，包括开启邮件及点击邮件内链接查看促销商品的行为，都将被连续监测。对整个促销活动来说，统计其效果是必要的，这将为以后的促销活动提供参考依据。

三、对亚马逊大数据技术的应用分析

1. 智能化预估系统

亚马逊的物流一体化管理依赖于其精确的预估系统。亚马逊采用云计算技术打造了一套先进的预测系统,该系统为每个物流中心量身定制了独特的管理策略,并对存储空间与配送路线进行了精确的优化计算。在亚马逊的物流中心,库存商品并非仅按照品种分类存放,而是呈现出一种看似无序但实际上内含规律的布局。亚马逊通过大规模数据处理技术,洞察消费者在购买特定商品时可能一并采购的相关商品。基于此洞察,亚马逊在供应链管理、商品上架及仓储布局上实施了一种数据驱动的交叉存放策略,最大化空间效率。此外,在拣选商品时,系统设计确保工作人员能够以最短路径取货,从而提升整体操作效率。

2. 智能化运输调拨系统

通过采用大数据技术,亚马逊实现了对其运输网络的持续性和全面性的实时监控。借助智能化调配与干支线物流的有机结合,以及末端配送的精准管控,实现订单尚未下达而货物已先行在途的物流模式。消费者在选购亚马逊商品时,能够在网络平台上查看预估的送货日期。这一预估是通过整合大量数据与物流系统实现的,使得亚马逊得以根据客户需求确保商品按时送达。该数据会在客户下单瞬间进行计算。在美国和加拿大,亚马逊的商品通过跨境物流进行配送;在中国,该平台则提供覆盖全国的配送服务。亚马逊拥有多个物流系统,包括调拨线路等。它运用智能调拨系统,在库房之间进行物品调拨。此外,还有干线运输和第三方合作运输等多样化方式。

3. 大数据、大系统出货能力

在产品分发过程中,亚马逊利用集成化系统实施动态订单处理,借助信息化智能调控优化拣货路线,从而提升拣货作业的效率。当前的信息系统能够保证货物配送率完全达标,同时,库存准确度也能维持在99%以上。亚马逊在物流整合领域通过大数据技术实施了三项显著创新。第一,借助智能物流系统,亚马逊能够根据线上销售数据即时更新现有库存状况,并且基于客户喜好预估未来的销售趋势,以确保库存水平维持在较为理想的低位。第二,亚马逊运用其卓越的大数据分析能力,不仅优化了自身的物流管理,更将此技术与物流系统紧密结合起来,通过这样的整合,亚马逊实现了仓储与配送的同步化,确保能够向客户提供更新鲜的商品和更为及时的配送服务。第三,通过使用终端GPS设备,送货员可以准确地找到最佳的送货路线。这不仅可以帮助送货员节省时间和资源,还能为客户提供更高质量的服务。

直通职场

图3-67展示了智慧物流大数据管理员岗位及其职责。

智慧物流大数据管理员在工作中除了正常履行职责之外,还应努力做到如下几点:

(1) 拥有深厚的大数据理论知识和丰富的实践经验;

- 负责或协助管理高层进行大数据平台的搭建、维护及优化,确保物流数据的准确性、完整性和及时性;
- 监控物流运作过程,预测潜在问题并提出解决方案;
- 利用大数据技术分析物流数据,为智慧物流提供决策支持;
- 与其他部门紧密合作,共同推动智慧物流项目的实施和改进。

图 3-67　智慧物流大数据管理员岗位及其职责(示例)

（2）在物流领域具备深刻洞察力,对货物运输的各个环节了如指掌;

（3）精通数据分析、数据挖掘和机器学习等相关技能;

（4）掌握必要的交流技巧,具备一定的团队管理协调能力和抗压能力;

（5）与各类专业人士如数据科学家、物流达人、项目经理等保持紧密协作,一同推进智能化物流项目的进展。

 素养课堂

三大欧美物流巨头大数据技术应用案例

近年来,全球物流行业经历了深刻的转变,其中,移动互联网和海量数据扮演了至关重要的角色,它们共同驱动着这场创新的浪潮。在电子商务和互联网经济的推动下,中国的物流行业正逐步与数据化和可视化的现代物流模式接轨,摒弃过去的粗放式传统物流管理。位于国际前沿的现代物流公司在移动互联网和大规模数据处理领域的技术实施案例,为身处互联网时代的我国物流业者提供了宝贵的借鉴和学习资源。

DHL 作为国际知名的快递和物流巨头,在终端配送环节广泛搜集大数据,以此确保供应链各环节透明可追踪。公司利用这些信息来优化配送路线,并确保每个物流节点都能精确执行。DHL 的快运卡车经过特别设计,变身为智能卡车,配备了摩托罗拉的 XR480RFIO 读卡器。在装卸货物时,车辆上的计算机系统会自动收集货物上的 RFID 传感数据,并发送至服务器。服务器在接收并更新数据后,实时计算出最佳的配送顺序和路线。在物流运输过程中,远程信息处理系统实时调整配送路线,利用即时交通情况和 GPS 定位数据,以确保货物更精准的采集与交付。这种技术使得系统能够对临时接收的订单做出敏捷的应对,并向客户提供确切的取货时间信息。客户在使用基于群体技术的手机应用软件时，能即时刷新自己当前所在的位置或计划抵达的地点。这让 DHL 的包裹送货员可以随时掌握客户的位置更新情况，动态调整配送地址以满足客户即时需求，有效避免了配送过程中的失误。

FedEx 作为全球领先的快递企业之一，它的一大服务特色便是包裹能够自动反馈信息。公司利用如 SenseAware 之类的灵敏感应器，能够实现近乎即时的信息反馈，涵盖温度、位置及光照等方面。这样，客户随时都能掌握包裹的具体位置和周边环境。驾驶员有权在车内直接更改订单的物流详情。除此之外，FedEx 正在致力于推进更智能化的配送服务，目标是实现实时更新并掌握客户的位置信息，以便让包裹能够在任何时间、任何地点更迅速、更准确地送达客户手中。当然，FedEx 目前正处于数据搜集阶段，未来将利用搜集到的历史数据与实时的增量数据，通过大数据技术，为 FedEx 解决更多问题，增强其市场竞争力。

UPS 利用大量数据来规划配送终端的最佳路径，同时推行尽可能多的右转配送策略，每年可节省 5 000 万美元的燃油成本，并增加了 35 万件包裹的配送量。UPS 利用其独家的 ORION 系统，基于大数据分析，通过与联网的配送车辆的远程信息服务平台互动，实现了对车辆、包裹详情、客户偏好以及配送路径数据的即时分析。系统能够动态地计算出效率最高的行进路线，并利用 GPS 对整个运输过程进行监控。UPS 在数据分析领域的知名案例涉及对送货车辆行驶路线的优化。ORION 系统的分析显示，左转操作会导致货车在左转车道上耗费较长时间，从而增加燃油消耗，提高事故发生的风险。因此，UPS 利用城市交通流量的海量数据，设计出了一种"连续右转环形行驶"的配送路线图，以提高配送效率。若旗下每位驾驶员均加入该计划，则通过每天减少每人的送货里程数 1 英里，一年内可实现成本节约高达 5 000 万美元。在未来，ORION 系统将有能力预见恶劣天气和交通状况，同时对可能导致货车运送延迟的各类因素进行评估，从而提升配送的效率。

赛场竞技

仓库类型辨析

结合智慧物流比赛考核知识点之"物流功能区域布局设计"，请分析图 3-68 和图 3-69 中的仓库定位，它们分别偏向于储存型还是流通型？这两种类型的仓库在布局上应该有什么不同？

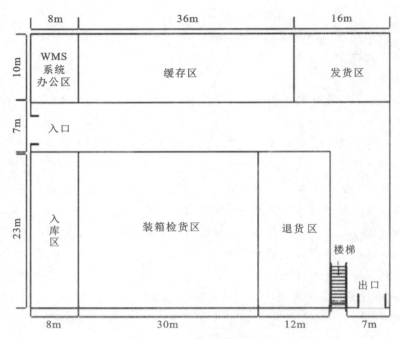

图 3-68 某仓库库内布局图

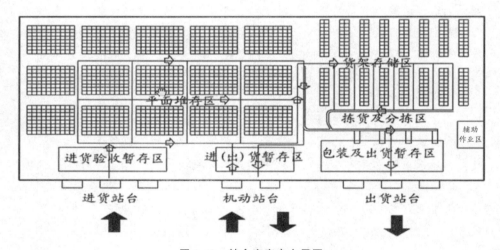

图 3-69 某仓库库内布局图

项目实战

实战 3 物流企业仿真模拟运作管理及操作执行

◆ 项目任务

物流企业仿真模拟运营项目实战拟包括如下几个环节。首先组建物流企业并建立核心团队，主要包括 CEO、CSO、CFO、COO 等主要角色，完成全部物流业务运营管理及操作执行任务。每个团队提供 100 万元的创业资金，目前公司总部只能设在北京地区，从事北京地区的货物运输业务。学生团队将组成 8~10 家具有充分竞争性的物流公司，以北京为出发点，逐步将业务拓展至全国范围。在接下来的数年内，这些公司计划逐步成长壮大，力争成为国内著名的物流品牌。物流公司通过公正的招标过程赢得物流合同，依据所获得的物流订单和相关信息来策划物流执行计划。这些计划旨在满足客户的需求，同时减少成本，并且考虑到了长期的业务发展需要。

◆ 项目要求

该项目要求全面完成季度或年度的实务操作，涵盖了年度税款的缴纳，应收及应付账款的处理（包括贴现操作），银行业务的借贷活动，市场的预测性分析，招投标活动，运输工具、仓库以及办公室的购买和租赁，派车提货以及货物的入库流程，库内货物的管理，货物的出库作业以及在途货物的跟踪管理，货物的签收以及收款等环节，并对营运总收益进行计算与分析。方案应全面涵盖建立办公场所、选择仓储/物流方式、货物提取入库流程、仓储与物流管理细节，并包括执行中的具体任务分配、预计收益、成本预算以及实际操作成果的财务审计。

图 3-70 展示了物流企业模拟运作管理项目实战训练的场景。

图 3-70 物流企业模拟运作管理项目实战训练场景（示例）

◆ 训练步骤

步骤一：完成物流企业创建、团队分工、业务量预测、税费缴纳及账款处理等前期工作。

步骤二：根据企业续签及中标订单的要求，制定工作流程，按照顺序列出所有的工作任务计划。

步骤三：对关键任务点的时间如订单的提交时间进行标记与说明。

步骤四：列出各任务的预算成本，按照时间维度制作收支预算明细。

步骤五：确定预算方案的总成本和总收入。

步骤六：根据企业续签及中标订单的要求，结合运作方案完成运输工具租赁/购买。

步骤七：对提货车型进行选择，并正确完成沙盘界面派车提货业务操作（需截图）。

步骤八：制作仓库租赁/购买计划，正确完成沙盘界面提货入库、货物在库管理、运输调度、路线规划、货物出库作业及在途跟踪、到达签收、收款等操作，计算并分析营运总收益（含明细、需截图）。

步骤九：各团队结合运作管理实务操作及营运结果总结经验教训，形成PPT，进行班级分享互动。

步骤十：最终任务总结报告以PPT＋Word形式提交（关键操作需附截图），方案需要覆盖全阶段的所有工作与成本，任务成果要包含全年度的关键操作截图和相关营运效益分析。

◆ 训练评价

训练评价表如表 3-17 所示。

表 3-17 训练评价表

层级	评价内容	满分	得分	自我评价
1	在规定时间内完成任务	10		
2	任务完成质量	35		
3	创新合作模式	10		
4	职业思政素养	15		
5	任务总结报告	30		

本章小结

本项目重点讲述了物流企业运作管理的理论知识与实践技能，主要包括订单管理与信息技术支持、运输管理、仓储管理、配送与快递运营、物流网络设计与优化、物流大数据与智慧物流技术应用等六项任务，通过任务描述、行动锦囊、知识拓展、学习加油站、素养课堂、直通职场、赛场竞技、项目实战等环节，实现了"岗课赛证""知识与技能""课程思政和素养提升"的三融通。

同步测试

一、判断题

1. U 型动线指的是仓库建筑物外观呈现 U 形形状。（　　）

2. 运送鲜活、易腐货物，应采取相应的保鲜、保活和固定措施，以保障货物品质。（ ）

3. 在运输途中，应经常检查货物捆扎、偏载情况，防止货物丢失。（ ）

4. 可以使用普通货物运输车辆配送液化气罐。（ ）

5. 装卸贵重物品时必须做到轻搬、轻放，小不压大、轻不压重。（ ）

二、单项选择题

1. 电商要求在客户下单后的很短时间内配送上门，因此电商物流仓库的作业时间基本上以小时，甚至是以分、秒来计算的，这体现了电商物流仓库的哪个特点？（ ）

   A. 功能多　　　　　　　　　　　　B. 订单量大
   C. 商品品种多　　　　　　　　　　D. 作业时效快

2. 仓库中用于接收货物的区域是（ ）。

   A. 收货区　　　　　　　　　　　　B. 检验区
   C. 储存区　　　　　　　　　　　　D. 发货区

3. 在电商型仓库中，对货物进行分解、分拣、冷冻、保鲜、再包装等作业的区域称作（ ）。

   A. 收货区　　　　　　　　　　　　B. 检验区
   C. 流通加工区　　　　　　　　　　D. 发货区

4. 仓库布局要为货物的保管提供便利的条件和良好的环境，这体现了仓库布局的（ ）。

   A. 优化设计原则　　　　　　　　　B. 便于保管原则
   C. 方便作业原则　　　　　　　　　D. 便于掌控原则

5. 仓库 8S 精细化管理不包括（ ）。

   A. 整顿　　　　　　　　　　　　　B. 清洁
   C. 保管　　　　　　　　　　　　　D. 安全

三、多项选择题

1. 电商物流仓库的特点包括（ ）。

   A. 功能多　　　　　　　　　　　　B. 订单量大
   C. 商品品种多　　　　　　　　　　D. 信息化程度不高

2. 仓库布局的原则包括（ ）。

   A. 便于保管　　　　　　　　　　　B. 利于作业
   C. 保证安全　　　　　　　　　　　D. 节省投资

3. 以下哪些因素会影响仓库库内布局规划？（ ）

   A. 原料供应地要求　　　　　　　　B. 产品销售地要求
   C. 存货特点　　　　　　　　　　　D. 作业流程

4. 仓库的主要功能区包括（ ）。

   A. 收货区　　　　　　　　　　　　B. 发货区
   C. 存货区　　　　　　　　　　　　D. 检验区

5. 物流领域的海量数据可以在三大层面进行分类，分别是（　　）。
A. 中观层面　　　　　　　　　　　　B. 宏观层面
C. 动态层面　　　　　　　　　　　　D. 微观层面

6. 以下物流动线布局中，仓库月台不在同一个方向的包括（　　）。
A. U 型动线　　　　　　　　　　　　B. I 型动线
C. L 型动线　　　　　　　　　　　　D. W 型动线

7. U 型动线的特点包括（　　）。
A. 可以有效利用仓库外围空间
B. 可以集中月台管理，减少月台监管人员数目
C. 方便同时处理"快流"和"慢流"货物
D. 拥有两个独立的月台

8. 运输活动可以创造（　　）。
A. 空间效用　　　　　　　　　　　　B. 货币效用
C. 时间效用　　　　　　　　　　　　D. 利润效用

9. 在物流活动过程中，运输主要提供的两个主要功能是（　　）。
A. 物品加工　　　　　　　　　　　　B. 物品移动
C. 临时储存　　　　　　　　　　　　D. 信息服务

10. 指导运输管理和运营的两个基本原理是（　　）。
A. 批量经济　　　　　　　　　　　　B. 规模经济
C. 服务经济　　　　　　　　　　　　D. 距离经济

四、实务操作题

一个位于广州市的顾客在天猫商城购买了一箱猕猴桃，卖家位于陕西省西安市，以下是该订单的基本情况和物流情况。

订单情况

运单号码：260459328547

物流企业：顺丰速运

客服电话：95338

卖家昵称：好缤纷水果旗舰店

发货地址：陕西省西安市鄠邑区玉蝉镇十字往西 500 米，好缤纷果品种植专业合作社，710300，张小宁，189＊＊＊＊4155

收货地址：广东省广州市白云区，510080，李强，136＊＊＊＊8741

物流情况

• 10-19 周六 22：38：13　商品已经下单

• 10-20 周日 11：49：40　包裹正在等待揽收

- 17：10：00　顺丰速运已收取快件
- 10-21 周一 18：04：00　快件在【西安鄠邑兆丰东路速运营业点】已装车，准备发往下一站
- 19：36：00　快件到达【西安沣东集散中心】
- 21：33：00　快件在【西安沣东集散中心】已装车，准备发往【西北枢纽分拨中心】
- 22：26：00　快件到达【西北枢纽分拨中心】
- 10-22 周二 01：22：00　快件在【西北枢纽分拨中心】已装车，准备发往【广州新塘集散中心】
- 10-23 周三 11：04：00　快件到达【广州新塘集散中心】
- 12：40：00　快件在【广州新塘集散中心】已装车，准备发往【广州白云白山广场营业部】
- 13：32：00　快件到达【广州白云白山广场营业部】
- 16：31：00　快件交给李华，正在派送途中（联系电话：136＊＊＊＊3675）
- 16：36：00　代签收（家门口），感谢使用顺丰，期待再次为您服务

请根据以上物流情况和在本项目所学过的理论知识，讨论分析以下问题。

（1）书面回答：顺丰在本订单中，用到了哪些物流节点？在上述物流节点中，哪些是顺丰网络的 CDC、RDC、DC？它们各承担什么功能？请用图示的方式标明以上各物流节点。

（2）课堂思考：快件为什么没有经过广州枢纽分拨中心？

（3）小组讨论：顺丰快递在给电商卖家提供物流服务的过程中，你认为需要有哪些重要的资源或条件？

项目四 物流企业人力资源管理

 思维导图

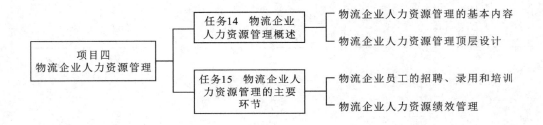

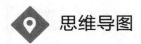 任务目标

◆ 知识目标：
了解物流企业人力资源管理的概念；
掌握物流企业人力资源管理的基本内容；
理解物流企业人力资源管理的顶层设计。

◆ 技能目标：
能够对物流企业人力资源进行需求分析；
能够根据企业的需求对物流企业人力资源管理进行顶层设计。

◆ 素养目标：
能够具备大局观、强烈的责任感、卓越的沟通技巧、团队合作能力、创新思维和应对变化的素养。

任务 14　物流企业人力资源管理概述

任务描述

　　王经理经营的物流企业随着业务的扩展和市场的变化，迫切需要对人力资源管理进行优化和升级，以提高整体运营效率和市场竞争力。企业面临的主要问题包括员工流动率高、绩效管理体系不完善、培训与发展计划缺乏针对性和效果不明显等。这些问题直接影响了企业的服务质量和客户满意度，为企业的长远发展带来了潜在风险。在此背景下，企业的管理层决定全面审视和评估当前的人力资源管理状况，旨在通过科学高效的人力资源管理策略，更好地支持企业的业务扩展，促进企业的战略目标实现，具体包括如下几个方面：

　　（1）评估企业在人力资源规划方面的现状，并提出改进建议；

　　（2）针对企业当前员工流动率高的问题，探讨原因并提出解决方案；

　　（3）在积累人力资源管理经验的基础上，着手开展人力资源管理顶层设计。

行动锦囊

14.1　物流企业人力资源管理的基本内容

　　党的二十大报告指出，必须坚持人才是第一资源，深入实施人才强国战略。遵循党的人才政策导向，为了贯彻落实党的二十届三中全会提出的"深化人才发展体制机制改革"的任务，我们在推进国家发展的过程中必须高度重视人才在企业乃至整个社会经济发展中的关键作用。企业是国家发展的重要细胞，而人才是企业不竭的动力源泉。正是这些具备创新能力和专业知识的人才，推动企业不断突破技术瓶颈、提升效率和增强市场竞争力，进而为社会创造更大的经济价值和提高人民生活品质。企业要实现可持续发展，就必须投资于人才培养和引进，搭建一个促进员工成长和创新的平台，保证人才政策与国家发展战略相协调。只有这样，企业才能在稳固国内基础的同时，更好地适应国际竞争，为实现人民对美好生活的向往奠定坚实的基础。

1. 物流企业人力资源管理的概念

人力资源（Human Resources，HR）又称劳动力资源或劳动力，是指能够推动整个经济和社会发展、具有劳动能力的人口总和。人力资源是一切资源中最宝贵的资源，是第一资源，对于企业的发展和成功具有关键性的影响。

物流企业人力资源管理是指在物流领域中，对人力资源进行规划、招聘、培训、评估和激励等管理活动的过程。有效的人力资源管理对于提高物流企业的服务质量、降低运营成本、提升竞争力等方面具有关键作用。

2. 物流企业人力资源管理的原则

物流企业人力资源管理需要遵循一系列基本原则，以确保管理效果与企业战略目标的一致性，提升企业整体效率与员工满意度。以下是几项关键原则。

（1）人岗匹配原则：确保员工的技能、经验和兴趣与其岗位需求相匹配，促使员工在最适合的岗位上发挥最大潜力。

（2）公平公正原则：物流企业在招聘、晋升、薪酬分配等方面需保持透明度和公平性，确保所有员工在相同条件下享有平等的机会和待遇。

（3）激励与绩效原则：通过建立合理的激励机制和绩效评估系统，鼓励员工提升工作效率，同时按照其贡献进行奖励，表示认可。

（4）培训与发展原则：持续地对员工进行职业技能和个人发展方面的培训，支持员工做好职业生涯规划，从而提高团队整体能力和适应市场变化的能力。

（5）参与管理原则：鼓励员工参与到决策中，通过建立良好的沟通机制，收集员工的意见和建议，增强员工的归属感和满意度。

（6）灵活性原则：物流企业在管理人力资源时，需考虑企业运营的灵活性需求，通过灵活的工作安排、多样化的劳动合同等方式，应对市场需求的波动。

（7）合法合规原则：遵守当地劳动法律法规和国际标准，确保企业在招聘、工资支付、工作条件、劳动安全等方面的合法权益，避免法律风险。

（8）尊重人权原则：尊重员工的个人权利和尊严，提供无歧视和无骚扰的工作环境，确保员工的基本人权得到保障。

通过贯彻这些原则，物流企业能够构建高效、和谐的工作环境，促进企业的可持续发展和竞争力提升。

3. 物流企业人力资源管理的内容

物流企业人力资源管理的基本内容可以归纳为表 4-1。

表 4-1　物流企业人力资源管理的基本内容

内容	具体描述
人力资源规划	评估当前和未来的人力需求，制定相应的招聘、培养、调配和留用人才的战略计划

续表

内容	具体描述
招聘与选拔	制定高效的招聘流程，包括发布职位、筛选简历、面试、评估和录用，确保吸引和选择合适的人才
培训与发展	为员工提供必要的培训以提高其工作能力，包括入职培训、技能培训、管理技能发展等，并支持员工做好职业生涯规划
绩效管理	建立绩效评估体系，定期评价员工的工作绩效，为员工提供回馈和激励，并以此作为晋升和奖励的依据
薪酬福利管理	设计合理的薪酬体系和福利计划，确保企业的薪酬竞争力，提升员工绩效和满意度
员工关系管理	维护良好的劳动关系，及时妥善处理员工的投诉和工作中的矛盾，构建良好的工作环境，并防范法律风险
劳动法遵从性	确保人力资源管理全过程和各方面遵守相关的劳动法规和政策，防止违规和潜在的法律诉讼
组织文化建设	塑造并维持积极的企业文化，增强员工的凝聚力和企业忠诚度，提高企业的整体竞争力
人才梯队建设	做好关键岗位和领导岗位的人才储备，为企业的可持续发展提供保障
员工安全与健康	确保职场安全和员工健康，涉及办公环境的安全和健康标准、必要的保健和防护措施等

14.2 物流企业人力资源管理顶层设计

1. 物流企业人力资源构架

物流企业的人力资源构架是根据企业的业务需求、组织结构以及战略目标而设计的，其核心目的是确保企业拥有高效协作的团队来完成物流任务，提高服务效率和顾客满意度。表 4-2 展示了一个基础的物流企业人力资源组织构架样例，该构架描绘了不同层级和部门的人力资源配置情况。

表 4-2 物流企业人力资源组织构架样例

层级	职务	职责
高层管理者	首席执行官（CEO）	负责制定企业战略，领导企业向既定目标发展
	首席运营官（COO）	主管日常运营，确保物流活动的高效执行
	首席财务官（CFO）	管理企业财务，包括预算、成本控制和财务规划
	人力资源总监	负责企业人力资源规划、招聘、培训、绩效管理等

续表

层级	职务	职责
中层管理者	运营部门经理	管理日常物流操作，如运输、仓储、配送管理等
	客户服务部门经理	负责客户服务和关系管理，确保客户满意度
	信息技术（IT）部门经理	负责信息系统的管理和维护，支持物流技术解决方案
	质量控制经理	确保物流服务的质量和标准，进行质量管理和改进
基层管理和技术层	仓库主管	负责仓库的日常管理与操作，包括库存管理和物品的收发
	运输协调员	管理和协调货物的运输，保证安全高效
	客户服务专员	处理客户咨询，解决客户问题，维护客户关系
	IT支持技术员	提供现场IT支持，确保物流操作系统顺畅运行
	人力资源专员	执行招聘、培训、员工关系的管理和协调工作
支持性岗位	行政助理	提供行政支持，如文件管理、会议组织等
	财务会计	负责日常财务记录、账目管理和报表的准备
	安全员	确保仓库和运输的安全标准，执行安全规范

2. 顶层设计的步骤

物流企业人力资源管理顶层设计是指制定一套符合物流企业战略发展目标和组织特点的人力资源管理系统。这通常要求企业领导层对人力资源管理有着清晰的认识和规划，能够将人力资源管理与企业的整体战略紧密结合起来。下面是物流企业人力资源管理顶层设计的一些关键步骤。

（1）制定人力资源战略方针：确立与企业长远发展目标相一致的人力资源战略方针，其中应包括人才引进、培养、激励与保留等方面的总体指导思想。

（2）组织结构设计：按照物流企业的运营模式设计合理的组织结构，确保各部门的人员配置符合业务需求，提升组织效率。如创建一个扁平化管理的组织架构，以提高决策速度，及时响应市场变化。各个分支机构设有区域管理者，且各部门如仓储、运输、客户服务、销售等均设有负责人。

（3）职位与人员规划：明确各部门、各职位的关键职责与工作要求，进行合理的人员编制和职位设置，确保队伍结构合理，人力资源得到充分利用。如公司会设立仓库管理员、物流调度、叉车司机、客服专员、销售代表等岗位，并根据市场发展和订单量来决定每个岗位的人员配备规模。

（4）薪酬福利制度：根据物流行业的市场行情、企业财务状况和员工期望设计薪酬福利制度，确保企业具有竞争力，能够吸引和留住优秀人才。可以根据工作绩效和公司利润为员工提供奖金。此外，还包括医疗保险、定期体检、员工培训等福利。

（5）员工招募、选拔与培训：建立标准化的招聘、选拔流程，确保招募到符合要求的人才，并提供系统的培训和发展计划，帮助员工不断成长。例如，通过在线招聘平台和校园招聘来吸引人才，设置严格的甄选流程，包括面试、技能测试和背景调查。新员工将接受岗前培训，以确保了解公司政策和操作规程。

(6) 绩效管理体系：建立科学的绩效管理体系，包括绩效指标的设定、绩效考核的实施和绩效反馈的机制，推动个人目标与组织目标的一致性。如采用平衡计分卡和KPI指标来衡量员工和部门的工作效率和质量，进行定期评估，并提供反馈和改进建议。

(7) 员工关系管理：维护良好的员工关系，包括处理劳动争议、促进员工沟通、建立企业文化等，营造积极向上的工作氛围。可以通过设立员工理事会来促进员工参与决策，定期召开沟通会，以及提供团队建设活动和娱乐休闲设施，营造良好的工作环境。

(8) 法律法规遵守：遵守劳动法和相关法规、政策，确保人力资源管理的合法性，防范法律风险。

(9) 信息化系统：利用现代信息技术，建立人力资源信息系统，实现数据驱动的人力资源管理，提升工作效率。通过引进先进的人力资源管理软件，来管理员工基本资料、考勤、薪酬、绩效评估等，实现高效管理。

(10) 持续改进和创新：根据市场变化和企业内部发展需要，不断评估和优化人力资源管理体系，鼓励创新，适应未来的变化和挑战。例如，公司鼓励员工提供创新点子，如改善工作流程、提升客户体验，并实施持续改进计划，以适应业务增长和市场变化。

物流企业的人力资源管理顶层设计需要融入企业业务特色和企业文化，并不断适应外部环境变化和业务发展需要，反复迭代完善，以确保其能够支撑企业的长远发展。

知识拓展

古代物资转运中的人力资源管理智慧

在悠久的历史进程中，对于物资的运输、存储和分配，在我国古代均有着精细的组织管理，这些活动的背后蕴含着丰富的人力资源管理智慧。通过对一些典型案例进行分析，我们可以总结出一些关于人力资源管理的宝贵经验。

一、战国时期郑国渠的建造

郑国渠的开凿是战国时期著名的大型水利工程，由水利专家郑国主持。这项工程的成功不仅因为其技术上的创新，更在于郑国对大规模劳动力的高效管理。郑国通过合理安排劳动力，明确分工，确保了工程的顺利进行。从这个故事中，我们可以认识到劳动力资源合理分配和明确目标的重要性。

二、三国时期诸葛亮的北伐物资供应

诸葛亮六出祁山，其间对后勤物资的管理展现了巧妙的战略眼光和组织能力。在资源有限的情况下，诸葛亮通过对物资运输线的科学规划和人力资源的有效调配，尽可能保证了军队的物资供应。从诸葛亮的北伐中，我们可以看到在有限资源条件下科学规划和适当调配人力资源的重要性。

三、唐朝的盐铁运输

唐朝时期的盐铁官营制度涉及庞大的物资运输和管理问题。为了有效管理这一体系，唐朝建立了完善的运输路线，同时注重对从事盐铁运输的工人的管理。这包括对工人的生活、运输安全的保障以及合理的薪酬分配。从唐朝的盐铁运输中我们可以认识到，保障员工权益是提升工作效率和促进物流顺畅的重要因素。

四、马可·波罗对元朝邮制的描述

虽然马可·波罗并非中国人，但他对元朝邮政系统的描述向我们揭示了当时高效的物流与信息传递系统。元朝建立了全国范围内的驿站系统，用以传递邮件和货物。管理这一庞大系统的关键在于对人力资源的有效配置和细致管理，从而确保各地驿站能够及时、准确地完成任务。从中我们可以认识到建立有效的沟通系统和物流网络对于管理人力资源的重要性。

这些故事虽然发生在不同的历史时期，但共同体现了古代中国在不同领域或活动中展现的人力资源管理智慧。这些经验教训在今天的物流企业人力资源管理中依然具有借鉴意义，尤其是在如何合理调度资源、确保员工福利、提升工作效率等方面。

实战4 制定物流企业人力资源战略

◆ 项目任务

森醒物流公司是一家知名的物流企业，其业务快速扩展的同时面临着人力资源管理方面的挑战，包括人才流失、招聘效率低、员工培训不到位等问题。为应对挑战，公司决定进行顶层设计，制定全面的人力资源战略。

◆ 项目要求

1. 使用所学的人力资源管理理论知识，结合森醒物流公司的具体情况，提出切实可行的顶层设计方案。

2. 指出每项方案的目标、措施和预期效果，并解释为什么选择这些方案。

3. 在设计方案时，需考虑到公司目前面临的挑战和未来的发展需求。

4. 最后，总结方案的关键要点，强调实施方案的重要性和可能面临的挑战。

◆ 训练步骤

步骤一：教师说明任务要求，并引出相关的行动锦囊。

步骤二：学生分组形成团队，各团队根据任务要求进行研讨和分工合作。

步骤三：小组形成实训任务报告，并进行分析成果汇报和展示。

步骤四：学生互评，教师点评，企业专家提供实战经验指导。

步骤五：学生改进和优化实训任务报告，形成、提交定稿，教师总结。

◆ 训练评价

训练评价表如表 4-3 所示。

表 4-3　训练评价表

层级	评价内容	满分	得分	自我评价
1	在规定时间内完成任务	10		
2	任务完成质量	35		
3	创新合作模式	10		
4	职业思政素养	15		
5	任务总结报告	30		

任务 15　物流企业人力资源管理的主要环节

【任务目标】

◆ 知识目标：

- 掌握物流企业员工的招聘、录用方法；
- 熟悉物流企业员工的培训方法；
- 掌握物流企业人力资源绩效管理的基本流程。

◆ 技能目标：

- 能够对物流企业的员工开展招聘、录用和培训；
- 能够灵活运用物流企业人力资源绩效管理的方法去分析和解决问题。

◆ 素养目标：

- 能够具备爱岗敬业、团队合作的精神和高效沟通技巧；
- 能够具备适应快速变化环境、创新思维和解决问题的职业素养。

任务描述

王经理经营的物流企业在过去几年内快速扩张，一系列人力资源管理问题逐渐显现。首先，由于缺乏系统的招聘流程和标准，新进员工的素质参差不齐，很多员工与岗位要求不匹配。其次，企业缺少有效的员工培训和发展计划，导致员工技能提升缓慢，无法满足岗位升级的需求。此外，企业采用固定的年终奖金制度作为主要激励手段，忽视了员工个性化需求和公平性问题，造成员工工作积极性不高，流动率逐年增加。请思考如下几个问题。

（1）针对王经理经营的物流企业招聘流程不规范和员工与岗位要求不匹配的问题，你认为应该如何改进，以实现人岗匹配？

（2）草拟一个有效的员工培训和发展计划，解释如何以此来提高员工技能和适应岗位升级的需求。

（3）企业目前的激励制度存在哪些问题？企业应采取哪些措施来完善激励机制，提升员工工作积极性？

行动锦囊

15.1 物流企业员工的招聘、录用和培训

物流企业员工需要具备一定的专业素质和职业素养，并能够适应物流行业的特定要求。对于现代物流企业来讲，选择好的员工需要考虑品德、知识、能力三方面的要求，具体见表4-4。

表4-4 物流企业员工的素质要求

品德方面	知识方面	能力方面
1. 团队意识	1. 采购管理知识	1. 沟通能力
2. 敬业精神	2. 仓储管理知识	2. 创新能力
3. 诚实守信	3. 运输规划知识	3. 决策能力
4. 大局意识	4. 配送管理知识	4. 团队合作能力
5. 积极乐观	5. 货运代理知识	5. 组织协调能力
6. 虚心好学	6. 相关物流管理软件和工具	6. 供应商关系处理能力
7. 安全意识	7. 物流相关法律知识	7. 价值分析能力

1. 物流企业员工的招聘与录用

物流企业员工招聘包含人员招聘和人员录用两个流程。人员招聘,是指公司依据人力资源规划,采用各种现代化技术手段,吸引一定的具备相应资格的人员向公司求职的方式。人员录用是从应聘者中筛选并确定符合企业需求人选的过程。

1) 招聘的原则

物流企业在进行员工招聘时,通常遵循一系列原则,以确保招聘到的员工能够满足企业的业务需求,适应企业的文化环境。这些原则有助于物流企业构建一个高效、专业的团队,提升企业的整体运营效率和服务质量。以下是一些关键的招聘原则。

(1) 匹配性原则:确保招聘的员工与岗位需求相匹配。这不仅指技能和经验的匹配,也包括员工的价值观与企业文化的匹配。员工的职业目标应与企业的发展方向一致。

(2) 公平性原则:在招聘过程中保持公平,为所有候选人提供平等的机会。应避免任何形式的歧视,包括性别歧视、年龄歧视、种族歧视、宗教歧视等。

(3) 专业性原则:招聘过程应专业化,包括使用专业的招聘工具和技术,进行专业的面试评估,以及采用系统化的评估标准。

(4) 效率原则:招聘过程应尽量高效,避免不必要的延误。这意味着从发布职位到最终录用的整个过程应尽可能短,以满足企业的即时人力需求。

(5) 透明性原则:确保整个招聘流程的透明度,让所有候选人都清楚招聘的标准、流程和结果。

(6) 发展潜力原则:除了考虑候选人当前的能力和经验外,还应评估其发展潜力,优先考虑那些有能力成长并在未来可能对企业做出更大贡献的候选人。

(7) 多样性原则:鼓励多样性,招聘来自不同背景的员工,以丰富团队的视角和创意。多样性可以提升团队的创新能力和解决问题的能力。

(8) 安全性原则:在招聘过程中考虑到员工的安全性,确保候选人没有违法记录,尤其是对于那些可能直接影响企业运营安全的关键岗位。

2) 招聘的方法与渠道

招聘的方法与渠道主要有如下几个方面。

(1) 在线招聘平台:物流企业可以利用各大在线招聘平台,如智联招聘、猎聘等,发布招聘信息,吸引人才应聘。这种方法适合招聘基层操作人员、基层管理人员、核心管理人员。

学习加油站 4-1
做好短视频招聘的
注意事项

(2) 人才市场招聘:组织参加物流行业的人才市场或招聘会,与求职者进行面对面沟通,快速了解应聘者的实际能力和素质。这种方法适合招聘基层操作人员、基层管理人员、核心管理人员。

(3) 网站招聘页面:物流企业可以在自己的官方网站上建立招聘专栏,发布招聘信息和要求,吸引合适的人才。这种方法适合招聘基层操作人员、基层管理人员、核心管理人员。

（4）员工推荐：通过员工内部推荐机制，鼓励现有员工介绍他们认为适合的人才，通过内部推荐而获得面试机会的比例一般较高。这种方法适合招聘基层操作人员和基层管理人员。

（5）社交媒体招聘：利用社交媒体平台，如微信公众号、企业微博等，发布招聘信息，与求职者进行互动。这种方法适合招聘基层操作人员和基层管理人员。

（6）校园招聘：与高校合作，参与校园招聘，通过宣讲会或校园招聘会吸引应届毕业生和优秀人才。这种方法适合招聘基层操作人员和管培生。

3）招聘通知

招聘通知的意义在于向潜在的求职者传达职位需求等招聘信息，吸引合适的人才加入企业。撰写物流企业人才招聘通知时，应注意以下要点。

学习加油站 4-2
某物流公司招聘通知

（1）引起求职者的兴趣：在开头引入企业背景、发展目标和发展前景，让求职者对企业产生兴趣。

（2）明确职位名称和要求：标明所招聘的职位名称，并列出该职位的主要职责和对应聘者在相关背景、工作经验和工作技能等方面的要求，以便求职者了解自己是否满足条件，对该职位有所预期。

学习加油站 4-3
招聘海报范例

（3）明确福利待遇：强调企业提供具有竞争力的薪资和福利待遇，以吸引求职者加入。

（4）明确应聘方法和联系方式：要求求职者将个人简历发送至特定的邮箱或以其他途径传递给企业，并提供企业的联系方式，以便求职者能够方便地与企业沟通。

（5）感谢和期待：感谢求职者的关注和支持，并表示期待求职者的加入和共同创造更辉煌的物流事业。

（6）注意细节：确保招聘通知的语言简洁明了，避免使用过于专业的术语，让求职者易于理解和回应；同时，应注意招聘通知的格式和排版，使其整体呈现清晰、易读的风格。

4）招聘与录用流程

物流企业员工的招聘与录用是一个系统化的过程，涉及对候选人的筛选、评估和选择，以确保招聘到符合企业需求的合适人才。图 4-1 展示了物流企业员工招聘与录用的一般步骤。

2. 物流企业员工的培训

1）员工培训计划

物流企业属于服务行业，其员工的素质和技能直接关系到企业的服务质量和竞争力。因此，物流企业员工培训是非常重要的一环。确定物流企业员工培训计划时，需要考虑以下几个方面。

（1）根据岗位需求确定培训内容：针对不同岗位员工的具体工作内容和技能要求，制定相应的培训计划，包括仓储操作、物流配送、运输管理、调度安排等方面的培训。

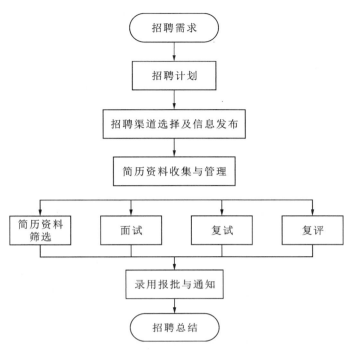

图 4-1 物流企业招聘流程图

（2）安全培训：物流过程涉及货物装卸、运输、配送等环节，因此安全培训是非常重要的一部分，包括货物搬运安全、交通安全、应急预案等方面的培训。

（3）技术和操作培训：针对企业使用的物流信息系统、仓储设备和工具、运输车辆等方面的技术和操作培训，可以让员工熟悉和掌握相关工具和设备的使用方法。

（4）服务质量和客户关系培训：针对客户服务岗位的员工，可以进行相关的服务技能培训，如沟通技巧、客户关系管理、投诉处理等方面的培训。

（5）持续学习和发展培训：在物流行业，技术和市场环境都在不断变化，为了提高员工的适应能力和发展潜力，可以开展持续学习和职业发展规划等方面的培训。

（6）培训方式和计划：确定培训方式，如内部培训、外部培训、在线培训等，以及培训的时间、地点等事项。

一个有效的员工培训计划不仅可以提高员工的工作技能和综合素质，在一定程度上也可以减少员工的工作失误和事故发生。因此，物流企业在制定和实施员工培训计划时，应充分考虑到所需的培训方法和内容。同时，企业还需要做好培训成效的评估和反馈，及时对培训进行调整和完善，以确保培训效果最大化。通过有效的员工培训，物流企业可以明显提高企业竞争力和员工整体素质，为企业的可持续发展打下良好的基础。

2）员工培训方式

针对不同岗位的员工，可以采用多种不同的培训方式。

（1）操作技能培训：针对需要进行搬运、装卸、运输等实际操作的员工，可以进行实地操作培训。这可以包括专业操作员的现场指导，帮助员工掌握正确的操作技能和树立必要的安全意识；也可以进行模拟训练，比如使用模拟器模拟实际搬运、装卸等操作情景以及相关的安全操作培训。

（2）物流管理培训：针对仓储、配送、库存管理等岗位的员工，物流企业可以安排相关的课堂培训或线上培训。培训内容可以包括仓储管理、库存控制、运输管理、订单处理等方面的知识。通过培训，可以帮助员工加强对物流管理理论知识的掌握，提高工作的效率和质量。

（3）安全培训：安全是物流企业运营中必须重视的问题。针对不同岗位的员工，可以进行安全操作规程、应急处理等相关内容的安全培训，增强员工的安全意识，提高员工危机处理能力。这种培训一般结合实地演练进行，以确保员工能够将所学到的安全知识运用到实际工作中去。

（4）技术培训：随着物流行业的发展，许多企业引入了新的技术设备和系统。在这种情况下，为员工提供相应的技术培训是至关重要的。这可能包括物流管理软件的使用、自动化设备的操作等技术培训。

（5）客户服务培训：在物流企业中，客户服务一直是一个关键的领域。因此，对于从事客户服务的员工，可以进行相关的客户服务技能培训。培训内容可能包括客户沟通技巧、问题解决能力等，以提升客户服务质量。

（6）管理技能培训：针对物流企业的管理人员，可以进行领导力培训、团队管理培训等，提高他们的领导能力和组织管理技能，培养出具备管理技能的专业人才。

除了以上列出的培训方式，物流企业还可以采用其他形式的培训，例如师徒制度、轮岗和班组学习等。这些培训方式都可以对员工的培训形成良好的补充，促进员工的全面发展和能力提升。

15.2　物流企业人力资源绩效管理

物流企业人力资源绩效管理是指通过设立绩效考核体系，制定绩效指标和评价标准，对物流企业员工的工作表现和绩效进行评估、激励和管理的一系列活动。物流企业人力资源绩效管理对于确保企业目标的有效实现至关重要。它通过设定明确的绩效目标和评估标准，帮助员工明白自己的工作职责及期望成果，从而提升工作效率和生产力。此外，绩效管理有助于合理配置人才，通过识别员工的优势和劣势，将其安排在最适合的岗位上，可以发挥最大潜力。它还为员工提供了成长和发展的机会，通过绩效反馈和奖励机制，激励员工工作的积极性，提高员工对企业的忠诚度。最终，绩效管理促进了企业员工目标与组织总体目标的一致性，增强了企业的竞争力，并促进了组织目标的实现。

1. 绩效考核体系构成

物流企业的人力资源绩效考核体系是一个系统化的评价框架，旨在评估员工的工作表现和贡献，确保员工行为与公司目标的一致性，并提高企业的整体效率和竞争力。这个体系不仅涉及拣货员，还包括管理人员、客服、物流规划师等多个岗位，其目的在于通过明确的评价标准和程序，激励员工提高工作效率，增强团队协作，同时也为员工的职业发展提供指导和支持。该体系涉及多个关键要素，如表 4-5 所示。

表 4-5 绩效考核体系构成

绩效考核者	一般由直接上级、人力资源部门组成，在某些情况下（360 度评估）也包括同事和下属。考核者负责根据预定的标准和指标，公正、客观地评价员工的工作绩效
绩效被考核者	包括公司内的各级员工，从一线操作人员到高级管理层。每个被考核者都要根据其岗位职责和预先设定的目标接受评估
绩效考核周期	通常包括年度、半年度、季度和月度考核，具体周期根据企业的实际需求和管理策略来确定。定期的绩效评估有助于及时发现问题和优化改进措施
绩效考核内容	这一部分侧重于评估员工的工作成果、工作行为和工作能力等方面。考核内容应与员工的岗位职责紧密相关，涵盖质量、效率、团队合作、客户服务等关键绩效指标
绩效考核结果	考核结果是对员工绩效评估的总结，通常包括评级、反馈意见和改进建议。结果的应用非常广泛，不仅作为奖励、提拔和培训员工的依据，还用于指导企业的人力资源规划和决策

此外，有效的绩效考核体系还包括目标管理、绩效面谈和个人发展计划等环节，以确保绩效管理过程的连续性和系统性。通过设定明确的考核标准和流程，物流企业能够更好地激发员工潜力，提升工作效率，增强团队协作，从而推动企业整体目标的实现。

2. 绩效管理流程

物流企业人力资源绩效管理流程是一个全面的系统，旨在优化员工的表现，以支持企业目标的达成。

1）绩效目标的设定

在年初，人力资源部门通常会与各部门领导举行会议，明确公司的年度战略目标。例如，如果公司目标是提高市场份额和客户满意度，人力资源部门将协助运输部、客服部等部门设定具体、量化的绩效目标，比如"减少配送时间""提高客户满意度调查得分"。

2）制定绩效标准

人力资源部门随后定义明确的岗位绩效评价标准和指标，用以衡量员工的工作表现和对公司目标贡献的程度。具体的标准和指标因岗位而异，但通常会围绕工作效率、质量控制以及团队合作与沟通能力等方面来设定，如表 4-6 所示。

表 4-6　岗位绩效考核指标一览表

考核指标	具体内容
工作效率	完成任务的时间：衡量完成特定任务所需时间，与既定目标或行业平均水平进行比较 处理订单的数量和速度：特别是对于处理订单、包裹排序和配送的岗位，衡量个体在单位时间内处理的订单数量
质量控制	错误率：评估工作过程中错误发生的频率，如错误装载、发货错误或记录错误等 客户投诉次数：通过客户反馈衡量服务质量
团队合作与沟通能力	团队项目的参与度和贡献：评估个人如何在团队项目中贡献力量，以及与团队成员的沟通效率 跨部门合作：评价员工在需要与其他部门合作时的效率和有效性
安全遵守	安全违规次数：记录员工违反安全规定的次数 安全意识培训参与度：员工参与安全培训和实施学到的安全措施的程度
客户满意度	客户满意度调查结果：通过调查或客户直接反馈收集的数据，衡量客户对服务的满意程度 重复客户比率：衡量因满意的服务而再次光顾的客户所占的比例
创新与改进	改进提案的数量和质量：评估员工提出的用于改进工作流程、提高效率或增强客户满意度的创意和建议的实施情况

3）绩效期中审查

在绩效周期内，如每季度，人力资源部会安排部门经理与员工进行一对一的绩效讨论，评估进展、讨论问题，并提供必要的支持或资源。这有助于确保员工对自己的绩效有清晰的了解，并能及时调整策略或行为。

4）绩效评估

评估期结束时，人力资源部协助部门领导收集和分析绩效数据，如客户反馈、项目完成情况等，并与员工一道举行绩效评估会议，讨论他们的表现、成就和改进领域。

5）反馈与发展计划

在绩效评估会议中，除了提供绩效反馈，还应讨论员工的职业发展计划和需求。基于评估结果，可以制定个人发展计划，安排培训、指导或项目分配，帮助员工提升技能和工作绩效。

6）奖励与激励

根据绩效评估结果，员工可能获得奖金、加薪、晋升或其他形式的认可。通过公平公正的奖励机制，高绩效员工得到应有的回报，同时最大限度地调动所有员工的工作积极性和创新精神。此外，积极参与绩效评价过程的员工还可能获得个人成长机会、培训资源等非物质奖励，以鼓励他们在工作中不断学习和进步，并充分发挥个人潜能。这种激励机制不仅有助于增强员工的归属感和忠诚度，还提高了企业的整体绩效水平，为持续改进和业务发展创造了良好的动力和条件。

7）绩效管理的持续改进

最后，人力资源部应收集反馈，评估绩效管理流程的有效性，并进行必要的调整。这可能包括改进评估工具、引导部门领导进行更有效的员工沟通，或调整绩效目标以更好地反映市场和业务的变化。

3. 物流企业考核评定表

物流企业的考核评定表是用来衡量员工绩效和公司运营效率的工具。它通常包括一系列的评估标准和指标，如表 4-7 所示。

表 4-7 物流企业考核评定表

评估标准和指标	具体描述
考核对象信息	员工姓名、职位/部门、考核周期、直接上级或评定者姓名
核心工作职责	员工的主要工作职责、每项职责的具体任务清单
关键绩效指标（KPIs）	订单处理时间、客户满意度评分、物流成本控制、运输时间、准时交付率、库存准确性、货物损坏率、货物跟踪效率、劳动生产率
能力和技能评估	沟通能力、团队合作能力、解决问题的能力、时间管理技能、领导能力、技术能力（例如物流软件使用能力）、适应变化的能力
行为和工作态度评估	专业性、积极性、倡导安全标准、自我发展和学习态度、遵守公司规章制度
自我评估	反映员工个人观点和自我提升计划
上级评语	上级对员工的整体表现的总结评论、上级提出的改进建议和发展指导
总体绩效评价	综合前述所有方面，给员工一个总评定（如优秀、良好、一般、需改进等）

每个物流企业的考核评定表都可能根据自身具体业务、组织结构和文化而有所不同。设计考核评定表时需要考虑其是否能够全面、公正、客观地评估员工的绩效，并提供明确的反馈和发展方向。此外，还应当确保所有评估标准与公司的目标和战略紧密对齐。

学习加油站 4-4
试用期员工绩效评定表

学习加油站 4-5
仓管员考核评定表

学习加油站 4-6
物流客服人员考核评定表

学习加油站 4-7
物流配送人员考核评定表

知识拓展

物流企业的人力资源管理策略

物流企业人力资源管理的关键是关注员工的培训与发展、强化沟通与反馈、灵活的工作安排、强化激励机制、关注员工福利、重视员工安全与健康。培训与发展可以提升员工的工作技能，沟通与反馈可以增加员工的参与感和满意度，灵活的工作安排可以提升员工的工作幸福感，激励机制可以激发员工的积极性和动力，关注员工福利可以增加员工的福祉感，重视员工安全与健康可以保障员工的工作安全和身体健康。这些小经验可以帮助物流企业有效管理人力资源，提升整体运营效率和员工满意度。

学习加油站 4-8
物流管理人员
常见面试问题

对于具有高度流动性的物流行业，物流企业如何设计创新的招聘和选拔策略来吸引和留住人才？首先，建立和弘扬有吸引力的雇主品牌至关重要，雇主品牌涵盖良好的工作环境、积极的企业文化及广泛的职业发展机会。其次，利用社交媒体和在线平台广泛传播招聘信息，同时与教育机构建立伙伴关系，提供实习和校园招聘机会，打造未来的人才库。此外，使用数据分析和人工智能技术优化招聘流程，确保选到与企业文化及岗位需求高度匹配的候选人。为应对高流动性，企业可提供灵活的工作安排、有竞争力的薪酬福利以及持续的培训和发展计划。综合运用这些策略，有助于吸引并留住物流行业的关键人才。

项目实战

实战 5　模拟物流企业员工招聘与录用流程

◆ **项目任务**

以小组为单位模拟物流企业员工招聘与录用流程。

◆ **项目要求**

一、分组合作

将全部学生分成若干小组，每组 3～5 人，确保每个学生都有机会参与到不同环节的实践中。

二、任务分配

每组内部分工明确，包括招聘负责人、面试官、应聘者和记录员等角色。

三、材料准备

1. 每组需准备招聘广告样本、职位描述模板、面试问题清单、评分表等必要材料。

2. 学生需提前搜集与物流企业相关的招聘案例和资料,以便在模拟过程中参考和借鉴。

四、时间管理

实训总时间为4小时,具体分配如下:招聘准备,1小时;模拟面试,1.5小时;录用操作,1小时;反馈与总结,0.5小时。

五、模拟真实性

1. 各组在模拟过程中应尽量贴近真实的企业招聘流程,注重细节,提升实训效果。

2. 面试官需准备详尽的面试问题,并根据候选人的回答进行深入的追问和评价。

六、反馈与改进

1. 每组需在实训结束后进行总结,记录流程中的问题与改进建议。

2. 学生需撰写个人反思报告,分析自身在实训中的表现,提出未来改进的方向。

七、评估标准

1. 学生将根据以下标准进行评估:招聘计划的完整性与合理性;面试过程的专业性;录用通知书的规范性;反馈与总结的深度。

2. 导师将根据每组的表现进行评分,给出详细的反馈和建议。

八、工具与资源

提供电脑、打印机、白板和标记笔等实训工具。

◆ **训练步骤**

步骤一:员工招聘准备

1. 分组设计招聘计划,包括确定招聘岗位、制定招聘策略、发布招聘广告;

2. 分角色进行招聘,包括招聘负责人、面试官和应聘者。

步骤二:面试流程实践

1. 扮演面试官和应聘者,进行模拟面试,包括个人简历审核、现场提问和答疑;

2. 根据面试表现评分,选择最合适的候选人。

步骤三:录用流程操作

1. 起草录用通知书范本,包括发放方式和内容要点;

2. 模拟录用通知书发送和候选人确认,完成录用流程。

◆ **训练评价**

训练评价表如表4-8所示。

表 4-8 训练评价表

层级	评价内容	满分	得分	自我评价
1	在规定时间内完成任务	10		
2	任务完成质量	35		
3	创新合作模式	10		
4	职业思政素养	15		
5	任务总结报告	30		

本章小结

本项目重点讲述了物流企业人力资源管理的理论知识与实践技能，主要包括物流企业人力资源管理概述和物流企业人力资源管理的主要环节，如招聘与选拔、培训与发展、绩效管理、企业考评等。在学习的过程中，学员可通过任务描述、行动锦囊、案例分析、项目实战等模块掌握相关的管理工具和方法，提高解决实际问题的能力，全面提升物流企业人力资源管理的综合素质。

同步测试

一、判断题

1. 物流企业的人力资源管理不需要考虑员工的职业生涯发展规划。（   ）
2. 公平公正原则强调在招聘、晋升、薪酬分配等方面保持透明度和公平性。
（   ）
3. 物流企业在招聘时只需要关注员工的专业技能，不需要关注企业文化匹配。
（   ）
4. 灵活性原则是指通过灵活的工作安排、多样化的劳动合同等方式应对市场需求的波动。（   ）
5. 员工关系管理包括处理劳动争议、促进员工沟通和建立企业文化。（   ）
6. 物流企业的人力资源部门的职责通常包括招聘员工、制定和执行员工培训和发展计划、员工绩效管理、薪酬福利管理以及监督法律法规遵守等多个方面。培训和员工发展是人力资源管理的重要组成部分。（   ）
7. 物流企业的培训与发展包括新员工入职培训和针对所有员工的在职培训、职业技能提升、管理能力培养等，是一个持续不断的过程。（   ）
8. 在物流企业中，绩效管理只包括对员工业绩的评估，不包括绩效反馈和改进措施的制定。（   ）

9. 物流企业在制定和实施人力资源政策时，必须遵守相关的法律法规，如劳动合同法、社会保障法等，这些法律法规为企业和员工之间的关系提供了基本框架。（ ）

10. 物流企业的员工薪酬福利管理只需要关注基本工资的发放，无须涉及激励性收入和福利计划。（ ）

二、单项选择题

1. 下列哪一项不是物流企业人力资源管理的基本原则？（ ）
   A. 人岗匹配原则 B. 公平公正原则
   C. 单一招聘渠道原则 D. 培训与发展原则

2. 物流企业人力资源管理的最终目标是（ ）。
   A. 提高员工的薪酬 B. 提高企业的整体效率和竞争力
   C. 提供更多的福利 D. 增加员工数量

3. 物流企业在招聘时，以下哪一项是最不重要的？（ ）
   A. 技能匹配 B. 经验匹配
   C. 企业文化匹配 D. 应聘者的个人兴趣

4. 绩效管理体系中的绩效指标主要用于（ ）。
   A. 招聘新员工 B. 设定员工的工作目标和评估标准
   C. 提供员工培训 D. 计算员工的工作时间

5. 以下哪一项不属于物流企业人力资源管理的内容？（ ）
   A. 人力资源规划 B. 市场营销策略
   C. 培训与发展 D. 员工关系管理

6. 人力资源对企业的发展和成功具有什么样的影响？（ ）
   A. 财务支持 B. 重大挑战
   C. 关键性的影响 D. 主要作用

7. 在物流企业人力资源管理中，（ ）不是员工绩效管理的组成部分。
   A. 目标设定 B. 绩效评估
   C. 员工培训 D. 反馈与沟通

8. 物流企业人力资源规划的主要目的是（ ）。
   A. 确定企业未来的人力需求 B. 提高员工的工作满意度
   C. 减少人力资源成本 D. 加强企业文化建设

9. 物流企业在进行人力资源规划时，可以不考虑以下哪个因素？（ ）。
   A. 企业战略发展计划 B. 劳动力市场状况
   C. 员工个人爱好 D. 技术变革对人才需求的影响

10. 物流企业在招聘过程中，以下哪一项不是常见的招聘渠道？（ ）
    A. 内部推荐 B. 招聘网站
    C. 社交媒体 D. 随机挑选

11. 在物流企业中，薪酬管理的主要目标是（ ）。
    A. 提高员工工资水平 B. 保证薪酬结构的市场竞争力

C. 减少企业管理成本 D. 增加企业的存货量
12. （　　）是物流企业人力资源管理中的绩效管理。
A. 为员工指派工作任务 B. 确定薪酬体系
C. 分配福利 D. 确保员工保持健康状态
13. 物流企业在进行人力资源管理时，通常不涉及以下哪个环节？（　　）。
A. 薪酬福利管理 B. 职业健康和安全
C. 员工个人品牌推广 D. 劳动关系管理
14. 在物流企业的人力资源管理中，招聘和选拔过程的主要目的是（　　）。
A. 提高公司盈利能力 B. 找到最适合职位的候选人
C. 增加员工福利 D. 减少人力资源部门的工作量
15. 在物流企业的人力资源管理中，培训与发展的主要目标是（　　）。
A. 降低招聘成本 B. 提升员工个人技能和组织绩效
C. 提升企业文化 D. 扩大市场份额

三、多项选择题

1. 下列哪些是物流企业人力资源管理的主要内容？（　　）
A. 招聘与选拔 B. 培训与发展
C. 产品研发 D. 绩效管理
2. 物流企业人力资源管理的原则包括（　　）。
A. 人岗匹配原则 B. 公平公正原则
C. 环境保护原则 D. 激励与绩效原则
E. 培训与发展原则 F. 参与管理原则
3. 以下哪些措施可以增强员工的归属感？（　　）
A. 提供公平的晋升机会 B. 设计合理的薪酬福利体系
C. 推动员工参与决策 D. 增加工作量
4. 物流企业在进行组织结构设计时应考虑的因素包括（　　）。
A. 企业的运营模式 B. 企业的战略目标
C. 市场的波动 D. 竞争对手的员工数量
5. 关于员工的培训与发展，以下哪些说法是正确的？（　　）
A. 培训可以帮助员工提高工作能力 B. 发展计划支持员工的职业生涯规划
C. 培训不需要考虑员工的兴趣 D. 只有新员工才需要培训
6. 在物流企业中，人力资源规划的基本内容通常包括哪些方面？（　　）
A. 确定企业人力需求 B. 组织员工团建活动
C. 预测人力供应情况 D. 制定招聘计划和员工培养策略
7. 物流企业在设计绩效管理系统时需考虑的要素包括（　　）。
A. 绩效考核标准的设定 B. 员工个人生活状况
C. 绩效反馈和沟通机制 D. 绩效改进和培训方案
8. 物流企业在进行员工绩效评估时通常采用的方法有（　　）。
A. 自我评价 B. 目标管理（MBO）

C. 生产成本核算 D. 360 度反馈

9. 物流企业人力资源管理的基本内容通常包括哪些方面？（　　）

A. 员工招聘与选拔　　　　　　　B. 员工培训与发展
C. 财务管理　　　　　　　　　　D. 员工绩效评估
E. 薪酬福利管理　　　　　　　　F. 法律法规遵从

四、技能训练题

1. 顺畅顺益物流是一家拥有 10 年历史的中型物流公司，业务遍及国内多个省份。近年来，随着电子商务的兴起和市场竞争的加剧，公司面临着前所未有的挑战和压力。一方面，企业的业务量在急剧增加，对物流操作的效率和质量提出了更高要求；另一方面，企业内部人力资源管理存在着诸多问题，如员工流动率高、员工工作效率低下、管理层与一线员工之间沟通不畅等，这些问题严重影响了企业的整体竞争力和长远发展。

在对企业进行初步调查后发现，企业在人力资源管理方面存在以下几点主要问题：缺乏有效的招聘与选拔机制，导致人才质量参差不齐；缺少系统的员工培训和职业发展规划，导致员工个人技能提升缓慢；固定且单一的薪酬体系和缺乏有效的激励措施，使得员工工作积极性不高。请思考：

（1）分析顺畅顺益物流在招聘与选拔方面存在的问题，提出具体改进措施，以期提高新员工的质量和岗位匹配度；

（2）针对员工培训和职业发展规划缺乏的情况，设计一个包含关键要素的员工培训和发展计划。

2. 运通畅快是一家专注于国内市场的中型物流企业，主要提供快运和仓储服务。随着市场竞争的加剧，公司面临人才流失、员工士气低落、客户投诉增加等一系列挑战。为了打造更有竞争力的团队和提升客户满意度，该公司决定对人力资源绩效管理体系进行改革，以实现降低人才流失率、提升员工士气和工作满意度、减少客户投诉等目标。请基于运通畅快的现状和改革目标，设计一套人力资源绩效管理方案，并论述该方案如何帮助解决上述问题。

3. ××物流是位于华北某城市的一个中型物流公司。随着电子商务的发展，××物流面临着激烈的竞争和挑战，需要对它的员工进行有效的绩效评价，以提升整体服务质量并增加市场份额。近期，××物流管理层希望优化司机的绩效评价制度。××物流有 100 名司机，他们主要负责货物的配送工作。目前，司机的绩效评价主要以配送的速度（按时完成配送任务的比例）和准确性（无货物损坏和错误配送的比例）为标准，但该体系并未考虑司机的客户服务素质和油耗经济性。

××物流要求你作为人力资源顾问，设计一套更全面的司机绩效评价体系。在考虑提高司机整体工作效率的同时，也需要关注客户满意度的提升和运营成本的降低。请思考：

（1）如何设计这套司机的绩效评价体系？

（2）给出至少三个评价指标，并说明这些指标为何重要及如何衡量。

项目五　物流企业成本管理与绩效评价

　思维导图

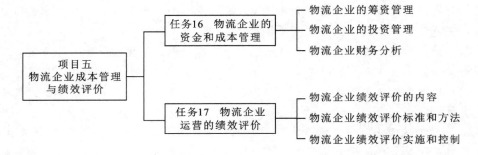

　任务目标

◆ 知识目标
- 理解物流企业筹资、资金成本、投资以及财务分析的含义；
- 掌握物流企业资金成本估计和项目投资评价指标的计算方法；
- 掌握物流企业财务分析的方法。

◆ 技能目标
- 能够针对不同物流企业开展筹资管理和投资管理；
- 能够熟练运用企业财务分析方法。

◆ 素养目标
- 能够树立良好的职业道德，具备资金管理技能和财务风险意识；
- 具备沟通技能，善于协调成本管理和绩效评价各方面事项；
- 具备基本的分析问题、解决问题的能力，培养创造性思维。

任务 16 物流企业的资金和成本管理

任务描述

王经理经营的物流企业专注于提供城市快递和小件货物的即时配送服务。企业利用移动应用平台接受订单，通过自有和合作伙伴的配送网络提供服务。尽管企业在市场上受到一定的欢迎，但随着业务的发展，企业面临如下一系列的资金和成本管理问题：

（1）企业在起步阶段投入了大量资金用于技术平台的开发和市场推广，导致初期资金短缺；

（2）为了快速占领市场，企业实行低价策略吸引用户，这降低了利润率；

（3）对合作伙伴（即配送人员）的支付结构是基于订单完成量，而订单量的波动增加了公司的财务不确定性；

（4）管理层缺乏在物流行业的运营和管理经验，未能有效实施有关成本控制和资金管理的策略。

根据以上描述，分析并回答以下问题：

（1）企业应如何改进其资金运营策略，以缓解资金短缺的问题？

（2）企业应采取哪些措施来优化成本结构和提高利润率？

（3）针对管理经验不足的情况，企业应如何提高其资金和成本管理能力？

行动锦囊

16.1 物流企业的筹资管理

1. 筹资管理概述

企业的财务活动是以筹集企业必需的资金为前提的，企业的生存与发展离不开资金的筹措。筹资是指企业根据其生产经营、对外投资及调整资本结构的需要，合理选择筹资渠道和筹资方式，经济、有效地筹集企业所需的资金。

筹集资金的目标是以较低的筹资成本和较小的筹资风险获取较多的资金，满足企业自身的正常生产经营与发展，即一方面满足其生产经营需要，另一方面满足其资本结构调整的需要。

1) 筹资的分类

企业筹集的资金可按不同方式进行分类，这里只介绍以下两种最主要的分类方式，详见表 5-1、表 5-2。

表 5-1　按资金的使用期限进行的筹资分类

名称	使用期限	筹资方式	资金用途
短期资金	供 1 年以内使用的资金	采用商业信用、银行流动资金借款等方式来筹集	投资于现金、应收账款、存货等
长期资金	供 1 年以上使用的资金	通常采用吸收投资、发行股票、发行债券、长期借款、融资租赁和留存收益等方式来筹集	投资于新产品的开发和推广、生产规模的扩大以及厂房和设备的更新，一般需要几年或几十年才能收回

表 5-2　按资金的来源渠道进行的筹资分类

名称	筹资方式	财务风险
所有者权益资金（又称"企业的自有资金""主权资金"或"权益资金"）	通过发行股票、吸收投资、内部积累等方式筹集的资金	没有财务风险，但自有资金要求的回报率高，资金成本高
负债资金（又称"借入资金"或"负债资金"）	通过发行债券、银行借款、融资租赁等方式筹集的资金	一般需要承担较大的财务风险，但相对而言付出的资金成本小

2) 资本金的构成

资本金是指企业在工商行政管理部门登记的注册资金，即创办企业的本钱。注册资金是指企业设立时由投资者认缴的，经工商行政管理部门核准登记的资金总额。因此通常所讲的资本金就是指注册资金，它是企业开展正常生产经营活动的必要前提条件。《中华人民共和国企业法人登记管理条例》规定，企业法人必须有符合国家规定的与其生产经营和服务规模相适应的资金数额，能够独立承担民事责任。因此，资本金是公司对外承担法律责任的基础和前提。

资本金按投资主体可分为国家资本金、法人资本金、个人资本金和外商资本金。国家资本金是指有权代表国家投资的部门或者机构以国有资产投入企业形成的资本金；法人资本金是指企业法人和社会团体法人等法人单位以其可支配的资产投入企业形成的资本金；个人资本金为社会个人或本企业内部职工以个人合法财产投入企业形成的资本金；外商资本金是指外国投资者以及我国港澳台地区投资者投入企业形成的资本金。

3) 资本金的筹集与管理

根据国家法律法规的规定，符合条件的物流企业可以采取国家投资、各方集资和发行股票等方式筹集资本金。

物流企业筹集资本金的具体形式可以是现金、实物资产和无形资产等。但无论采取什么形式筹集资本金，都必须符合国家法律法规的规定，如企业不得吸收投资者已设立担保物权资产的出资，企业吸收的无形资产投资一般不得超过注册资本总额的20%等。

企业资本金可以一次筹集或分次筹集。筹集到位的资本金可供企业自由支配，长期使用，无须偿还。在企业持续经营期间，投资者对其投入企业的资本金除国家另有规定外，一般只能依法转让，不得以任何形式抽回投资。中外合作经营企业的外方投资者按合同约定先行收回投资的，必须按照法律规定或合同约定承担企业的债务责任；在缴纳所得税前收回投资的，还应报经当地主管财政机关批准。

企业投资者对企业净资产按其出资比例或合同、协议规定享有所有权，并分享利润和分担亏损等风险。投资者对企业净资产的所有权就是所有者权益，包括资本金、资本公积金、盈余公积金和未分配利润等。

随着我国企业股份制改革进程的不断推进，越来越多的企业采用发行股票的形式筹集资本金。下面，我们着重讨论普通股的筹集与管理。

(1) 普通股及其种类

普通股是指股份有限公司发行的无特别权利的股份，也是最基本的标准股份。通常情况下，股份公司只发行普通股。

表 5-3 展示了按照不同的标准对普通股进行的分类。

表 5-3 普通股的分类

分类标准	具体描述
是否记名	记名股票和不记名股票。《中华人民共和国公司法》（以下简称《公司法》）规定，向发起人、国家授权的投资机构和法人发行的股票应当为记名股票
是否标明票面金额	有面值股票和无面值股票。目前《公司法》不承认无面值的股票，明确规定了股票应记载股票的面额，并且发行价格不得低于票面金额
按投资主体的不同	国家股、法人股和社会公众股等
按发行对象和上市地点的不同	A股（以人民币标明面额并以人民币认购和交易的股票）、B股、H股和N股（B股、H股和N股都是以人民币标明面额，并以外币认购和交易的股票，只是交易地点不同）

(2) 普通股筹资的优缺点

与其他筹资方式相比，通过发行普通股筹集资本具有以下优点。

① 发行普通股筹集资本具有永久性，无到期日，无须归还。这对保证公司对资本的最低需要、维持公司长期稳定发展极为有利。

② 发行普通股筹资没有固定的股利负担，股利的支付与否和支付多少，视公司有无盈利和经营需要而定，经营波动给公司带来的财务负担相对较小。普通股筹资没有固定的到期还本付息的压力，所以筹资风险较小。

③ 发行普通股筹集的资本是公司最基本的资金来源，它反映了公司的实力，可作为通过其他方式筹资的基础，尤其可为债权人提供保障，增强公司的举债能力。

④ 普通股的预期收益较高并可在一定程度上抵消通货膨胀的影响（通常在通货膨胀期间，不动产升值时普通股也随之升值），因此普通股筹资容易吸收资金。

但是，运用普通股筹集资本也有如下缺点。

① 普通股的资本成本较高。从投资者的角度来讲，投资于普通股风险较高，相应地要求有较高的投资报酬率。而对于筹资公司来讲，普通股股利从税后利润中支付，不像债券利息那样作为费用从税前支付，因而不具有抵税作用。此外，普通股的发行费用一般也高于其他证券。

② 以普通股筹集资本会增加新股东，这可能会分散公司的控制权。此外，新股东分享公司发行新股前积累的盈余，会降低普通股的每股净收益，从而可能引发股价的下跌。

2. 资金成本的内涵

1）资金成本的概念

资金成本是指企业为筹集和使用资金而付出的代价。从理论上讲，企业筹集和使用任何资金，不论是短期的还是长期的，都必须付出代价。

资金成本包括资金筹集费和资金占用费两部分。资金筹集费是指在资金筹集过程中支付的各项费用，如印刷费、发行手续费、律师费、评估费、广告费和公证费等；资金占用费是指占用资金支付的费用，如借款利息、股票股利和债券利息等。因为资金筹集费通常在筹集资金时一次性发生，在计算资金成本时可作为筹资总额的扣除项目。

资金成本可以有多种计量形式。在比较各种筹资方式时，使用个别资金成本，如长期借款成本、债券成本、留存收益成本和普通股成本等；在进行资本结构决策时，使用加权平均资金成本；在进行追加筹资决策时，则使用边际资金成本。

资金成本是财务管理中的重要概念之一，它是企业投资者和债权人对投入企业的资金所要求的收益率。同时，资金成本还是投资项目的机会成本。资金成本广泛应用于财务管理的许多方面：对企业筹资来说，资金成本是选择资金来源、确定筹资方案的重要依据，企业力求选择资金成本最低的筹资方式；对于企业投资来说，资金成本是评价投资项目优劣、决定投资取舍的重要标准；资金成本还可用来衡量企业经营成果，即经营利润率应高于资金成本，否则表明企业业绩欠佳。

2）资金成本的估计

个别资金成本是指使用各种长期资金所需要付出的代价，具体又可分为长期借款成本、债券成本、留存收益成本和普通股成本。前两种称为"债务资金成本"，后两种称为"权益资金成本"。

（1）长期借款成本

长期借款成本由借款利息费用和筹资费用两部分组成，同时，由于借款利息计入所得税前的成本费用，可以起到抵税作用，因此实际利息费用应抵减相应少交的所得税金额。一次还本、按年付息的借款成本计算公式如下：

$$K_L = \frac{I \times (1-T) + F_L}{P_L}$$

其中，各个变量的含义如下：

K_L——年均长期借款成本；

I——借款 1 年内的利息费用；

T——公司所得税税率；

F_L——借款的筹资费用，通常包括一次性的额外成本，比如发行费用、手续费等；

P_L——借款的本金。

借款利息费用的税收节省发生在利息被计入损益表中，从而降低了应纳税所得额。所得税税率乘以利息费用即为因支付利息而节省的税额。假设借款期限为 1 年，则不必将筹资费用和利息费用分摊到多年。

通过这个公式计算的年均长期借款成本通常需要进一步平均到整个借款期限，特别是在贷款期限大于 1 年的场景下。下面举一个具体的例子。

【问答贴】

假设王经理经营的物流公司借入了 100 000 元，贷款期限 10 年，年利率为 5%，公司的所得税税率为 30%，并且为了获得这笔贷款，公司支付了 2 000 元的筹资费用。那么该长期借款的年均成本是多少？

【解答】根据题意，有：年利息费用 $I = 100\,000 \times 5\% = 5\,000$（元）；

该利息费用能够节省的税收为：$I \times T = 5\,000 \times 30\% = 1\,500$（元）；

1 年利息费用抵税后的实际值为：$I \times (1-T) = 5\,000 \times (1-30\%) = 3\,500$（元）；

筹资费用 $F_L = 2\,000$（元）；

借款本金 $P_L = 100\,000$（元）；

所以，年均长期借款成本 $K_L = \dfrac{3\,500 + 2\,000}{10\,000} \times 100\% = 5.5\%$。

这表明每年的平均长期借款成本占借款本金的 5.5%。这是一个简单的例子，而在实际操作中，可能需要考虑复杂的还款时间表和财务构造。

(2) 债券成本

债券成本由债券利息和筹资费用组成。债券的利息费用也允许税前抵扣，其筹资费用一般比长期借款的筹资费用高。

一次还本、分年付息时，债券资金成本的计算公式为：

$$K_C = \frac{I_C \times (1-T) + \dfrac{F_C}{n}}{P_C}$$

其中，各个变量的含义如下：

K_C——债券资金的年均成本；

I_C——债券1年内的利息费用；

T——公司所得税税率，用来计算利息费用抵税的效应；

F_C——债券发行的筹资费用，不同于长期借款，筹资费用通常包括保荐人费用、承销费、评级费、登记费和法律费用等；

n——债券的年数，即债券到期之前需要还本付息的年限；

P_C——债券的发行总额（即本金）。

实际中，债券的折扣或溢价、利率变动等因素和债券的具体偿还时间表也可能对成本计算有影响。

【问答贴】

假设一家公司发行了一批总额为100 000元的债券，利率为5%，所得税税率为30%，筹资费用是5 000元，期限为10年。那么该债券的年均成本是多少？

【解答】根据题意，有：

利息费用的税前抵扣为：$100\,000 \times 5\% \times (1-30\%) = 3\,500$（元）；

筹资费用每年的平均值为：$5\,000/10 = 500$（元）；

因此，债券资金的年均成本 $K_C = (3\,500+500)/10\,000 \times 100\% = 4\%$。

这意味着平均每年这批债券的成本占债券发行总额的4%。

(3) 留存收益成本

留存收益成本也叫"保留盈余成本"，是企业在缴纳所得税后形成的投资者权益。投资者将这部分未分配的税后利润留存于企业内部，本质上相当于对企业的追加投资。假如留下来的利润用于再投资所取得的收益率低于投资者自己进行另一项风险相似的投资的收益率，则企业不应该保留这部分利润。

留存收益成本的估算，一般有股利增长模型法、资本资产定价模型法和风险溢价法三种。

① 股利增长模型法

股利增长模型法是依据股票投资的收益率不断提高的一般规律来计算留存收益成本的。假定股利以固定的增长率递增，则留存收益成本可用以下公式计算：

$$K_S = \frac{I_E \times (1+g)}{P_E} + g$$

其中，各个变量的含义如下：

K_S——留存收益的成本（也就是股权的成本）；

I_E——当前期间的股利支付额；

g——预期的股利增长率；

P_E——当前的股票价格。

这个公式中，$\dfrac{I_E \times (1+g)}{P_E}$ 表示即将到来的期望股利相对于当前股票价格的比率，即预期股利收益率。g 表示预期的资本增值率，即股价增长率，反映了投资者期望从持有股票的资本增值中获得的收益水平。

该公式的基础假设是公司未来的股利支付将以一个恒定的增长率 g 递增，而投资者所要求的回报率 K_E 是由公司的留存收益生成的。

【问答贴】

如果一家公司目前的每股股利为 2 元，预计股利增长率是 5%，股票的当前市场价格为 40 元。那么该公司的留存收益成本是多少？

【解答】 留存收益成本 $K_S = 2 \times (1+5\%)/40 \times 100\% + 5\% = 10.25\%$。

这意味着，这家公司的股权成本或留存收益的成本是 10.25%，公司应至少以这个比率回报其股东，以补偿他们所承担的风险。

② 资本资产定价模型法

资本资产定价模型法的主要理论依据是，某一企业的股票风险用 β 系数表示，该企业留存收益成本受无风险报酬率、β 系数和平均风险股票的必要报酬三个因素的影响。用公式表示如下：

$$K_S = R_p + \beta \times (R_m - R_p)$$

其中，R_p 为无风险报酬率，R_m 为平均风险的股票必要报酬率，β 为该企业的风险系数。

【问答贴】

如果无风险利率是 3%，市场期望收益率是 8%，某个股票的 β 系数是 1.2，那么根据资本资产定价模型，这只股票的预期收益率是多少？

【解答】 预期收益率 $K_S = 3\% + 1.2 \times (8\% - 3\%) = 9\%$。

这表示如果你投资这只股票，那么你应该期望获得 9% 的收益率，以补偿你承担的高于市场平均水平的风险。

③ 风险溢价法

风险溢价法的理论依据是"风险越大，要求的投资报酬率越高"。企业所有者的投资风险要比债券投资者的风险大，因而会在债券投资者要求的利息率的基础上再要求一定的风险溢价。因此，留存收益成本也可用下列公式计算：

$$K_S = K_p + RP_c$$

其中，K_p 为债务成本，RP_c 为所有者比债权人承担更大风险所要求的风险溢价。债务成本（包括长期借款成本、债券成本）的计算是比较容易的，而风险溢价就比较难以确定，一般可凭经验估计。通常，一个企业的普通股风险溢价相对其自身发行的债券来说大约在 3%～5%，平均值在 4% 左右。

对于债务成本为 6% 的物流企业来说，其留存收益成本大概为：

$$K_S = K_p + RP_c = 6\% + 4\% = 10\%$$

(4) 普通股成本

普通股成本是指企业新发行普通股而产生的成本，可以按照前述留存收益成本计算中的股利增长模型的思路进行计算。发行新股需要一定的筹集费用，因此实际筹资额应扣减相应的筹资费用。普通股资金成本率计算公式如下：

$$K_c = D_c/P_c \times (1-f) + G$$

其中，各个变量的含义如下：

K_c——普通股资金成本率；

D_c——第一年发放的普通股股利总额；

P_c——普通股股金总额；

f——筹资费率。

【问答贴】

某物流类上市公司发行新股，市场价格为每股15元，估计年增长率为12%，本年已按照每股0.6元的标准发放股利，筹资率为市价的5%，请问该普通股成本率是多少？

【解答】普通股成本率 $K_c = 0.6/15 \times (1-5\%) + 12\% = 16.21\%$。

这意味着该公司需要以不低于16.21%的回报率来筹集股东资金，以确保投资者对于该公司的股票投资都是合理的。

3. 资本结构决策

1) 资本结构的含义

资本结构是指企业各种长期资金来源的构成和比例关系。通常情况下，企业的资本结构由长期债务资本和权益资本构成。资本结构也就是长期债务资本占多少比例，权益资本占多少比例。短期资金的需求量和筹集方式的变化比较大，而且在资金总量中所占的比重不稳定，因此不列入资本结构的管理范围，而将其作为营运资金管理。

资本结构决策是公司在确定其融资方式（即使用债务、权益或两者的组合）时所进行的选择，这些选择直接影响公司的整体风险和价值。这方面的决策需要深入分析和考虑公司的长期战略目标、市场条件、财务健康状况以及宏观经济因素。资本结构的优化是企业获得较低融资成本和提高股东价值的关键。

2) 资本结构的管理

(1) 融资的每股收益分析

融资的每股收益分析是评估公司发行新股（权益融资）或发行债务（债务融资）对现有股东每股收益影响的过程。该分析可以帮助管理层和投资者了解融资决策会如何影响公司的盈利能力。

① 权益融资的每股收益分析

当公司通过发行新股来融资时，这会增加在外普通股的数量，进而可能稀释每股收益。权益融资是否降低了每股收益取决于以下几个因素。

a. 发行价格：如果新股发行价格高于市场价格，则可能对现有股东有利。

b. 使用资金的方式：如果资金用于投资回报率高于公司现有回报率的项目，长期来看可能会增加每股收益。

c. 市场的反应：市场可能对新股发行解读为公司前景良好，推高股价，但也可能解读为负面信号。

② 债务融资的每股收益分析

债务融资不会影响在外股票的数量，但它增加了债务利率成本。由于债务利息支付在税前扣除，这可以为公司创造税盾效应，从而减少税负。在一定条件下，这可以提高每股收益。

a. 债务利率与资本回报率：如果公司用借来的钱投资于回报率高于债务成本的项目，那么每股收益将提升。

b. 财务杠杆作用：如果使用债务能够提高股东的回报（同时增加了财务风险），这被称为财务杠杆的正面效应。

③ 融资混合的每股收益分析

在实际中，公司可能会同时使用债务和权益进行融资。在这种情况下，分析变得更复杂，因为要评估债务和权益组合对每股收益的联合影响。

每股收益分析是评估融资决策对现有及潜在股东盈利影响的一个重要工具，而在不同的市场状况、公司状况和预期结果中，这种分析可能呈现出不同的动态。在做出融资决策时，公司也应考虑其他因素，如对公司控制权的影响、风险承担程度的变化、资本成本以及战略目标等。

【经验贴】

甲、乙、丙为三家经营相同业务的物流公司，根据三家公司财务杠杆系统和杠杆收益对比数据（见表 5-4），试分析哪家公司的每股收益最大。

表 5-4　三家公司财务杠杆系统和杠杆收益对比　　　　金额单位：万元

项目	甲公司	乙公司	丙公司
普通股股东	5 000	3 000	1 000
发行在外的股份数	5 000	3 000	1 000
债务总额（利率6%）	0	2 000	4 000
资本总额	5 000	5 000	5 000
息税前利润	3 000	3 000	3 000
债务利息	0	120	240
税前利润	3 000	2 880	2 760
所得税（税率30%）	900	864	828
税后利润	2 100	2 016	1 952
财务杠杆系数	1.000	1.042	1.087
每股收益	0.420	0.672	1.932

续表

项目	甲公司	乙公司	丙公司
息税前利润增加额	3 000	3 000	3 000
债务利息	0	120	240
税前利润	6 000	5 880	5 760
所得税（税率30%）	1 800	1 764	1 728
税后利润	4 200	4 116	4 032
每股收益	0.840	1.372	4.032

【分析】表5-4中的计算结果表明：财务杠杆系数是息税前利润增长所引起的每股收益的增长幅度。比如，甲公司息税前利润增长1倍时，其每股收益也增长1倍 [（0.84-0.42）/0.42]；乙公司息税前利润增长1倍时，其每股收益增长1.042倍 [（1.372-0.672）/0.672]；丙公司息税前利润增长1倍时，其每股收益增长1.087倍 [（4.032-1.932）/1.932]。在资本总额、息税前利润相同的情况下，负债比率越高，财务杠杆系数越大，财务风险越大，但预期的每股收益也越高。比如，甲公司无负债，100%是权益资金；乙公司负债为2 000万元，占总资本的40%；丙公司负债为4 000万元，占总资本的90%。三家公司的财务杠杆系数依次递增，分别为1.000、1.042和1.087，说明丙公司财务风险最大，乙公司次之，甲公司几乎无财务风险，而丙公司的每股收益也最大。

企业的负债比例是可以控制的，物流企业可以通过合理安排资本结构，适度负债，使企业获得的财务杠杆利益能全面抵消财务风险增大所带来的不利影响。

财务杠杆可以给企业带来额外的收益，也可能造成额外损失，这就是构成财务风险的重要因素。财务杠杆利益并没有增加整个社会的财富，是既定财富在投资人和债权人之间的分配；财务风险也没有增加整个社会的风险，是经营风险向债权人的转移。财务杠杆利益和财务风险是企业资本结构决策的重要考虑因素，资本结构决策需要在杠杆利益与其相关的风险之间进行合理的权衡。任何只顾获取财务杠杆利益，无视财务风险而不恰当地使用财务杠杆的做法，都是企业财务决策的重大失误，最终将损害投资人的利益。

16.2 物流企业的投资管理

1. 物流企业投资管理概述

投资是指特定经济主体为了在未来可预见的时期内获得收益或使资金增值，在一定时间向一定领域的标的物投放足够数额的资金或实物等货币等价物的经济行为。从物流企业角度来看，投资就是物流企业为获取收益而向一定对象投放资金的经济行为，如购买和更新运输车辆、建设和扩建物流仓储设施、投资于信息技术系统以提升物流效率以及投资于环保设施和绿色物流技术等。

物流企业的投资可以按照不同的标准进行分类，以下是几种常见的物流企业投资的分类方式，详见表 5-5。

表 5-5 物流企业投资的分类方式

分类标准	投资方式	具体描述
按投资性质分类	直接投资	直接购买和建设物流设施、设备以及相关的运输工具的投资活动
	间接投资	通过购买物流企业的股票、债券等金融产品进行的投资
按投资领域分类	硬件投资	运输工具投资、物流中心投资、信息技术投资、环保与能源投资
	软件投资	物流服务投资、物流人才培养投资、研发投资
按投资时间跨度分类	短期投资	期限通常小于 1 年的投资，如短期货币市场投资或某些特定项目的投资
	中期投资	期限通常在 1～5 年的投资，例如设备更新、扩建等
	长期投资	期限通常超过 5 年的投资，如物流园区开发、大型设施建设等
按资金来源分类	自筹资金投资	企业利用自有资金进行的投资
	外部融资投资	通过申请银行贷款、发行债券、吸引风险投资等方式获得资金投资
	政府补贴和投资	利用政府提供的补贴、资助或通过政府与企业的合作项目进行投资
按投资目的分类	扩张性投资	为了扩大业务规模和市场覆盖范围、提高服务能力而进行的投资
	维持性投资	为了维持现有的运营能力、设备状态、市场位置而进行的投资
	战略性投资	为了实现长远目标，包括新市场开拓、新产品开发等目标而进行的投资
	安全性投资	为了保障物流活动的安全、满足相关法规标准而进行的投资

物流企业投资必须遵循一系列管理原则，具体来说，主要有如下几条。

第一，在市场调研基础上进行准确的投资定位。准确的投资定位是确保取得投资收益的前提条件。无论是何种类型的投资，都需要通过投资资金的加速周转赢得投资收益，而要加速资金周转，就必须在充分市场调研的基础上进行准确的市场定位，使资金真正投放于市场需要的项目上，使物流企业能够提供比竞争对手更具优势的生产经营项目，从而实现外部环境需要与内部能力供给的有机契合，为投资资金加速周转奠定良好的基础。

第二，在科学遵循投资决策程序基础上进行投资项目的可行性分析。任何一项投资项目决策都要谨慎对待，不能搞一言堂；要建立和完善科学的投资决策程序，对投资项目技术上的可行性和财务上的有效性进行分析；要在计算一系列财务评价指标的基础上，结合投资决策者的智力判断，做出符合投资决策程序要求的决策，力争做到"投资前谨慎分析,投资中迅速实施,投资后尽快见效",避免投资决策失误。

第三,在周密筹资计划基础上确保投资项目资金的及时足额供应。物流企业投资所需资金额大,不同时段对资金需要量大小不同,一旦中途出现资金供应短缺问题,很容易发生工期拖延而致使先期论证可行的项目变为不可行。因此,物流企业必须在投资行为真正启动之前,对资金需要时间和需要数量做出预测,编制出周密的筹资计划,以指导相应的筹资行为,确保投资项目资金的及时(时间上)足额(数量上)供应,防止资金在投资过程中的无效沉淀。

第四,在收益风险均衡基础上控制好投资风险。任何投资都不可避免地面临风险,投资决策者既不能为躲避风险而不进行投资,也不能不加分析而盲目投资,要对投资项目的收益和风险进行全方位均衡分析,并结合物流企业自身的抗风险能力,在收益大风险也大、收益小风险也小的基本认识的基础上,做出有利于控制风险而尽可能最大化收益的投资决策。

2. 物流企业项目投资评价指标

物流企业对内投资是指将资金投放于物流企业内部、购置各种生产经营用资产的投资,因此从内容上来说,对内投资主要是指对固定资产的投资。用来对物流企业固定资产投资进行财务评价的指标主要有投资回收期、投资利润率、净现值和内部收益率等。这些指标按是否折现计算可分为静态指标和动态指标。

1) 静态指标

静态指标是指不考虑货币的时间价值,直接按投资项目形成的现金流量进行计算的指标。

(1) 投资回收期

投资回收期(Payback Period,PP)是指以项目的净现金流量抵偿全部投资所需要的时间长度。其计算公式为:

$$投资回收期 = 投资总额 / 每年净现金流量$$

现金流量是指企业在一定时期内现金流动的数量。净现金流量是物流企业的现金流入量与现金流出量之差,其计算公式为:

$$净现金流量 = (投资所增加收入 - 投资所增加的费用 - 总投资额) \times (1 - 所得税税率) + 折旧$$

从上式可以看出,净现金流量越大,投资回收期越短。如果投资回收期短于或等于可以接受的期限(根据类似项目的经验得出),那么此项目在财务上就是可接受的。

从投资回收期的计算公式中不难发现,分母部分包括了折旧额。如果折旧额越大,那么投资回收期就越短,不同类型的物流企业的固定资产所占比重以及由此形成的折旧额高低不等,因此投资回收期会有较大的差异性。对投资者来说,当然投资回收期越短越好,回收期越短说明其风险越小。但是在测算投资回收期时,资产组合的差异性必须予以考虑。

【问答贴】

某物流企业欲购置某种设备,价款为 90 万元,运费为 2 000 元,安装费为 3 000 元,预计可用 10 年,投资后每年增加收入 40 万元,增加费用 10 万元,所得税税率为 25%。投资回收期预计是多少年?

【解答】根据上述资料计算如下:

总投资额 = 900 000 + 2 000 + 3 000 = 905 000(元);

年折旧额 = 905 000/10 = 90 500(元);

净现金流量 = (400 000 − 100 000 − 90 500) × (1 − 25%) + 90 500
= 247 625(元);

投资回收期 = 905 000/247 625 = 3.65(年)。

故该项投资的回收期为 3.65 年。

如果是对一项投资方案进行评价,我们可将计算结果与标准回收期进行比较,若该方案的投资回收期小于标准回收期,在财务上该方案就是可以接受的;如果是对多项方案进行比较筛选,那么就选投资回收期最短的方案实施。

如果投资后每年的净现金流量不相等,那么可以用下列公式计算:

$$n = (t-1) + \text{第 } t-1 \text{ 年仍未收回的投资额}/\text{第 } t \text{ 年现金净流量}$$

其中,n 为投资回收期,t 为投资年份。这种计算方法是将各年的净现金流量相加,一直加到和投资总额相等为止,从而算出投资回收期的年限。

【问答贴】

有一个投资方案的投资额为 16 万元,4 年内净现金流量分别为 6 万元、5 万元、4 万元和 3 万元,请问该项投资的回收期是多久?

【解答】因为 60 000 + 50 000 + 40 000 + 30 000 = 180 000 > 160 000(元),故该项投资的回收期 $n = 3 + (180\ 000 - 160\ 000)/30\ 000 = 3.67$(年)。

运用投资回收期指标进行财务评价,其优点在于计算简单,反映问题比较直观,能够提供偿还投资的大致情形;其缺点在于没有考虑货币的时间价值,有高估回收期的倾向。此外,它没有考虑回收期后的现金流入量。如果某物流企业有两个投资方案可供选择,两个方案的投资额均为 40 万元,每年的净现金流量不同:方案一的净现金流量分别为 20 万元、10 万元和 10 万元;方案二的净现金流量分别为 5 万元、10 万元和 25 万元。如果用投资回收期衡量,这两个方案没有区别,因为回收期均为 3 年;但如果考虑到货币的时间价值,则方案一较好,因为它投资的大部分资金在近期就能收回,而方案二投资的大部分资金要在后半期才能收回。

(2) 投资利润率

投资利润率是指年度利润与投资额的比率,它反映每百元投资每年可创造的利润额。其计算公式为:

$$\text{投资利润率} = \text{正常年度销售利润}/\text{总投资支出} \times 100\%$$

如果计算出来的利润率高于现行资金市场利率，那么此方案就是可行的；反之，则是不可行的。

【问答贴】

某物流企业投资 600 万元，正常年度销售利润为 60 万元，如果现行资金市场利率为 5%，则投资利润率是多少？该项投资在财务上是否可行？

【解答】投资利润率＝600 000/6 000 000×100%＝10%，即每百元投资可创造 10 元的利润，高于现行资金市场利率，则该项投资在财务上是可行的。

投资利润率这一指标同样没有考虑货币的时间价值，而且也难以确定具有代表性的正常年份，所以要对投资方案的经济可行性做出正确的评价，还需运用动态指标。

2）动态指标

动态指标是指考虑货币的时间价值，将现金流量统一换算到同一时期再进行计算的指标。我们通常采用的动态指标主要有净现值和内部收益率两项。

（1）净现值

净现值（Net Present Value，NPV）是指投资项目的未来净现金流入量总现值与现金流出量总现值的差额。该指标是评价投资项目是否可行的重要指标。由于投资项目的支出和收入发生在不同的时间，考虑到货币时间价值的因素，需要用一定的折现率（贴现率）将现金流入量与现金流出量都折算成同一时点上的数值，即现值，这样才能准确地将支出与收入进行比较，从而对投资效果进行准确的测算。净现值计算公式为

$$NPV = \sum_{t=0}^{n} \frac{C_t}{(1+r)^t}$$

其中：C_t 是第 t 期（$t=0,1,2,\cdots,T$）的净现金流量，$t=0$ 时意味着初始投资，因此为负值；r 为折现率。

净现值的计算步骤如下：

① 计算确定投资项目各年的净现金流量；

② 选择适当的折现率（一般为资金市场中长期贷款利率），通过查表确定投资项目各年的贴现系数；

③ 将各年的净现金流量乘以相应的贴现系数求出其现值；

④ 将各年的净现金流量现值加以汇总，便可得出投资项目的净现值。

计算出来的净现值无非有以下三种结果：

① NPV＝0，说明该投资方案的盈利率正好等于折现率，从财务上说是"合格"项目，但它是一个边缘项目；

② NPV＞0，说明该投资方案的盈利率大于折现率，从财务上说是"合格"项目，可以接受此方案；

③ NPV＜0，说明该投资方案的盈利率达不到折现率水平，从财务上说是"不合格"项目，此方案应被舍弃。

由此可见，运用净现值法进行投资项目财务评价时，主要是看净现值的大小。净现值越大说明收入与支出的差额越大，经济效益越好。如果有若干个方案可供选择，那么应该选择净现值最大的方案。从数量上增加现金的流入量或是从时间上提前实现现金的流入都可以增大净现值。

【问答贴】

某物流企业准备进行一项投资，投资额为 35 万元，连续 3 年的净现金流量分别为 10 万元、15 万元和 24 万元，贴现率为 14%，则净现值是多少？

【解答】

$$\text{NPV} = \sum_{t=0}^{n} \frac{C^t}{(1+r)^t} = -35 + \frac{10}{(1+14\%)^1} + \frac{15}{(1+14\%)^2} + \frac{24}{(1+14\%)^3}$$
$$= -35 + 8.77 + 11.54 + 16.20$$
$$= 1.51(万元)$$

该投资方案的净现值为正数，说明投资的可盈利率在 14% 以上，此方案可以接受；若计算出的净现值为负数，说明投资可盈利率在 14% 以下，进行投资是不合算的。

净现值只是衡量一个项目净利润绝对值的指标，很可能出现这样的情况：净现值大的项目，其投资支出也大。为此，在进行方案的比较和选择时，我们可以借助于净现值比率这一指标来进行分析。

净现值比率是指投资项目净现值与全部投资额之比，即单位投资额能获得的净现值。其计算公式为：

$$净现值比率 = 净现值/全部投资额$$

【经验贴】

现有两个不同的投资方案，试采用净现值比率法分析哪种投资方案收益更高，具体数据如表 5-6 所示。

表 5-6　甲、乙投资方案对比分析

方案	投资额（万元）	净现值（万元）	净现值比率
甲	20	15	15/20＝0.75
乙	16	13	13/16＝0.8125

【分析】从计算结果可以看出，甲方案净现值绝对额比乙方案大，同时其投资额也比乙方案大，用净现值绝对额进行比较，毫无疑问应选择甲方案；但如果用收益率来比较的话，则应选择乙方案，因为其净现值比率高于甲方案，说明乙方案每元投资的净现值产出高于甲方案。由此可见，在投资额不等的情况下，用净现值比率作为分析评价投资项目的补充指标是十分必要的。

净现值指标的优点在于它考虑了货币的时间价值,并且能够反映出投资项目可获得的收益额;其缺点在于不能反映投资利润率的高低,特别是在对投资额不等的几个方案进行比较时,仅看净现值绝对数是很难做出正确评价的。因此,我们必须结合其他方法对投资项目进行综合评价。

(2) 内部收益率

内部收益率(Internal Rate of Return,IRR)就是使投资项目各年净现金流量现值之和等于零的折现率,用公式表示为

$$0 = \mathrm{NPV} = \sum_{t=0}^{n} \frac{C_t}{(1+\mathrm{IRR})^t}$$

其中,各个变量的含义如下:

C_t——在时间点 t 的净现金流($t=0$ 意味着初始投资,即发生现金流出,所以常为负值);

T——项目的总期数或寿命;

IRR——内部收益率。

内部收益率公式和净现值公式实际上是一样的。但是,我们使用净现值公式时,折现率是已知的,需求出净现值;而使用内部收益率公式时,是令净现值为零,要求使净现值等于零的折现率(内部收益率)。

计算内部收益率可以用试算法,即先估算一个折现率,将净现值计算出来。如果该净现值为正值,说明该方案可达到的内部收益率比估计的折现率要大,因此要提高折现率,可以重估一个较高的折现率进行计算;如果净现值为负值,说明该方案可达到的内部收益率比估计的折现率要低,因此要降低折现率,可再估计一个较小的折现率重新计算。这样不断地试算就可以找出令净现值一个为正值、一个为负值的两个相邻的折现率,然后用插值法计算出一个较为确切的收益率值。其公式为:

内部收益率≈估计的较低的折现率+低折现率计算的净现值(正值)×(高折现率—低折现率)/高、低两个折现率计算的净现值的绝对值之和

我们将计算出来的内部收益率与企业的资金成本率进行比较,如果内部收益率高于资金成本率,说明该方案的所得在抵补其资金成本以后还有一定的现金盈余,此方案可以接受;反之,如果内部收益率低于资金成本率,此方案应被否决;如果几个相斥方案的内部收益率都高于资金成本率,则要选收益率最高的投资方案。

【问答贴】

王经理创办的物流企业现有一个投资方案,其投资额为 60 万元,各年净现金流量如表 5-7 所示,试用内部收益率分析此方案是否可接受(资金成本率为 12%)。

表 5-7　内部收益率为 15% 时的净现金流量

年限	1	2	3	4
净现金流量	30	25	15	12

【解答】表 5-8 展示了内部收益率为 15% 时的净现值分析。

表 5-8　内部收益率为 15% 时的净现值分析一览表

年限	净现金流量/万元	现值系数（IRR＝15%）	现值/万元
1	30	$\dfrac{1}{1+15\%}=0.870$	$30\times0.870=26.10$
2	25	$\dfrac{1}{(1+15\%)^2}=0.756$	$25\times0.756=18.90$
3	15	$\dfrac{1}{(1+15\%)^3}=0.658$	$15\times0.658=9.87$
4	12	$\dfrac{1}{(1+15\%)^4}=0.572$	$12\times0.572=6.86$
现值总额			61.73
减：投资额			60.00
净现值			1.73

通过表 5-8 的分析可知，当内部收益率为 15% 时，净现值为 1.73 万元，说明实际的内部收益率大于 15%，也大于资金成本率，这反映了项目期望产生的回报率超过了公司为筹集并使用资金所支付的成本，从而创造了正的经济增加值，企业应考虑接受这样的投资。

3）固定资产投资决策方法的运用

固定资产投资决策的实质就是在继续使用旧设备与重新购置新设备之间进行选择。固定资产投资决策通常涉及大额资金，并对企业的长远发展产生重要影响。因此，运用合适的方法来做出决策极其关键。以下是一些常用的固定资产投资决策方法，如表 5-9 所示。

表 5-9　常用的固定资产投资决策方法

固定资产投资决策方法	内容
净现值法	对于旧设备，我们需要计算剩余使用年限内的净收益现值与残值现值的总和 对于新设备，同样需要根据其使用年限、运维成本、产出价值和残值计算净现值
内部收益率法	比较两种情况下（使用旧设备和购买新设备）的内部收益率，看哪个方案的内部收益率更高，以此判断哪个方案更具吸引力
年平均成本法	年平均成本通常包括固定成本（如折旧、保险等）和变动成本（如维修、运营成本等）
投资回收期法	评估在当前使用的条件下新、旧设备投资回收期的长短，以此来考虑投资风险

（1）净现值法

旧设备和新设备的净现值的计算公式分别如下：

旧设备的净现值＝（年度产出价值－年度运维成本）×可使用年限的现值系数＋残值的现值

新设备的净现值＝（年度产出价值－年度运维成本）×可使用年限的现值系数＋残值的现值－购买成本

【问答贴】

某物流企业有一旧仓储设备，使用部门提出要进行更新。新、旧仓储设备有关资料如表5-10所示，请问是否需要更新设备？

表5-10 新、旧仓储设备有关资料　　　　　　　　　　　　金额单位：元

项目	旧设备	新设备
本年度采购成本	0	80 000
预计使用年限（年）	10	10
已使用年限（年）	5	0
残值	5 000	10 000
年度运维成本	10 000	4 000
年度产出价值	20 000	25 000
资金成本率（贴现率）	8%	8%

【解答】方法一：采用公式计算

$$旧设备的净现值 = \sum_{n=1}^{5} \frac{(20\,000 - 10\,000)}{(1+8\%)^n} + \frac{5\,000}{(1+8\%)^5}$$

$$= \frac{10\,000}{(1+8\%)^1} + \frac{10\,000}{(1+8\%)^2} + \frac{10\,000}{(1+8\%)^3} + \frac{10\,000}{(1+8\%)^4} + \frac{10\,000}{(1+8\%)^5} + \frac{5\,000}{(1+8\%)^5}$$

$$\approx 43\,330(元)$$

$$新设备的净现值 = \sum_{n=1}^{10} \frac{(25\,000 - 4\,000)}{(1+8\%)^n} + \frac{10\,000}{(1+8\%)^{10}} - 80\,000$$

$$= \frac{21\,000}{(1+8\%)^1} + \frac{21\,000}{(1+8\%)^2} + \frac{21\,000}{(1+8\%)^3} + \cdots + \frac{21\,000}{(1+8\%)^{10}} + \frac{10\,000}{(1+8\%)^{10}} - 80\,000$$

$$\approx 65\,544(元)$$

方法二：使用Excel计算

步骤一：使用Excel的PV函数计算可使用年限的现值系数，具体函数参数设置如图5-1所示。

步骤二：使用 Excel 的 POWER 函数计算残值的现值，如图 5-2 所示。

步骤三：利用公式计算新、旧设备的净现值，如图 5-3 所示。

学习加油站 5-1
使用 Excel 计算净现值的操作步骤（视频）

在这个案例中，新设备的净现值显著高于旧设备的净现值，这表明长期来看，投资新设备可能会带来更大的经济效益，故应根据使用部门的要求更新设备。

图 5-1 可使用年限的现值系数计算

图 5-2 残值的现值计算

图 5-3 设备的净现值计算

值得注意的是，上述分析是简化的示例，事实上还需要考虑诸如税收影响、折旧方式、运营成本增长率、产量变化、市场需求、技术进步及其对生产效率的影响等因素。同时,也应考虑企业的资金状况、投资策略和风险承受能力。在实际操作中,企业可能还需要使用灵敏度分析、风险评估等方法,进行更为细致和全面的分析。

(2) 内部收益率法

可以使用如下例题来说明内部收益率法的应用。

【问答贴】

某物流公司有一台已经使用 5 年的旧设备,现在面临着是继续使用还是购置一台新设备的抉择。新、旧设备有关资料如表 5-11 所示,试使用内部收益率法进行分析。

表 5-11 新、旧设备有关资料   金额单位:元

项目	旧设备	新设备
原值	38 000	50 000
使用年限(年)	5	5
残值	0	10 000
年度运维成本	5 000	2 000
年度产出价值	15 000	15 000
资金成本率	12%	12%

【解答】公司应根据计算出的两个内部收益率来进行选择:

① 如果旧设备的内部收益率大于新设备的内部收益率,并且两者均大于资金成本率,则公司应继续使用旧设备;

② 如果新设备的内部收益率大于旧设备的内部收益率,并且大于资金成本率,则公司应选择使用新设备;

③ 如果两者的内部收益率都小于资金成本率,则应考虑其他投资选择或延迟投资决策。

可以使用 EXCEL 或财务计算器的 IRR 功能来计算内部收益率的大小。

步骤一:计算两个方案的现金流。对于旧设备,现金流为每年营运净收入(年度产出价值)减去维修成本;对于新设备,第一年现金流为负值(即购买价格),随后的每年为营运净收入减去维护成本,最后一年加上残值,如图 5-4 所示。

	A	B	C	D
1	年份	旧设备现金流	新设备现金流	备注
2	0	-38000	-50000	初期成本费用
3	1	10000	13000	第1年的净收入
4	2	10000	13000	第2年的净收入
5	3	10000	13000	第3年的净收入
6	4	10000	13000	第4年的净收入
7	5	10000	23000	第5年的净收入

图 5-4 现金流计算表

步骤二：计算内部收益率。使用 EXCEL 函数 IRR 计算内部收益率，如图 5-5 所示。

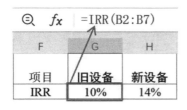
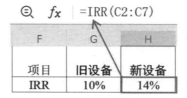

图 5-5　内部收益率计算

步骤三：评估内部收益率与资金成本率的关系。通过分析得知，旧设备的内部收益率（10%）＜公司资金成本率（12%）＜新设备的内部收益率（14%），则公司应投资购置新设备。

实际上，内部收益率不是一个绝对值，需要考虑的影响因素还包括项目的风险、现金流的预测准确性和资金成本的变动等。通常，决策者会结合净现值、投资回收期以及其他财务指标进行综合评估，同时考虑非财务因素（例如运营效率、技术更新和市场战略等）。

（3）年平均成本法

使用年平均成本法来分析新、旧仓储设备是否值得投资，是一种比较直观的决策方法。该方法通过比较新、旧设备的年平均成本来决定是否更换设备。年平均成本通常包括固定成本（如折旧、保险等）和变动成本（如维修、运营成本等）。

【问答贴】

某物流公司正在考虑是否用新的仓储设备替换旧的仓储设备，新、旧设备的相关数据见表 5-12。试使用年平均成本法进行分析。

表 5-12　新、旧设备的相关数据　　　　　　　　　　　金额单位：元

项目	旧设备	新设备
原值	50 000	90 000
预计使用年限（年）	10	10
剩余使用年限（年）	5	10
每年维护成本	10 000	5 000
残值	5 000	10 000
每年固定成本（如保险等）	2 000	2 500

【解答】年平均成本计算如下所示。

① 旧设备年平均成本的计算

折旧费用：旧设备没有剩余折旧费用，因为假设其已经完全折旧。

每年固定成本：2 000 元。

每年变动成本（维护）：10 000 元。

旧设备年平均成本：2 000（固定成本）+ 10 000（变动成本）= 12 000（元）。

② 新设备年平均成本的计算

折旧费用：$\frac{购买成本-残值}{使用年限} = \frac{90\,000 - 10\,000}{10} = 8\,000$（元）。

每年固定成本：2 500 元。

每年变动成本（维护）：4 000 元。

新设备年平均成本：8 000（折旧）+ 2 500（固定成本）+ 4 000（变动成本）= 14 500（元）。

综合以上分析得知，新设备的年平均成本（14 500 元）高于旧设备的年平均成本（12 000 元）。根据年平均成本法，如果主要考虑成本问题，公司应该继续使用旧设备。

在上述案例中，尽管从年平均成本的角度，继续使用旧设备看起来更有利，但公司还应该考虑其他因素，如新设备可能带来的效率提升、减少故障时间、节能环保等长期收益。此外，考虑投资回报周期也很重要，即新设备带来的额外效益能否在其使用寿命内覆盖额外成本。市场需求的变化、公司战略方向、行业技术发展趋势等也是非常重要的考量因素。

4）固定资产购买与租赁决策

企业的固定资产是购买还是租赁，需要根据具体的业务需求、财务状况和长期战略目标进行评估。

【经验贴】

一家物流企业考虑增加其配送中心的数量以应对增长的业务量。企业面临的选择是在关键区域购买一片新的土地的使用权并建设配送中心，或是租赁已有的仓库设施，具体信息详见表 5-13。

表 5-13　固定资产购买与租赁决策相关信息

项目	购买土地使用权和建设新配送中心	租赁现有仓库设施
初期成本	假设购买土地使用权和建设新的配送中心需要 3 000 000 元的初期投资	没有大额的初始支出，假设月租费用为 20 000 元
财务影响	会立即对企业现金流产生负面影响，但长期来看拥有资产可能增值	较小的短期财务压力，可保持现金流的灵活性
业务影响	建设新的配送中心可以完全按照企业需求定制，从而在操作效率上可能更有优势	租赁的仓库可能无法完全匹配企业特定的需求，从而在某些程度上影响操作效率
风险	初期投资面临高风险，且建设和运营过程中可能面临未预见的成本	租金可能随着时间流逝而增加，长期来看可能支付更高的成本。租期结束后，企业可能需要重新寻找仓库

【分析】假设企业预计在接下来的 5 年内快速扩张,之后业务量将趋于稳定。为了应对初期的业务增长和后期的稳定运营,企业运营需要足够的灵活性以及长期的成本效率。

(1) 如果购买土地使用权和建设新配送中心,则有:

① 初期投资高,但长期成本较低,因为建设完成后除了维护和运营费用外,没有额外的租金支出;

② 新建配送中心可以完全定制,提高物流效率,长期来看可能是更经济的选择;

③ 土地使用权和建筑的价值可能会随着时间流逝而增加,从而为企业增加资产。

(2) 如果租赁现有仓库设施,则有:

① 初期投资低,帮助企业保持现金流的灵活性,对于短期内无法承受高额投资的企业来说是较好的选择;

② 随着租约到期,企业可以根据业务需求重新评估和调整已有决策,更具灵活性;

③ 长期来看,租金的支付可能导致总成本高于自建新配送中心的成本。

16.3 物流企业财务分析

物流企业财务分析指的是对物流企业在一定时期内的财务报表数据进行分析、解释和评价的过程。通过采用各种财务分析方法和指标,评估物流企业的经济效益、财务状况、现金流动情况以及运营能力等,对于管理者、投资者和债权人等决策者了解物流企业财务健康状况、市场竞争力和未来发展潜力具有重要意义。

物流企业的财务分析主要围绕评估其盈利能力、运营效率、财务稳定性、现金流量和成长能力等方面展开,具体见图 5-6。

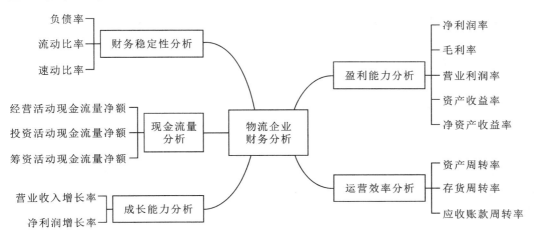

图 5-6 物流企业财务分析图

1. 物流企业的盈利能力分析

物流企业的盈利能力分析是评估企业财务成效和盈利水平的重要环节，主要通过以下几个核心指标来衡量，详见表 5-14。

表 5-14 物流企业的盈利能力分析指标

指标	公式	意义
净利润率	$\dfrac{\text{净利润}}{\text{销售收入}} \times 100\%$	净利润率显示了每一单位销售收入中净利润所占的比例。这个比率能反映公司的盈利能力和成本控制效果。高净利润率意味着企业有更好的成本控制和盈利能力
毛利率	$\dfrac{\text{销售收入} - \text{销售成本}}{\text{销售收入}} \times 100\%$	毛利率体现了销售收入中扣除变动成本（销售成本）后的剩余比例，是衡量企业盈利能力的初步指标。高毛利率表明企业有较大的盈利空间
营业利润率	$\dfrac{\text{营业利润}}{\text{销售收入}} \times 100\%$	营业利润率反映了企业主营业务活动的盈利能力，排除了非经营性收入和支出的影响。这个指标衡量企业核心业务的盈利水平
资产收益率	$\dfrac{\text{净利润}}{\text{总资产}} \times 100\%$	资产收益率衡量企业利用其全部资产产生净利润的效率，显示资产的使用效率和盈利能力
净资产收益率	$\dfrac{\text{净利润}}{\text{股东权益}} \times 100\%$	净资产收益率反映了公司对股东投资的回报率。高净资产收益率通常意味着企业有优良的资金使用效率和高盈利能力。这是投资者特别关注的一个指标，因为它直接关系到投资的回报

通过对以上指标的计算和分析，可以深入了解物流企业的盈利模式和效率，评估其盈利能力的强弱，并辅助制定策略以提升企业的财务健康状况及市场竞争能力。

【问答贴】

假设有一家物流企业，其总资产为 800 万元，股东权益为 400 万元，该企业在过去 1 年内经营收入为 1 000 万元，营业利润为 150 万元，净利润为 100 万元，提供物流服务所产生的成本与费用总计 700 万元。根据这些数据，请衡量该物流企业的盈利能力。

【解答】根据盈利能力指标公式计算可得如下结果，具体见表 5-15。

表 5-15　物流企业的盈利能力分析一览表

盈利能力指标		分析结果
净利润率	$100÷1\,000×100\%=10\%$	这意味着该物流企业每提供 1 元的服务能够产生 0.1 元的净利润
毛利率	$(1\,000-700)÷1\,000×100\%=30\%$	这表示该物流企业通过提供物流服务实现了占销售收入 30% 的毛利润
营业利润率	$150÷1\,000×100\%=15\%$	这意味着该物流企业实现了 15% 的营业利润率
资产收益率	$800÷1\,000×100\%=12.5\%$	这表示该物流企业每投入 1 元资产能够产生 0.125 元的净利润
净资产收益率	$100÷400×100\%=25\%$	这说明对于股东的投资而言，该物流企业每 1 元的权益能够产生 0.25 元的净利润

2. 运营效率分析

物流企业运营效率是指物流企业在特定时间内有效地利用资源和实施各项经营活动的能力。它反映了企业在生产、经营和管理过程中所取得的成果与资源投入的比例关系，是衡量企业运营管理水平和效果的重要尺度，主要通过以下几个核心指标来衡量。

1) 资产周转率

资产周转率的计算公式如下：

$$资产周转率 = \frac{营业收入}{平均总资产} × 100\%$$

其中，平均总资产 =（期初总资产 + 期末总资产）/2；营业收入指物流企业在特定时间段内产生的销售收入；期初总资产指特定时间段开始时的总资产价值；期末总资产指特定时间段结束时的总资产价值。

物流企业资产周转率是一个用来衡量物流企业资产利用效率的指标。它反映了企业每单位资产在一定时间内创造营业收入的能力。较高的资产周转率表示物流企业能够更有效地利用资产，提高资产的盈利能力和经济价值。这可以通过减少存货、应收账款等资产的资金占用，优化资产配置和利用来实现。较高的资产周转率有助于提高企业的运营效率和资金利用效率。然而，资产周转率过高可能意味着企业在追求速度和效率的同时，降低了质量和服务水平，可能导致顾客满意度下降。另外，过高的资产周转率也可能增加企业的风险，例如供应链中断、现金流压力等。因此，物流企业需要在追求资产周转率的同时，确保维持良好的运营品质和风险控制能力。

2) 存货周转率

存货周转率的计算公式如下：

$$存货周转率 = \frac{营业成本}{平均存货余额} × 100\%$$

其中，平均存货余额＝（期初存货余额＋期末存货余额）/2；营业成本指企业在特定时间段内所发生的物流运营成本，包括采购成本、运输成本、仓储成本等；期初存货余额指特定时间段开始时的存货价值；期末存货余额指特定时间段结束时的存货价值。

物流企业存货周转率是一个用来衡量物流企业存货管理效率的指标。它反映了企业在一定时间内存货的流动速度和利用程度。存货周转率越高，表示物流企业能够更快地流通和利用存货，有效降低存货占用资金和存货滞销的风险。较高的存货周转率可以提高资金利用效率，加快现金流转，同时也可以降低过期、损坏等存货成本，有助于提高物流企业的运营效率和盈利能力。然而，存货周转率过高可能意味着企业存货周转过于频繁，导致供应链和订单交付等方面的风险增加。因此，物流企业需要合理控制存货周转率，确保存货管理的平衡，避免存货过剩或供应链中断的风险。

3）应收账款周转率

应收账款周转率的计算公式如下：

$$应收账款周转率=\frac{营业收入}{平均应收账款余额}\times 100\%$$

其中，平均应收账款余额＝（期初应收账款余额＋期末应收账款余额）/2；营业收入指物流企业在特定时间段内产生的销售收入；期初应收账款余额指特定时间段开始时的应收账款余额；期末应收账款余额指特定时间段结束时的应收账款余额。

物流企业应收账款周转率是一个用来衡量物流企业收回应收账款的速度和效率的指标。它反映了企业在一定时间内将应收账款转化为现金的能力。应收账款周转率越高，表示物流企业收回应收账款的速度越快，资金周转更加迅速。这对物流企业的流动资金管理和现金流量非常重要。较高的应收账款周转率可以减少资金占用和风险，提高企业的财务健康水平和盈利能力。然而，应收账款周转率过高也可能意味着企业采取了过于宽松的信用政策，导致应收账款的坏账风险增加。因此，物流企业需要根据客户情况和市场需求，合理设定信用政策，以平衡应收账款周转率和风险之间的关系。

4）应付账款周转率

应付账款周转率的计算公式如下：

$$应付账款周转率=\frac{营业成本}{平均应付账款余额}\times 100\%$$

其中，平均应付账款余额＝（期初应付账款余额＋期末应付账款余额）/2；营业成本指企业在特定时间段内支出的物流运营成本，包括采购成本、运输成本、仓储成本等；期初应付账款余额指特定时间段开始时的应付账款余额；期末应付账款余额指特定时间段结束时的应付账款余额。

物流企业应付账款周转率是一个用来衡量物流企业支付应付账款的速度和效率的指标。它反映了企业在一定时间内支付应付账款的能力。应付账款周转率越高，表示企业支付应付账款的速度越快，资金周转更加迅速。这对物流企业的流动资金管理和现金流量非常重要。较高的应付账款周转率可以减少企业的负债和支付风险，提高企业的财务健康水平和盈利能力。然而，应付账款周转率过高可能意味着企业采取了过于紧缩的支付政策，对供应商造成困扰，甚至影响到供应链的稳定性。因此，企业需要在支付速度与供应链关系之间找到一个合理的平衡点，以确保物流运营的顺畅和稳定。

【经验贴】

某物流企业总资产价值为 2 000 万元，过去一年的销售收入为 1 000 万元，年销售成本 600 万元，平均存货价值为 100 万元，平均应收账款为 200 万元，平均应付账款为 100 万元。请利用所学知识分析该企业的运营效率。

【分析】根据运营效率指标公式计算可得如下结果，详见表 5-16。

表 5-16　物流企业的运营效率分析一览表

运营效率		分析结果
资产周转率	1 000÷2 000＝0.5	意味着该企业的资产每年只能产生 0.5 倍的销售额，因而可能需要优化资产配置，以提高资产利用率
存货周转率	600÷100＝6	意味着该企业的存货每年能够周转 6 次，表明其能够迅速将存货转化为销售，并且没有存货积压的问题
应收账款周转率	1 000÷200＝5	表明该企业能够较快地收回应收款项，这有助于缩短资金回笼周期
应付账款周转率	600÷100＝6	表明该企业支付应付款项的速度较快，这有助于管理现金流

3. 财务稳定性分析

物流企业财务稳定性分析是指对物流企业的财务状况和运营情况进行综合评估和分析的过程。该分析旨在评估企业是否能够在长期内稳定地履行其债务、维持健康的盈利能力和现金流，并有效地管理资产和负债。企业的财务稳定性主要通过以下几个核心指标来衡量，详见表 5-17。

表 5-17　财务稳定性分析指标

指标	公式	意义
负债率	总负债/总资产	负债率指标衡量企业对借款融资的依赖程度，较低的负债率表示企业的财务风险较低
流动比率	流动资产/流动负债	流动比率衡量企业的短期偿债能力，较高的流动比率一般表示企业的偿债能力较强
速动比率	（流动资产－存货）/流动负债	速动比率衡量企业除存货外的流动资产偿付能力，较高的速动比率一般表示企业的偿债能力较强
利息保障倍数	息税前利润/利息费用	利息保障倍数反映了企业的盈利能力能否足以支付利息支出，较高的利息保障倍数表示企业有足够的盈利能力来支付利息

上述这些指标通常用于评估物流企业的财务稳定性。负债率和流动比率可以揭示企业的偿债能力，速动比率进一步考察了除存货外的流动资产偿付能力。假设 ABC 物流企业的流动比率高于 1.5，速动比率也高于 1，这表明企业具有较强的短期偿债能力，有足够的流动资产来偿还短期债务。利息保障倍数则关注企业的盈利能力能否足以支付利息支出。通过综合分析这些指标，可以对物流企业的财务稳定性有一个全面的了解。

【问答贴】

根据某物流企业的资产负债表数据（见表 5-18）计算分析该企业的负债率、流动比率和速动比率。

表 5-18　某物流企业的资产负债表数据

科目	金额（元）	科目	金额（元）
流动资产	100 000	流动负债	80 000
存货	40 000	短期债务	20 000
其他流动资产	60 000	长期债务	120 000
固定资产	200 000	总负债	200 000
总资产	400 000	所有者权益	200 000

【解答】相关指标的计算如下所示。

负债率＝总负债/总资产＝200 000/400 000＝0.5；这表明公司的负债率为 50%，债务风险相对较低。

流动比率＝流动资产/流动负债＝（100 000＋60 000）/80 000＝2；这表明公司有足够的流动资产来偿还其短期债务。

速动比率＝（流动资产－存货）/流动负债＝（100 000－40 000）/80 000＝0.75；这表明公司在偿还短期债务时可能需要依赖一些存货。

通过这些指标的计算，我们可以初步评估该物流企业的财务稳定性。当结合其他财务指标和相关背景信息进行综合评估时，可以更全面地了解该企业的财务状况。

4. 物流企业的现金流量分析

物流企业的现金流量分析是财务分析的重要方面，它涉及审视企业的现金流入和流出，以评估企业的流动性、偿债能力和长期可持续性。现金流量表通常涉及经营活动、投资活动和筹资活动三个部分，主要通过以下几个核心指标来展开分析。

1）经营活动现金流量净额

经营活动现金流量净额反映了企业主营业务在一定时期内产生的现金流动量，不包括投资和筹资活动的现金流。理解经营活动现金流量净额有助于评估企业的资金状况、支付能力和持续经营能力，其计算公式为：

经营活动现金流量净额＝收到的销售商品或提供劳务产生的现金－支付给商品和劳务供应商以及员工的现金－支付的各项税费＋调整项

【问答贴】

表 5-19 展示了某物流企业过去一年经营活动现金流量的主要数据，试计算该企业在过去一年的经营活动现金流量净额。

表 5-19　某物流企业过去一年经营活动现金流量的主要数据

科目	金额（元）
收到的销售商品或提供劳务产生的现金	1 200 000
支付给商品和劳务供应商以及员工的现金	800 000
支付的各项税费	150 000
调整项（包括折旧等）	50 000

【解答】将表 5-19 中的数据应用于上述公式中，计算可得：

经营活动现金流量净额＝1 200 000－800 000－150 000＋50 000＝300 000（元）

这意味着该企业在过去一年通过其经营活动产生了净额为 300 000 元的现金流入。这个指标表示该企业的主营业务是健康的，并且在考虑了必要支出和税费后，能够产生正向的现金流。

2）投资活动现金流量净额

投资活动现金流量净额主要反映企业在一定时期内进行固定资产投资、无形资产投资以及长期金融投资产生的现金流量净额。对于物流企业来说，这些投资活动通常包括购买或出售物流设备、车辆、仓储设施、其他长期资产或进行技术系统升级的行为。投资活动现金流量净额的计算公式为：

投资活动现金流量净额＝购买固定资产的现金支付额－出售固定资产所得现金－投资支付的现金＋收回投资获得的现金

【问答贴】

表 5-20 展示了某物流企业过去一年投资活动现金流量的主要数据，试计算该企业在过去一年的投资活动现金流量净额。

表 5-20　某物流企业过去一年投资活动现金流量的主要数据

科目	金额（元）
购买新的货车和仓库设施造成的现金支出	300 000
出售旧货车获得的现金	50 000
收回之前对供应商公司股权投资的现金	30 000
对新的物流技术平台的股权投资支出	70 000

【解答】将表 5-20 中的数据应用于上述公式中，计算可得：

投资活动现金流量净额＝300 000－50 000－30 000＋70 000＝290 000（元）

这个计算结果表明，物流企业在过去一年因投资活动而产生的净现金流出额为 290 000 元。这意味着企业在该年度的总体现金流量在投资活动方面是负向的，企业投入了更多的现金用于购置、更新固定资产或进行其他类型的投资。

在分析这一指标时，重要的是要注意投资活动产生的负现金流量并不一定意味着企业处于不利地位，因为这些支出可能会在未来带来增值和收益。投资活动现金流量经常出现负值，很可能源自企业为长期增长进行的战略性投资。

3）筹资活动现金流量净额

筹资活动现金流量净额是现金流量表中的一个重要组成部分，它表明企业在一定时期内通过筹资活动所得到的净现金流量。筹资活动主要涉及向债权人借入贷款、偿还债务、发行股票、回购股票以及支付股息等。了解企业的筹资活动现金流量净额有助于投资者和债权人评估企业如何筹集资金以及企业对资本结构管理的方式，这对评估其长期的财务稳定性和增长能力也是非常关键的。筹资活动现金流量净额的计算公式为：

筹资活动现金流量净额＝（借款所得到的现金－偿还的债务本金）＋（发行股票所得到的现金－股票回购支付的现金）－支付的股利现金

【问答贴】

表 5-21 展示了某物流企业过去一年筹资活动现金流量的主要数据，试计算该企业在过去一年的筹资活动现金流量净额。

表 5-21 某物流企业过去一年筹资活动现金流量的主要数据

项目	金额（元）
借款所获得的现金	200 000
偿还老债务所支出的现金（仅限本金部分）	150 000
发行股票所获得的现金	50 000
股票回购支付的现金	40 000
支付给股东的股利现金	30 000

【解答】将表 5-21 中的数据应用于上述公式中，计算可得：

筹资活动现金流量净额＝（200 000－150 000）＋（50 000－40 000）－30 000
　　　　　　　　　　＝50 000＋10 000－30 000
　　　　　　　　　　＝30 000（元）

筹资活动现金流量净额为 30 000 元，这意味着企业通过筹资活动净增加了 30 000 元的现金流量。这个指标表明，企业在该年度通过发行股票和借款获得了资金，尽管在还债和支付股利方面有所支出，但总体上还是增加了企业的现金流量。

5. 成长能力分析

企业的成长能力分析是对企业未来扩张和盈利增长前景的评估，主要通过以下几个核心指标来衡量。

1) 营业收入增长率

物流企业营业收入增长率是指物流企业在一定时期内营业收入（或称为营业额、销售收入）增长的比例。这是一个重要的财务指标，反映了企业销售能力和市场地位的变化。其计算公式为：

营业收入增长率＝［（本期营业收入－上期营业收入）/上期营业收入］×100%

其中，本期营业收入指的是报告期内企业的主营业务带来的收入总额；上期营业收入则是指上一个相同的报告期内的主营业务收入。

营业收入的增长对物流企业来说是非常关键的，它不仅代表市场份额的增加，还是企业健康水平和扩张能力的一个主要标志。然而，围绕这个指标的分析应该更加全面，需要综合考虑成本控制、利润率、市场趋势等其他组成部分，才能准确把握企业的真实经营状况。

2) 净利润增长率

物流企业的净利润是指在一定时期内，物流企业实现的收入（如运输收入、仓储收入等）减去成本（如运输成本、仓储成本、管理费用、销售费用等）以及税费后的利润。物流企业净利润增长率是指物流企业在不同会计期间的净利润的增长比例，该指标能够反映公司盈利能力的变化趋势。计算物流企业净利润增长率的公式如下：

净利润增长率＝［（本期净利润－上期净利润）/上期净利润］×100%

在此公式中，本期净利润是指本会计年度的净利润，上期净利润指的是上一个会计年度的净利润。

物流企业的净利润增长率受多种因素的影响，包括运营效率、成本控制、市场需求、行业竞争状况、油价变化、国家政策支持等。高净利润增长率通常表明企业的盈利能力和市场竞争力增强，而持续的净利润下降可能表明企业正在遇到经营困难。分析净利润增长率时，需要综合考量企业内部管理及外部市场环境等多方面的因素。

最后，我们对本任务的内容进行简短的归纳。

筹资管理主要涉及确定资金需求、选择最佳筹资渠道和构建适宜的资本结构。这包括但不限于发行股票、债券，开展融资租赁，以及从金融机构获取贷款等。有效的筹资管理可以减少资金成本，优化现金流，并支持企业的长远发展。

投资管理则涉及资本投入的决策，如购买新的运输设备、扩建仓库设施或技术更新。物流企业需评估投资的风险与收益，常采用净现值、内部收益率等财务指标帮助进行投资项目的选择和资本预算，以实现资源的最优配置。

企业财务分析是对企业经营活动和财务状况进行深入剖析，主要包括财务比率分析、现金流量分析、利润分析等。这些分析帮助管理者了解企业的盈利能力、偿债能力、成长能力和运营效率，为战略规划和日常管理提供数据支持和决策依据。通过财务分析，企业可以监控财务健康状态，发现问题并及时采取应对措施。

物流企业的资金和成本管理是物流企业管理的核心组成部分，它们直接影响企业的利润率、现金流状况和生存能力。良好的资金管理能够降低财务成本，提高资金使用效率。同时，成本管理对于物流企业而言意义重大，因为物流是一个成本密集型行业。有效的成本控制可以降低运营成本，更好地确定服务定价，保证利润边际，提升服务质量和价格竞争力。此外，优化资金和成本管理可以帮助物流企业提高对市场波动的适应性，增强应对经济周期变动的能力，在供应链中占据有利地位。物流企业在费用、收入和现金流等方面实现有效控制，这有助于确保企业长期的财务可持续性与增长潜力。

知识拓展

怎样做好物流企业的财务分析？

要做好物流企业的财务分析，关键在于理解和有效运用企业的财务数据。首先，收集企业的财务报表，包括资产负债表、利润表和现金流量表。接着，利用这些数据进行比率分析，包括流动比率、速动比率（检验短期偿债能力），毛利率、净利率（衡量盈利能力），资产周转率（评估资产运用效率），以及财务杠杆比率（评估财务风险）。

物流属于资本密集型行业，现金流量分析也至关重要。分析应关注经营活动产生的现金流、投资活动产生的现金流及筹资活动产生的现金流，以确保企业维持良好的现金流状况，满足运营所需。

财务分析还包括对预算执行的监控、预测未来收入和支出、评估项目的投资收益、监控成本和费用等。通过这些分析步骤，物流企业能够发现财务问题，优化运营策略，提高全局决策质量，为投资者和利益相关者提供透明的财务表现。此外，财务分析应当周期性地进行，以便及时调整经营战略，应对市场的变动和内部的运营挑战。

实战 6　平衡计分卡的运用

◆ 项目任务

领蓝鸟物流有限责任公司是一家大型物流企业，主要提供仓储、运输、配送等一体化物流服务。近年来，随着市场竞争的加剧和运营成本的上升，该公司在资金和成本管理方面面临巨大的挑战。公司管理层意识到，若不进行有效的资金和成本管理，公司将难以保持竞争力。表 5-22 是公司当前的财务状况及相关数据。

表 5-22 领蓝鸟物流有限责任公司当前的财务状况及相关数据　单位：亿元

财务状况		现有成本结构	
指标	数据	指标	数据
年营业额	10	人力成本	3
年净利润	1	运输成本	2.5
总资产	15	仓储成本	2
总负债	8	设备维护和折旧成本	1
流动资产	5	行政和其他成本	1.5
流动负债	4	—	—

公司当前面临的主要问题有：现金流紧张，无法及时支付供应商款项；运输成本和仓储成本不断上升，导致利润空间缩小；设备维护和折旧费用高企，影响了公司的整体盈利能力；资金利用效率低，存在大量闲置资金未能有效使用。

公司发展目标包括：提高资金利用效率，确保现金流充足；降低运输和仓储成本，提高整体盈利能力；优化设备维护和折旧提取，减少不必要的开支；实现运营成本的全面管控，提升公司竞争力。

◆ 项目要求

1. 根据公司当前的财务状况和发展目标，分析并制定提高资金利用效率和优化现金流管理的策略。

2. 提出具体的成本控制措施，包括降低运输成本和仓储成本的具体方案，以及优化设备维护和折旧提取的管理方案。

3. 识别和评估公司在资金和成本管理中可能面临的财务风险，并制定相应的风险应对策略，确保公司的财务安全。

◆ 训练步骤

步骤一：教师说明任务要求，并引出相关的行动锦囊。

步骤二：学生分组形成团队，各团队根据任务要求进行研讨和分工合作。

步骤三：小组形成实训任务报告，并进行分析成果汇报和展示。

步骤四：学生互评，教师点评，企业专家提供实战经验指导。

步骤五：学生改进和优化实训任务报告，形成并提交实训任务报告定稿，教师进行总结。

◆ 训练评价

训练评价表如表 5-23 所示。

表 5-23 训练评价表

层级	评价内容	满分	得分	自我评价
1	在规定时间内完成任务	10		
2	任务完成质量	35		
3	创新合作模式	10		
4	职业思政素养	15		
5	任务总结报告	30		

任务 17　物流企业运营的绩效评价

【任务目标】

◆ 知识目标

- 理解物流企业绩效评价的含义；
- 掌握物流企业绩效评价方法的应用；
- 掌握物流企业绩效评价的实施过程。

◆ 技能目标

- 能够灵活应用物流企业绩效评价的方法；
- 能够根据企业目标有计划地实施物流企业绩效评价。

◆ 素养目标

- 能够树立良好的职业道德，具备企业管理、财务管理以及绩效管理技能；
- 具有决策能力、沟通协调和团队合作能力，培养创造性思维。

任务描述

王经理创办的物流企业的核心竞争力在于提供快速和可靠的跨城市快递服务。在经历了初期的快速增长之后，企业运营成本上升迅速，客户满意度却出现波动。为了确保可持续发展，王经理决定实施绩效评价体系，以优化运营并提升服务质量。他确定了以下绩效指标进行评价和控制：

(1) 客户满意度：通过定期客户服务调查来评估；

(2) 成本效率：通过每单成本来度量，包括运输和仓储成本；

(3) 交货时间：以订单处理到送达客户的平均时间来度量；

(4) 订单准确率：订单无误的百分比；

(5) 车辆载荷率：车辆的平均载荷与最大载荷之比。

根据以上描述，分析并回答以下问题：

(1) 王经理应如何合理设定关键绩效目标，以便能有效地推动业务发展？

(2) 王经理应如何收集有关这些指标的数据？

(3) 如果某些 KPI 指标未达预期，王经理应该采取哪些措施来纠正不足？

行动锦囊

17.1 物流企业绩效评价的内容

物流企业绩效评价是指对物流企业在一定时间内各项业务活动的成效进行系统的测量、分析和评价。绩效评价的核心目的是通过科学的指标和方法，全面地了解和判断物流企业的运营状态和管理效能，以此为依据来考虑如何改进物流服务、提高物流效率、降低成本和增强竞争力。物流企业绩效评价着重考察物流企业在服务质量、成本控制、运营效率、客户满意度、技术创新、可持续发展等关键业务领域的绩效表现。

物流企业绩效评价旨在评估企业在实现其战略目标和经营计划方面的成功程度，并对企业未来发展提供指导和决策支持。物流企业绩效评价的内容可以从多个方面进行考量，下面将重点介绍以下五个方面：财务绩效，市场绩效，内部绩效，顾客绩效，学习与发展绩效。

1. 财务绩效

财务绩效通常是指一个企业在财务方面的表现，反映了企业盈利能力、偿债能力和资产管理能力等。在物流企业中，财务绩效的评价指标通常包括净利润、营业收入、成本控制、资产回报率、股东价值增长等。通过这些指标，可以评价物流企业的财务健康状况和经营成果。

2. 市场绩效

市场绩效是指企业在市场上的表现，包括市场占有率、新客户获取、客户保留率、品牌影响力等。物流企业的市场绩效体现了其市场竞争力和市场增长潜力。一个有良好市场绩效的物流企业通常能够保持稳定的客户基础并拓展新的业务。

3. 内部绩效

内部绩效关注的是物流企业内部运营效率和效益，主要包括运营流程优化、生产力提高、成本效率、质量管理等。例如，通过减少货物的装卸和转运次数来降低损耗，提高物流效率；或是通过提升仓储管理的自动化水平来减少作业时间和成本。

4. 顾客绩效

顾客绩效指的是企业在顾客眼中的服务品质和顾客满意度。物流企业可以通过客户调查、服务响应时间、准时交付率、订单正确率、客户投诉处理等指标来衡量顾客绩效。保持高水平的顾客绩效有助于提高企业的客户忠诚度和市场竞争力。

5. 学习与发展绩效

学习与发展绩效关注的是物流企业的创新能力和员工发展，包括对员工的培训投资、技能提升、知识管理、技术创新以及组织文化的建设等。这通常是一个企业长期可持续发展的关键所在，为企业提供了持续改进的能力和适应市场变化的灵活性。

17.2 物流企业绩效评价标准和方法

1. 物流企业绩效评价标准

物流企业绩效评价的标准包括经济性能评价、服务质量评价、运行效率评价、创新和可持续发展能力评价、客户满意度评价等多个方面，详见表 5-24。

表 5-24 物流企业绩效评价标准一览表

一级指标	二级指标	三级指标	备注
经济性能评价	收入和盈利	营业收入	衡量企业销售服务的总收入
		净利润	衡量企业经营活动的最终盈利能力
		利润率	净利润与营业收入的比例，衡量盈利能力
	成本控制	成本费用率	各项成本和费用总额占营业收入的比例，低成本费用率表示高效的成本控制
		单位物流成本	衡量物流活动的成本效率
服务质量评价	准时率	交付准时率	按时交付货物的比例，高准时率表示服务质量高
	错误率	订单错误率	错误处理订单占总订单的比例，低错误率表示服务质量高

续表

一级指标	二级指标	三级指标	备注
运行效率评价	资产管理	库存周转率	衡量库存管理效率，表示库存的周转速度
		固定资产周转率	衡量固定资产的使用效率
	运营效率	运输效率	如车辆使用率、平均送货时长等指标，衡量运输过程的效率
		货物装卸效率	衡量装卸货物的速度和准确性
创新和可持续发展能力评价	技术创新	新产品或服务比例	评价企业的创新能力
		投入产出比	研发投入与产出的比例，衡量研发效率
	环境和社会责任	绿色物流绩效	如减少废弃物、节能减排等，衡量企业的环境责任
		安全事故率	安全事故发生的频率，反映企业的安全管理水平
客户满意度评价	客户反馈	客户满意度调查	通过调查获取客户对服务的满意程度
		客户忠诚度	通过重复购买率等指标进行评估

2. 物流企业绩效评价的方法

针对物流企业的不同发展阶段，选择合适的绩效评价方法对于促进企业有效成长和市场竞争力的提升具有重要意义。在不同的发展阶段，企业面临的挑战和优先关注的领域各不相同，因此，需要采取灵活多变的评价方法来确保评价结果的准确性和实用性。下面将针对不同发展阶段的物流企业，提出相应的绩效评价策略。

1）初创阶段

在初创阶段，物流企业主要集中于市场的进入和生存，资源通常较为有限。其关注点主要包括客户满意度、市场响应速度和服务创新。在评价方法上，应优先考虑非财务指标评价，如客户满意度调查、服务质量评价。同时，引入关键绩效指标来密切监控核心业务流程的效率和效果。

2）成长阶段

在成长阶段，企业开始扩大市场份额，业务量增长迅速。在此阶段的关注点主要包括市场扩展、客户基础增长、运营效率和盈利能力。在评价方法上，应综合使用财务指标分析和非财务指标评价。财务指标可着重于盈利能力和成本效率分析，非财务指标则侧重于评价市场绩效（如市场占有率、新客户增长率）和内部运营效率。

3）成熟阶段

在成熟阶段，企业已有稳固的市场地位，寻求进一步的优化和创新。在此阶段的关注点主要包括服务质量的持续改进、成本控制、创新能力和国际竞争力。在评价方法上，平衡计分卡方法可以在这个阶段发挥重大作用，帮助企业从财务、客户、内部流程、学习与增长四个维度进行全面评估。同时，基准比较对于识别行业最佳实践和竞争对手分析具有重要价值。

平衡计分卡（Balanced Score Card，BSC）是一种将传统财务指标与和企业战略目标相关的非财务指标结合起来的管理系统，以评估企业绩效并提升未来的业务表现。平衡计分卡通常包含四个维度：财务，客户，内部业务流程，学习与增长。具体见表5-25。

表5-25　平衡计分卡

维度	财务	客户	内部业务流程	学习与增长
目标	提高盈利能力和成本效率	提高客户满意度和忠诚度	优化物流和供应链流程，提高操作效率	建立持续学习与创新的企业文化
关键绩效指标	1. 净利润增长率 2. 营业收入增长率 3. 成本节约百分比 4. 投资回报率（ROI）	1. 客户满意度得分 2. 准时交货率 3. 订单正确率 4. 客户留存率或重复业务比率 5. 客户投诉处理时间	1. 货物处理时间 2. 库存周转率 3. 出货前的等待时间 4. 供应链成本占销售收入的比例 5. 货运及配送的准确性	1. 员工满意度 2. 培训投资回报率 3. 新服务/产品开发时间 4. 技术创新项目数 5. 内部沟通效率评价指标

对于物流企业来说，平衡计分卡不仅可以帮助管理层从多个角度综合衡量绩效，而且通过将战略目标细化为具体的KPIs，确保企业的各项行动和资源分配与总体战略保持一致。例如，内部业务流程的优化和客户满意度等非财务指标的提升，最终会反映在财务绩效上。同样，通过学习与增长维度的投资，提高员工技能和技术创新能力，也能为企业带来长期的业务增长和盈利能力的提升。

【经验贴】

王经理创办的物流企业上个月的运营情况见表5-26，请使用平衡计分卡分析该物流企业的绩效水平。

表5-26　物流企业上个月运营数据一览表

指标	数据	单位
净利润	200 000	元
收入	2 000 000	元
本月总成本	500 000	元
之前月份平均成本	550 000	元
平均库存价值	400 000	元
年度销售额	2 000 000	元

续表

指标	数据	单位
年度运输总量	10 000	箱
损坏或丢失的单位量	50	箱
需要培训员工总数	100	人
完成培训员工数	90	人
客户调查平均分	4.2	分
员工满意度调查平均评分（1~5 分）	3.8	分
总配送次数	1 000	次
准时配送	900	次

【分析】使用平衡计分卡对企业绩效水平进行评价，详见表 5-27。

表 5-27　企业绩效评价分析一览表

维度	关键绩效指标
财务	净利润率＝净利润/收入＝200 000 / 2 000 000 ＝ 10% 月度成本节约：之前月份平均成本－本月总成本 　　　　　　＝550 000－500 000＝50 000（元）
客户	客户满意度：客户调查平均评分为 4.2 分 准时交付率＝准时配送/总配送次数＝900/1 000＝90%
内部业务流程	库存周转天数＝（平均库存价值 / 年度销售额）× 365 　　　　　　＝（400 000 / 2 000 000）×365 ＝ 73（天） 运输损失率＝损坏或丢失的单位量/年度运输总量＝ 50 / 10 000 ＝ 0.5%
学习与增长	员工培训完成率＝完成培训员工数 / 需要培训员工总数 ＝ 90 / 100 ＝ 90% 员工满意度：员工调查平均评分为 3.8 分

该物流企业可以通过这些指标获得一个 360 度的企业运营画面。每项指标都可以设置目标值，与实际值进行对比，以判断企业在各个方面的表现是否达到期望标准。例如，如果财务维度的目标净利润率是 12%，目前的 10% 表明仍需要继续提升；如果内部运营流程的目标库存周转天数是 60 天，当前的 73 天则表示库存管理需要优化。通过这些数据，企业管理层能够清晰地看到哪些方面做得好，哪些方面需要改进，并据此做出适当的策略调整。

4）更新转型阶段

在更新转型阶段，物流企业可能会探索新的商业模式，进行技术创新或市场扩张。其关注点在于创新能力、战略转型的成功实施、新市场的开拓，主要使用如下评价方法：强调学习与增长绩效的评价；侧重于员工技能提升、技术创新和组织文化建设的评价。SWOT 分析通常被用来评估企业面临的机会与挑战，帮助企业在转型中做出战略决策。

物流企业在不同的发展阶段应根据自身的业务重点和市场环境，灵活选择和调整绩效评价的方法和指标。同时，应持续监控和评估绩效评价体系的有效性，并根据外部环境的变化和内部战略的调整进行适时的更新和优化，从而确保绩效评价体系始终支持企业的长期发展目标。

17.3 物流企业绩效评价实施和控制

1. 绩效评价的实施

1) 明确评价目标

在物流企业绩效评价的过程中，明确评价目标是实现有效管理和持续改进的首要步骤。在确定绩效评价的目标时，物流企业应采用系统化和战略化的方法，综合考虑内外部环境的变化、竞争对手的动向以及行业趋势。此外，目标设定应具有可衡量性、相关性、可达成性、具体性和时限性（SMART 原则），以确保评价过程的有效性和实用性。通过确立明确和合理的评价目标，物流企业可以确保绩效评价的工作能够为企业带来真正的价值，支持其长期的发展。

2) 制定评价指标体系

为全面反映企业绩效，根据评价目标制定一个全面、具体、可量化的评价指标体系至关重要。这些指标应综合考虑运营效率、成本控制、服务质量、技术创新、人力资源管理等多个方面，以确保能全方位评估企业的运营状况和成长潜力。例如，在运营效率方面，可以通过订单处理时间、库存周转率等指标来衡量；在成本控制方面，可以考虑原材料成本、运输成本、人力成本等；在服务质量方面，可以通过客户满意度调查、投诉率等来评估；在技术创新方面，可以通过新产品开发周期、研发投入比重等指标来衡量；在人力资源管理方面，需考虑员工满意度、培训投入、人才留存率等。这些指标不仅需要具有可量化的特性，以便于数据收集和分析；还应该具有动态调整的灵活性，以适应企业战略调整和市场环境变化。通过建立这样一个多维度、动态的评价体系，企业能够更准确地识别改进点，制定有效策略，促进自身持续改进和长远发展。

3) 选择评价方法

在企业管理和绩效评估中，选择合适的评价方法至关重要，它直接影响到评价结果的准确性和可操作性。常见的评价方法包括关键绩效指标、平衡计分卡、360 度反馈、员工绩效评价等。这些方法各有特点，能够从不同维度全面地反映企业的绩效状况。例如，关键绩效指标侧重于量化目标的达成情况，通过具体、可衡量的指标来评估关键业务领域的表现。平衡计分卡强调从财务、客户、内部业务流程、学习与成长四个维度来评价企业的整体绩效,促使企业重视非财务指标对长期成功的影响。360度反馈涵盖了来自同事、上级、下属及自身的全方位评价,有助于全面了解员工的工作表现和团队合作能力。员工绩效评价通常结合定量指标和定性描述,评估个人对团队和组织目标的贡献度。

在实际应用中,企业应根据自身的具体需求和管理目标,选择最适合的评价方法或者将几种方法结合使用,以实现最佳的评价效果。同时,确保评价过程的公正性、透明度和持续改进是提高评价效果的关键因素。此外,通过定期审视和调整评价方法,可以确保评价体系与企业的发展战略保持一致,有效支持企业的长远发展和竞争优势。

4)数据收集与处理

在绩效评价过程中,准确、可靠的数据是进行有效评价的基础。因此,企业需要通过各种渠道收集必要的数据,并进行适当的处理和分析,以确保评价结果的客观性和准确性。这些渠道包括物流管理系统、客户反馈、内部审计、市场调研、员工绩效记录等。例如,物流管理系统可以提供有关订单处理时间、配送准时率等关键指标的数据;客户反馈可以帮助了解服务质量和客户满意度;内部审计则能够揭示财务管理和内部控制的有效性。收集到的数据需要经过严格的筛选和处理,排除无关或错误的信息,确保数据的真实性和可靠性。

在数据处理和分析阶段,可以运用统计分析、数据挖掘、趋势分析等方法,从中提取有价值的信息,并将其转化为可操作的经验做法。这些分析结果将为制定改进措施和战略决策提供依据。同时,为了保证数据分析的准确性,企业应定期对数据收集和处理流程进行审查和优化,确保其能够适应市场环境和业务需求的变化。此外,随着技术的发展,企业还可以利用先进的数据分析工具和技术,如大数据分析和人工智能,来提高数据处理的效率和精度,从而进一步增强评价结果的可信度和有效性。

5)绩效评价与反馈

定期进行绩效评价,并将评价结果反馈给相关的管理层和员工,这不仅可以帮助员工了解自身的表现和存在的问题,也可以作为企业改进管理和提升服务的依据。物流企业应将绩效评价与反馈视为一个持续的循环过程,即"计划—执行—检查—行动"(PDCA)循环。企业可以根据绩效评价的结果和反馈信息来调整和优化运营策略,制定新的改进计划,然后再次执行并评估效果,形成一个持续改进的良性循环。

【经验贴】

王经理经营的物流企业主要提供仓储和配送服务。企业希望评估其运营绩效,以便识别改进的机会。请问企业应该怎么做呢?

【分析】步骤一:确定评价指标

选择与物流运营直接相关的关键绩效指标,详见表5-28。

表 5-28　与物流运营直接相关的关键绩效指标

评价指标	内容	公式
仓储效率	库存周转率（ITR）	库存周转率＝年销售量/平均库存量
配送效率	准时交付率	准时交付率＝准时配送次数/总配送次数
成本控制	物流成本率	物流成本率＝总物流成本/销售收入
客户满意度	净推荐值	净推荐值＝推荐者比例－批评者比例
运输损失率	货物损坏/丢失比例	货物损坏/丢失比例＝损坏以及丢失货物数量/运输货物总量

步骤二：数据收集

表 5-29 展示了与物流运营直接相关的数据。

表 5-29　与物流运营直接相关的数据

指标	单位	数量
平均库存量	箱	1 000
年销售量	箱	6 000
总物流成本	元	1 000 000
销售收入	元	5 000 000
年度配送次数	次	500
其中：准时配送次数	次	400
净推荐值（NPS）	—	9～10 的响应者为推荐者（40%） 0～6 的响应者为批评者（15%） 7～8 的响应者为中立者（45%）
年度货物运输总量	箱	10 000
损坏/丢失货物数量	箱	50

根据数据分析得知：

$$库存周转率＝6\ 000/1\ 000＝6（次/年）$$
$$准时交付率＝(500－400)/500＝40\%$$
$$物流成本率＝1\ 000\ 000/5\ 000\ 000＝20\%$$
$$净推荐值＝40\%－15\%＝25\%$$
$$货物损坏/丢失的比例＝50/10\ 000＝0.5\%$$

步骤三：对收集到的数据进行评价

具体来说，包括如下指标。

(1) 库存周转率。通常，较高的库存周转率表示库存被更快地卖出且投资回报较高。该物流公司的库存周转率为 6 次/年，与行业标准相比，假设行业平均水平为 4 次/年，则该公司表现良好。

(2) 准时交付率。物流企业通常希望其准时交付率接近 100%。该物流企业 80% 的准时支付率表明需要提升配送效率。

(3) 物流成本率。物流成本率应尽可能低，以确保企业盈利能力。该企业的20%的物流成本率需要与同行业竞争对手进行对比，假设行业标准是15%，则该公司的物流成本较高。

(4) 净推荐值。25%的净推荐值对于物流行业来说处于一个健康水平，但还有提升空间。

(5) 货物损坏/丢失比例。该指标通常应趋近于0%。该物流公司的这一指标为0.5%，可能与行业标准相当，但仍需努力降低。

步骤四：利用以上分析找出强项和弱项

根据分析，可知强项和弱项分别为：

(1) 强项：库存管理做得很好，可以分享最佳实践；

(2) 弱项：配送效率和成本控制需要改进。

步骤五：根据分析结果制定对策

针对分析结果，该物流公司可能需要制定如下对策：

(1) 提高配送效率：通过改进路线规划、培训司机或投资于更高效的配送管理系统来提高配送效率；

(2) 降低成本：例如，通过和供应商谈判降低采购成本，通过提高仓储和运输的自动化水平来降低人工成本；

(3) 提高客户满意度：实行更好的客户服务策略和反馈机制以提高客户满意度。

总之，物流企业通过科学的数据分析开展运营绩效评价，能够帮助企业发现问题，制定有针对性的改进措施，从而提高整体运营效率和客户满意度。这一流程需要持续进行，以保持企业在竞争激烈的市场中的竞争力。

2. 绩效控制策略

1) 制定改进计划

基于绩效评价的结果，物流企业应有针对性地制定改进计划和措施。这些计划应具体、可行，明确责任人和完成时限。首先，需要详细分析绩效评估报告中指出的问题和不足之处，从而确定改进的优先级和方向。然后，制定出具体的行动计划，每项措施都需要有明确的执行步骤，分配到具体的责任人，并设定合理的完成时限。此外，应考虑资源的分配，确保有足够的人力、物力和财力支持计划的实施。计划制定后，还需定期跟踪进度，并根据实际情况进行调整，确保改进措施能够有效执行并达到预期目标。最后，对改进结果进行评估，以此为基础进行下一轮的绩效评价和改进循环。

2) 执行与监督

为确保改进计划的顺利执行，需要实施严格的监督和管理，确保每项措施都能按照既定计划实施。这不仅包括对计划进度的实时监控，还涉及对资源使用、任务完成质量的细致检查，以及对实施过程中可能出现的问题的即时响应。同时，物流企业应根据改进措施的实施情况，灵活调整策略和计划，以应对实际操作中遇到的各种挑战和变化，这可能包括重新分配资源、调整责任分配或修改时间表等。通过这种动态管理和调整，可以保证改进措施的有效性，确保项目目标的实现。此外，执行与监督过程中还应鼓励团队成员之间的沟通和协作，确保信息流通顺畅，增强整个团队对计划成功的共同责任感。

3）持续改进

绩效评价与控制是一个动态的循环过程，企业应将其作为持续改进和发展的一部分，通过定期的评价和反馈，不断完善指标体系、优化评价流程、提高评价效果。同时，鼓励员工参与绩效评价过程，激发他们的工作积极性和创新精神，使物流企业更好地适应市场变化，提升自身的服务质量和效率，从而在激烈的市场竞争中脱颖而出。

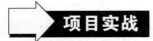

实战 7　平衡计分卡的运用

◆ 项目任务

请运用平衡计分卡对某物流企业进行绩效评价，该物流企业关键绩效指标数据见表 5-30。

表 5-30　某物流企业关键绩效指标数据一览表

指标	数据	单位
上一年收入	5 000 000	元
当年收入	5 500 000	元
净利润	200 000	元
商品成本	4 000 000	元
年末库存	1 000 000	元
平均库存价值	400 000	元
员工总人数	200	人
总培训时间	2 000	时
客户调查平均评分（1～5 分）	4.2	分
员工满意度调查平均评分（1～5 分）	4.2	分
总订单数	10 000	单
准时交付的订单数	9 500	单
总处理时间	50 000	时

◆ 训练步骤

步骤一：教师说明任务要求，并引出相关的行动锦囊。

步骤二：学生分组形成团队，各团队根据任务要求进行研讨和分工合作。

步骤三：小组形成实训任务报告，并进行分析成果汇报和展示。

步骤四：学生互评，教师点评，企业专家提供实战经验指导。

步骤五：学生改进和优化实训任务报告，形成并提交实训任务报告定稿，教师进行总结。

◆ 训练评价

训练评价表如表 5-31 所示。

表 5-31　训练评价表

层级	评价内容	满分	得分	自我评价
1	在规定时间内完成任务	10		
2	任务完成质量	35		
3	创新合作模式	10		
4	职业思政素养	15		
5	任务总结报告	30		

本章小结

本项目重点讲述了物流企业成本管理和绩效评价的理论知识与实践技能，主要包括物流企业的资金和成本管理、物流企业运营的绩效评价两个任务，对这两个任务的深入分析，将有助于大家掌握物流企业在资金管理、成本控制和绩效评价方面的核心要点与方法。

同步测试

一、判断题

1. 物流企业的存货周转天数的增加，通常表示企业的成长能力增强。　　（　　）
2. 物流企业中，固定资本投资的减少必然导致运营成本的增加。　　（　　）
3. 物流企业通过提高货物装载率可以直接降低运输成本。　　（　　）
4. 在物流企业中，运输成本一般不占据企业总成本的主要部分，因此运输成本管理不是成本控制中的重点环节。　　（　　）
5. 固定成本与企业产量无关，因此增加产量不会影响物流企业的固定成本。
　　（　　）
6. 绩效评价的目的是提高企业整体运营的效率和效果，而客户满意度是衡量物流服务质量的重要指标之一。
　　（　　）

7. 对于绩效评价指标，应定期进行检视和调整，以确保它们与企业的战略目标保持一致。（　　）

8. 财务绩效通常是指一个企业在财务方面的表现，反映了公司盈利能力、偿债能力和资产管理能力等。（　　）

9. 物流企业的库存成本只由库存资金成本组成，与库存保管和管理无直接关系。（　　）

10. 物流企业可以通过提高信息技术水平来降低成本，但通常对企业的绩效影响不大。（　　）

二、单项选择题

1. 在物流企业成本管理中，（　　）通常是物流企业的最大成本。
   A. 仓库租赁费　　　　　　　　　　B. 运输成本
   C. 库存持有成本　　　　　　　　　D. 包装成本

2. （　　）能够更全面地反映物流活动的整体成本。
   A. 变动成本计算　　　　　　　　　B. 全部成本计算
   C. 直接成本计算　　　　　　　　　D. 固定成本计算

3. 在物流成本控制中，采用"业务流程再造"方法主要是为了实现（　　）的目标。
   A. 降低运输成本　　　　　　　　　B. 提高服务质量
   C. 提高工作效率　　　　　　　　　D. 降低库存水平

4. 物流企业通常使用哪种财务指标评估投资项目是否值得投资？（　　）
   A. 营业收入　　　　　　　　　　　B. 净现值
   C. 销售利润率　　　　　　　　　　D. 总资产周转率

5. 在物流企业的筹资管理中，通常认为（　　）的融资方式的风险最高。
   A. 银行贷款　　　　　　　　　　　B. 发行股票
   C. 发行债券　　　　　　　　　　　D. 租赁融资

6. 物流企业（　　）是指物流企业在不同会计期间的净利润之间的增长比例，该指标能够反映企业盈利能力的变化趋势。
   A. 营业收入增长率　　　　　　　　B. 毛利率
   C. 净利润增长率　　　　　　　　　D. 流动比率

7. 在物流企业绩效评价中，（　　）能够衡量库存管理的效率。
   A. 订单履行时间　　　　　　　　　B. 货物损坏率
   C. 库存周转率　　　　　　　　　　D. 准时交付率

8. 在物流企业绩效评价中，以下哪一项指标不是用来衡量物流服务水平的？（　　）
   A. 准时交付率　　　　　　　　　　B. 订单履行周期
   C. 库存准确度　　　　　　　　　　D. 年度销售增长率

9. 在物流企业绩效评价的实施和控制过程中，（　　）将不利于提高整体绩效水平。

A. 定期审查和更新绩效评价指标
B. 为员工提供基于绩效的激励制度
C. 忽略客户反馈，只专注于内部操作效率
D. 提供绩效反馈和培训以辅助员工提升技能

10. （　　）关注的是物流企业的创新能力和员工发展。
A. 内部绩效 B. 顾客绩效
C. 学习与发展绩效 D. 市场绩效

三、多项选择题

1. 以下哪些投资属于物流企业的直接投资？（　　）
A. 购买仓库用于货物存储 B. 投资于股票
C. 建造新的配送中心 D. 购置新的运输车辆

2. 在物流企业中，（　　）可以被视为长期投资。
A. 为员工提供培训以提升服务质量
B. 开发一个新的物流信息系统
C. 购买用于即时售出的短期货币市场基金
D. 在一个新的地区开发物流园区

3. 物流企业在进行财务分析时，常用哪些财务比率来评估企业的偿债能力？（　　）
A. 流动比率 B. 速动比率
C. 股东权益比率 D. 长期债务与资本总额比率

4. 以下哪些指标可用于评估物流企业的盈利能力？（　　）
A. 毛利率 B. 营业利润率
C. 资产收益率 D. 存货周转率

5. 以下哪些指标通常用于评估物流企业的成长能力？（　　）
A. 应收账款周转率 B. 总资产增长率
C. 年销售增长率 D. 研发支出比率

6. 在评价物流企业绩效时，（　　）可以有效地衡量企业运营效率。
A. 车辆装载率 B. 准时交付率
C. 客户满意度 D. 库存周转率

7. 在评价物流企业绩效时，以下哪些措施有助于提升综合绩效水平？（　　）
A. 引入先进的物流管理软件 B. 定期对员工进行技能培训
C. 提高仓库租金以获得更大的空间 D. 增加配送频次以满足客户需求

8. 在评价物流企业绩效时，（　　）属于金融绩效类的评价指标。
A. 营业收入增长率 B. 货损率
C. 总资产周转率 D. 净利润率

9. 在物流企业实施绩效评价时，通常采用（　　）方法来衡量和分析绩效。
A. 平衡计分卡 B. 经济增加值
C. 流程成本分析 D. 六西格玛质量管理

10. 物流企业在绩效评价实施和控制过程中，（　　）可以有效提升企业的绩效。
A. 定期进行市场竞争分析
B. 实施员工培训和发展计划
C. 增加绩效奖励，强化激励机制
D. 降低产品和服务的质量标准以降低成本

四、技能训练题

1. 某物流企业计划投资建立一个新的自动化配送中心以提升其配送效率，该项目预计将涉及以下财务数据（见表5-32），请分析该投资项目的可行性。

表 5-32　企业投资项目预计将涉及的财务数据一览表

初始投资（万元）		1 500
项目持续时间（年）		10
预期净现金流（万元）	第1年	120
	第2年	140
	第3年	180
	第4年	200
	第5年	250
	第6年	300
	第7年	320
	第8年	280
	第9年	250
	第10年	300

温馨提示：负数代表现金流出（例如初始投资），正数代表现金流入。计算净现值时使用EXCEL中的NPV函数进行计算。

2. 速达物流公司（以下简称"速达"）是一家中型物流企业，主营业务为本地快递服务和区域性货物运输。近年来，随着电商行业的快速发展，速达的业务量有了显著增长。然而，公司也面临着竞争压力增加、资金管理困难和成本上升等问题，主要体现在：

（1）速达的客户主要是小型电商企业和个体商家，他们通常要求较长的账期（平均45天），而速达需要向油料供应商和车辆维护服务商支付现金或在短期（平均15天）内结清账款；

（2）车辆维护和燃油成本占速达总成本的60%，并且这些成本近期将持续上升；

（3）速达采用固定车辆购买政策，导致在需求低迷时期面临较高的闲置成本；

（4）速达目前没有有效的成本监控和分析系统，对各项成本的控制和优化缺乏系统性的方法。

基于以上问题描述，分析并回答以下内容：

（1）在资金管理方面，速达应如何改善其现金流状况？

（2）针对成本管理问题，速达可以采取哪些措施来降低其运营成本和提高效率？

（3）推荐一个基本的成本监控和分析系统框架，以便速达更有效地管理其成本。

项目六 物流企业质量管理与安全管理

思维导图

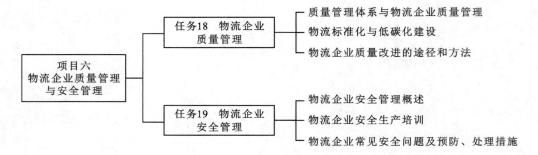

任务目标

◆ 知识目标
- 掌握物流质量的概念;
- 了解物流标准化的内容;
- 掌握物流质量管理的途径。

◆ 技能目标
- 能够对物流企业管理存在的问题提出改进建议和方法;
- 能够分析物流企业存在的安全问题;
- 能够对物流低碳化建设提出可行性建议。

◆ 素养目标
- 树立高质量发展的理念;
- 增强学生绿色、低碳的环保意识。

任务 18 物流企业质量管理

任务描述

在内蒙古自治区，京东物流助力当地物流网络全面升级，持续加快自治区内供应链等业务的下沉，重点布局农业产业带。京东物流发挥一体化供应链优势，升级牛羊肉行业的解决方案，依托"干线＋仓配"模式，由冷链干线运输至销地仓，从销地仓发快递到消费者，以确保时效，货品到达消费者手中时，品相及质量完好。京东物流的上述做法在帮助商家降低物流成本的同时，提升了消费者体验和复购率。图 6-1 展示了在内蒙古公路上行驶的京东快递货车。

图 6-1　在内蒙古公路上行驶的京东快递货车

在包装方面，京东物流会根据牛羊肉的品类特性、规格重量、保鲜要求、配送时效等条件，为冻品、标品、冷鲜等产品设计包装解决方案，比如在商品四周放入干冰、冰袋，并适当增加冷媒等，确保运输环节不化冻。

在仓储环节，京东物流则利用冷链技术实现了"多温层"存储，提升冷链环节的数智化水平，为羊肉产品提供全环节、系统化、平台化检测与保障，还具备 7×24 小时监控温度与存储、智能分拣等多种能力，进一步保障牛羊肉品质。目前，京东物流有大约 100 个针对生鲜、冷冻和冷藏食品的温控冷链仓库投入运营，运营面积约 50 万平方米。

在仓网建设方面，京东物流建造了面积达 21 万平方米的智慧物流示范基地——呼和浩特智能仓储园区。2023 年，京东物流万益云仓在内蒙古乌兰察布落成，超过 6 000 平方米的仓库支持常温、恒温、低温、冷冻等"多温层"存储，为当地牛羊肉、奶制品的存储、运输提供了高效的供应链物流服务通道。京东物流在内蒙古自治区形成了以和林格尔新区为核心、辐射带动整体区域的物流配送体系,这对于降低农副产品物流成本、带动当地脱贫户就业、促进脱贫产业可持续发展具有重要意义。

未来,京东物流还将持续扎根实体经济,发挥现代物流连接生产与消费的先导性作用,助力企业、行业、社会的高质量、可持续发展。

请查阅资料了解京东物流服务质量评价体系、京东物流主要信息技术应用,分析助推京东物流高质量发展的元素,列出京东物流内部质量评价指标,并分析京东物流服务质量改进的措施。

行动锦囊

18.1 质量管理体系与物流企业质量管理

1. 质量的概念和内涵

质量的内涵由一组固有特性组成,体现满足顾客及其他相关方要求的能力。质量具有经济性、广义性、时效性和相对性,如图 6-2 所示。

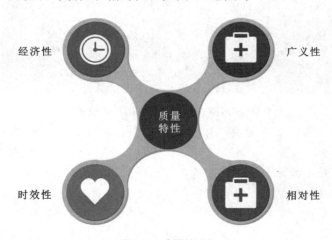

图 6-2 质量的内涵

1)质量的经济性

由于顾客及其他相关方的要求汇集了价值的表现,价廉物美实际上反映了人们的价值取向。物有所值,就是质量具有经济性的表征。虽然顾客和组织关注质量的角度是不同的,但对经济性的考虑是一样的。高质量意味着通过合理的投入,获得最大的产品价值。

2）质量的广义性

在质量管理体系所涉及的范畴内，组织的相关方对组织的产品、过程或体系都可能提出要求。因此，质量不仅指产品质量，也可能指过程和体系的质量。

3）质量的时效性

由于顾客和其他相关方对产品、过程和体系的需求和期望是不断变化的，例如，原先被顾客认为质量好的产品会因为顾客要求的提高而不再受到顾客的欢迎。因此，组织应不断地调整对质量的要求。

4）质量的相对性

顾客和其他相关方可能对同一产品的不同功能提出不同的需求，也可能对同一产品的同一功能提出不同的需求。需求不同，质量要求也就不同，只有满足需求的产品才会被认为是质量好的产品。

质量的优劣是满足要求程度的一种体现。它必须在同一等级基础上做比较，不能与等级混淆。等级是指对功能用途相同但质量要求不同的产品、过程或体系所做的分类或分级。

学习加油站 6-1
数智化助力快递
物流高质量发展（视频）

2. 物流质量的概念

物流质量涉及商品质量、服务质量、工作质量和工程质量等方面，如表 6-1 所示。

表 6-1　物流质量汇总表

序号	名称	概念	说明
1	商品质量	包括商品质量指标体系、商品价格指标体系、商品运输指标体系等	如商品的次品率、商品完整性，优惠价格指标、浮动价格指标，运输准时率、运输完成率等
2	服务质量	包括运输服务质量、配送服务质量、保管服务质量以及库存服务质量等	如销售额、订单数、退货率、待补订单数等
3	工作质量	包括运输工作质量指标、仓库工作质量指标、包装工作质量指标、配送工作质量指标等	如流通加工率、合格率、配送准时率、订单完成率等
4	工程质量	把物流质量体系作为一个系统来考察	如设备因素、工艺方法因素以及环境因素等

3. 物流质量管理的特点

物流是一个复杂系统，是运输、仓储、配送、包装、装卸搬运、流通加工和信息传递等功能的有机结合，它贯穿于生产、分配、流通和消费的整个过程。物流质量管理是指通过制定科学合理的基本标准对物流活动实施全对象、全过程、全员参与的质量控制过程。

（1）全员参与。物流质量管理的全员性，正是由物流的综合性、物流质量问题的重要性和复杂性所决定的。

（2）全程控制。物流质量管理是对物品的包装、储存、运输、配送、流通加工等若干环节进行的全过程管理。

（3）全面管理。影响物流质量的因素具有综合性、复杂性，加强物流质量管理就必须全面分析各种相关因素，把握内在规律。

图 6-3 归纳了物流质量管理的特点。

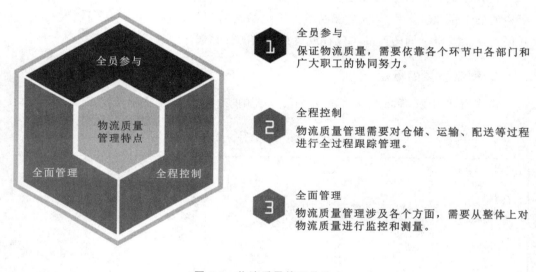

图 6-3　物流质量管理的特点

4. 质量管理体系

质量管理体系是指在质量方面指挥和控制组织的管理体系。质量管理体系是组织内部建立的、为实现质量目标所必需的、系统的质量管理模式，是组织的一项战略决策。质量管理体系的实施需要依据一定的标准，ISO9001 是质量管理体系的国际标准，它是针对所有类型组织的质量管理体系的通用要求标准。质量管理原则如图 6-4 所示，包括：① 以顾客为关注焦点；② 领导作用；③ 全员积极参与；④ 过程方法；⑤ 改进；⑥ 循证决策；⑦ 关系管理。

图 6-4　质量管理原则

18.2　物流标准化与低碳化建设

1. 物流标准化的内涵

物流标准化是为物流活动制定并实施统一标准的整个过程，包括以下几个方面：制定并实施物流系统内部设施、机械装置、专用工具等各个分系统的技术标准；制定并实施系统内各分领域如包装、装卸、运输等方面的工作标准；以系统为出发点，研究各分系统与分领域中技术标准与工作标准的配合性要求，统一整个物流系统的标准；研究物流系统与其他相关系统的配合性，进一步谋求物流大系统的标准统一。

图 6-5 概述了物流标准化的内涵。

科学性：以科学试验为基础，体现科技成果。
民主性：采纳接受各分系统意见。
经济性：需要考虑物流成本因素。

力求使本国物流标准与国际物流标准化体系一致，降低国际交往的技术难度。

最大限度保证人员、货物、设备安全，最大限度减少在货物流通过程中的损失。

图 6-5　物流标准化的内涵

物流标准化是一个多维度、多层次的概念，其内涵主要体现在如下几个方面。

第一，体现"三性"，即科学性、民主性和经济性。首先，科学性要求体现现代科技成果，以科学试验为基础，在物流中，则还要求与物流的现代化（包括现代技术及管理）相适应，能将现代科技成果联结成物流大系统。其次，物流标准化由于涉及面广，要想达到协调和适应，就必须民主决定问题，不过分偏向某个方面的意见，使各分系统都能采纳接受。最后，物流过程必然产生大量消耗，如不注重标准的经济性，片面强调反映现代科学水平，片面顺从物流习惯及现状，将引起物流成本的增加，自然会使标准失去生命力。

第二，具有非常强的国际性。由于经济全球化的趋势所带来的国际交往大幅度增加，而所有的国际贸易又最终靠国际物流来完成，各个国家都很重视本国物流与国际物流的衔接，在本国物流管理发展初期就力求使本国物流标准与国际物流标准化体系一致，若不如此，不但会加大国际交往的技术难度，更重要的是，在本来就很高的关税及运费基础上又增加了因标准化系统不统一所造成的效益损失，使外贸成本增加。因此，物流标准化的国际性也是其不同于一般产品标准的重要特点。

第三，贯彻安全与保险的原则。物流安全问题也是近些年来非常突出的问题，一个安全事故往往会使一个公司损失殆尽，几十万吨的超级油轮、货轮遭受灭顶损失的事例也并不乏见。当然，除了经济方面的损失外，人身伤害也是物流中经常出现的，如交通事故的伤害，物品对人的碰、撞伤害，危险品的爆炸、腐蚀、毒害的伤害等，因而在物流作业过程中需要贯彻安全和保险的原则。

2. 物流标准的种类

物流标准化是指以物流为一个大系统，以系统为出发点，研究各分系统与分领域中技术标准与工作标准的配合性，按配合性要求，统一整个物流系统的标准，如图 6-6 所示。

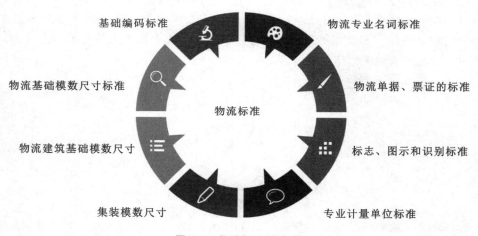

图 6-6　物流标准的分类

1) 基础编码标准

基础编码是指对物流对象编码，并且按物流过程的要求，将数码转化成条形码。这是物流大系统能够实现衔接、配合的基础，也是采用信息技术对物流进行管理和组织、控制的技术标准。

2）物流基础模数尺寸标准

基础模数尺寸指标准化的共同单位尺寸，或系统各标准尺寸的最小公约尺寸。物流基础模数尺寸的确定不但要考虑国内物流系统，而且要考虑到与国际物流系统的衔接，具有一定难度和复杂性。

3）物流建筑基础模数尺寸

物流建筑基础模数尺寸是设计建筑物长、宽、高尺寸，门窗尺寸，建筑物柱间距，跨度及进深等尺寸的依据。

4）集装模数尺寸

集装模数尺寸影响和决定着与其有关各环节的标准化。在物流系统中，由于集装是起贯穿作用的，集装尺寸必须与各环节物流设施、设备、机具相配合，因此，整个物流系统设计时往往以集装尺寸为核心，然后，在满足其他要求前提下决定各设计尺寸。

5）物流专业名词标准

物流专业名词标准包括物流用语的统一化及定义的统一解释，还包括专业名词的统一编码。首先便要求专用语言及所代表的含义实现标准化，如果同一个指令在不同环节有不同的理解，这不仅会造成工作的混乱，而且容易出现大的损失。

6）物流单据、票证的标准

物流单据、票证的标准化，将极大便利信息的录入和采集；管理工作的规范化和标准化，也是应用计算机和通信网络进行数据交换和传递的基础。

7）标志、图示和识别标准

物流中的物品、工具、机具都是处在不断运动过程中的，因此，识别和区分便十分重要，对于物流中的物流对象，需要有易于识别、区分的标识，有时需要自动识别，这就需要用复杂的条形码来代替用肉眼识别的标识。

8）专业计量单位标准

除国家公布的统一计量标准外，物流系统还有许多专业的计量问题，必须在国家及国际标准基础上，确定本身专门的标准。同时，由于物流的国际性很突出，专业计量标准还需考虑与国际计量方式的不一致性，兼顾国际习惯用法，不能完全以国家统一计量标准为唯一依据。

3. 物流低碳化建设

物流作为能源消耗量较大的行业，低碳物流理应受到国家以及企业的重视。对企业而言，低碳将是一个新的发展机遇，同时也是全世界物流企业所应肩负的责任。通过借鉴国外低碳绿色物流发展经验，可以从以下几个方面去推动物流低碳化发展，如图6-7所示。

学习加油站6-2
绿色物流的实现
途径（视频）

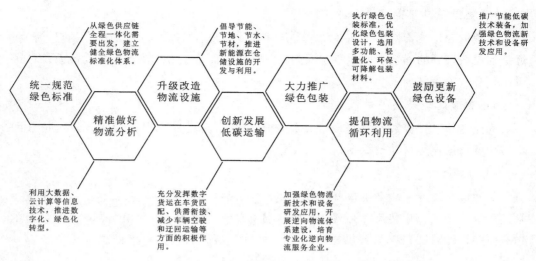

图 6-7 物流低碳化建设措施

1) 统一规范绿色标准

从绿色供应链全程一体化需要出发，建立健全绿色物流标准化体系，按照统一标准做好供应链战略设计。

2) 精准做好物流分析

利用大数据、云计算等信息技术，推进数字化、绿色化转型。要对物流需求地、生产地和转运地，市场容量，物品流量、流向、时效和特点进行深入调研和需求预测，在此基础上，根据市场需求，布局物流网点，优化路径和选择时段，做到供需精准匹配、物流准时到位，尽量减少物流活动对环境的不利影响。

3) 升级改造物流设施

倡导节能、节地、节水、节材，推进新能源在仓储设施的开发与利用，创建一批绿色物流枢纽、绿色物流园区。在运输、仓储、配送等环节积极扩大电力、氢能、天然气、先进生物液体燃料等新能源、清洁能源的应用。

4) 创新发展低碳运输

充分发挥数字货运在车货匹配、供需衔接、减少车辆空驶和迂回运输等方面的积极作用。在现有网络货运平台基础上，延伸服务链条，增加服务功能，逐步扩展到供应链一体化服务。持续推进运输结构调整，提高铁路、水路运输比重，普及和深化"公转铁""公转水""散改集""甩挂运输"等运输模式。

5) 大力推广绿色包装

执行绿色包装标准，优化绿色包装设计，选用多功能、轻量化、环保、可降解包装材料。推广使用循环包装、循环周转箱，减少过度包装和二次包装，实现包装智能化、减量化、再利用、循环共用。在从原料选择、产品制造到使用和废弃的整个生命周期中，包装产品均应符合环保要求。大力推广对生态环境和人类健康无害、能重复使用和再生、符合可持续发展的包装。

6）提倡物流循环利用

加强绿色物流新技术和设备研发应用，开展逆向物流体系建设，培育专业化逆向物流服务企业。针对产品包装、物流器具、汽车以及电商退换货等，建立线上线下融合的逆向物流服务平台和网络，创新服务模式和场景，促进产品回收和资源循环利用。加快标准化物流周转箱推广应用，推动托盘循环共用系统建设。鼓励集装器具、装卸机具等共有共用。

7）鼓励更新绿色设备

推广节能低碳技术装备，加强绿色物流新技术和设备研发应用。加大柴油货车污染治理力度，加快新能源货运车辆在城市配送领域的推广。促进新能源叉车在仓储领域的应用。加强货运车辆适用的充电桩、加氢站及内河船舶适用的岸电设施、液化天然气（LNG）加注站等配套布局建设。

18.3 物流企业质量改进的途径和方法

全面质量管理是以产品质量为核心，建立起一套科学、严密、高效的质量体系，以提供满足用户需要的产品或服务的全部活动。改进物流质量管理，可以采取以下途径和方法。

1. 建立物流质量管理组织

建立物流质量管理组织，可与企业整个管理机构结合进行，应该注意明确两种责任分工，即企业外部物流和企业内部物流。企业外部物流主要包括供应物流和销售物流，注重了解生产商和用户质量动态及对物流服务质量的要求，研究改进质量服务体系，衔接、协调好本企业与他们的关系。企业内部物流注重以提高服务质量为中心的企业内部物流合理化，衔接、协调好物流部门与供销部门及物流各功能环节之间的关系，组织管理基层物流质量管理小组的各项活动。

2. 强化信息工作

在做好组织工作的同时，还要注意信息的处理与运用，即开发应用高效率的信息处理方法、技术和传递网络，运用科学方法，为管理者决策提供依据，及时掌握生产厂家、用户和本企业的质量动态，以此指导物流服务工作，从而实现对物流全过程的动态管理。

3. 工作制度化

作业程序化、制度化、规范化是物流质量管理的重要手段。在制度化工作中，一是要建立健全各项工作的规章制度；二是要结合岗位责任制的规定，充实质量责任内容；三是在程序化工作中，要使物流的每项工作和作业都能按程序进行，包括为每项作业做流程设计，明确各工序实施的详细步骤与衔接方法，并制定出相应的工作质量标准。

4. 采用先进的技术方法

物流质量管理需要根据不同情况，采纳各种先进的管理技术方法，如"PDCA循环法"等科学的管理组织方法（如图6-8所示）以及人工智能等先进技术。在基础设施方面，应升级高新技术设备，提高效率。

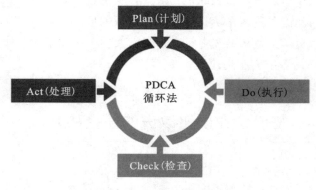

图6-8 "PDCA循环法"

知识拓展

冷链物流国际标准制定的中国贡献

近年来，我国冷链物流标准化体系进一步完善，在冷链物流标准领域的国际影响力不断提升。从参与ISO《间接温控冷藏配送服务：具有中间转移的冷藏包裹陆上运输》国际标准的制定，再到ISO/TC315冷链物流技术委员会的建立，中国在冷链物流领域的标准化水平不断提升。近年来，ISO/TC315冷链物流技术委员会积极推动国际冷链物流标准化工作，先后制定《冷链物流术语》《温控仓库和道路车辆的温度验证方法》等多项国际标准。国际标准化工作的不断深入，需要更多的中国专家参与进来，进一步提升我国冷链物流标准的国际化水平。

直通职场

表6-2展示了物流质控专员岗位职责及其要求。

表 6-2　物流质控专员岗位职责及其要求

岗位名称	物流质控专员
岗位职责	1. 负责货物出入库流程管理及异常处理 2. 负责进出库信息进行核对并登记入仓、出仓 3. 负责仓库库存盘点工作，保证账实相符 4. 负责对仓储区域的清洁和卫生进行管理和监督 5. 负责进仓物品的验收工作 6. 负责对供应商或代理商进行审核和管理
岗位要求	1. 熟悉仓储业务流程 2. 具备较强的沟通协调能力与执行力 3. 具备良好的职业操守和团队合作精神 4. 具有较强的抗压能力和应变能力 5. 熟练操作办公软件

素养课堂

关注快递包装减量　推动低碳物流

当前，我国快递业务量已经实现从"年均百亿"到"月均百亿"的大跨越，妥善处理好快递包装，对节约资源、保护环境意义重大。截至2023年底，现行快递绿色包装国家标准、行业标准共26项，全面覆盖快递封套、包装袋、包装箱、电子运单、胶带、填充材料、集装容器等主要快递包装用品，协同落实快递包装减量化标准。一方面，关注胶带、快递运单等包装材料的减量，比如实施《快递电子运单》国家标准，推动电子运单替代纸质运单，将原来的三联运单变为一联的"小面单"；实施《邮政业封装用胶带》系列行业标准，推广使用45毫米及以下的"瘦身胶带"等。另一方面，关注电子商务、制造业、农业等上下游产业链协同，给出科学的包装操作指引。

任务 19　物流企业安全管理

【任务目标】

◆ 知识目标

· 掌握物流企业安全管理内容；

- 掌握物流企业安全培训内容；
- 了解物流企业常见安全问题及预防、处理措施。

◆ 技能目标
- 能够对物流企业安全问题采取相应预防措施；
- 能够对企业安全问题提出处理意见；
- 能够开展安全培训。

◆ 素养目标
- 培养学生安全生产的职业素养；
- 培养学生严谨、细致的工作态度。

任务描述

企业数据的安全，对于业界来讲是一个高难度的挑战。为了保护数据安全，京东集团进行了深入的实践探索，并取得了令人欣喜的成绩。近年来，京东物流分别在组织建设、制度流程、技术工具以及人员能力四个方面进行了 DSMM 贯标工作。具体来看，在组织建设方面，京东物流构建了委员会、管理组、执行小组的三层虚拟架构，以更好地规划与推进数据安全工作。在制度流程方面，京东物流制定了总纲、规范、细则三层标准制度，明确各层级、各粒度数据安全管理要求。在技术工具方面，京东物流围绕人员操作、数据生命周期、人数匹配打造了身份中心、权限中心、数据管理、审计中心等一系列数据安全系统，保障制度流程等系统化落地。在人员能力方面，京东物流明确了员工需每年参加信息安全、隐私相关培训，并需通过年度信息安全、隐私合规等考核。

在一系列的探索努力下，京东物流的数据安全管理能力达到了全国领先水平。因此，京东物流获颁 DSMM 数据安全能力成熟度三级认证证书，成为国内物流行业首个针对"仓配业务数据处理活动"获得该等级认证的企业。

请查阅资料了解京东物流为什么重视数据安全，以及京东物流保障数据安全的具体措施。

> 行动锦囊

19.1 物流企业安全管理概述

安全管理是企业生产管理的重要组成部分,是一门综合性的系统科学。安全管理是对生产活动中一切人、物、环境的状态管理与控制,是一种动态管理。通过合理组织实施企业安全管理规划、指导、检查和决策,可以保证企业生产处于最佳安全状态。

1. 安全管理的五种关系

图 6-9 展示了安全管理的五种关系。

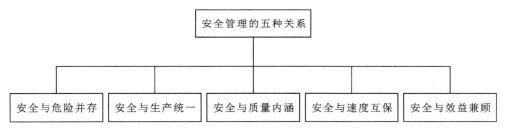

图 6-9 安全管理的五种关系

1) 安全与危险并存

安全与危险在同一事物的运动中是相互对立、相互依赖而存在的。危险因素客观存在于事物运动之中,大多数是可知的,也是可控的。因为有危险,才要进行安全管理,以防止危险。保持生产的安全状态,必须采取多种措施,以预防为主,只有这样,才能较好控制危险因素。

学习加油站 6-3
物流企业安全管理的重要性(视频)

2) 安全与生产统一

生产是人类社会存在和发展的基础。如果生产中人、物、环境都处于危险状态,则生产无法顺利进行。因此,安全是生产的客观要求,生产有了安全保障,才能持续、稳定发展。如果生产活动中事故层出不穷,生产势必陷于混乱、甚至瘫痪状态。当然,如果生产完全停止,安全也就失去了意义。

3) 安全与质量内涵

从广义上看,质量内涵包括安全工作质量,安全概念也意味着质量,二者交互作用、互为因果。安全第一,质量第一,两个"第一"并不矛盾。安全第一是从保护生产因素的角度提出的,质量第一则是从关心产品成果的角度而强调的。安全为质量服务,质量需要安全来保证。

4）安全与速度互保

速度应以安全作为保障,安全就是速度。我们应追求安全加速度,竭力避免安全减速度,使安全与速度成正比例关系。一味强调速度、置安全于不顾的做法是极其有害的。当速度与安全发生矛盾时,暂时减缓速度、保证安全才是正确的做法。

5）安全与效益兼顾

安全技术措施的实施,将会改善劳动条件,调动职工的积极性,焕发劳动热情,带来经济效益,足以使原来的投入得以补偿。企业既要保证安全生产,又要经济合理,还要考虑力所能及。单纯为了省钱而忽视安全生产,或单纯追求不惜资金的盲目高标准,都不可取。

2. 安全管理的六项原则

图 6-10 展示了安全管理的六项原则。

管生产的同时管安全	安全寓于生产之中,并对生产发挥促进与保证作用。安全管理是生产管理的重要组成部分,安全与生产在实施过程中存在着密切的联系,存在着进行共同管理的基础。
坚持安全管理的目的性	没有明确目的的安全管理是一种盲目行为,充其量只能算作花架子,劳民伤财,危险因素依然存在。
贯彻预防为主的方针	首先要端正对生产中不安全因素的认识,端正消除不安全因素的态度,选准消除不安全因素的时机。在安排与布置生产内容的时候,针对施工生产中可能出现的危险因素,采取措施予以消除是最佳选择。
坚持"四全"动态管理	安全管理不是少数人和安全机构的事,而是一切与生产有关的人共同的事。因此,生产活动中必须坚持全员、全过程、全方位、全天候的动态安全管理。
安全管理重在控制	在安全管理的四项主要内容中,对生产因素状态的控制与安全管理目的之间的关系更直接和突出。因此,对生产中人的不安全行为和物的不安全状态的控制,必须将其看作动态的安全管理的重点。
在管理中发展、提高	安全管理是在变化着的生产活动中的管理,企业需要不间断地摸索新的规律,总结管理、控制的办法与经验,指导新的变化后的管理实践,从而使安全管理水平不断上升到新的高度。

图 6-10　安全管理的六项原则

1）管生产的同时管安全

安全寓于生产之中,并对生产发挥促进与保证作用。因此,安全与生产虽有时会出现矛盾,但从安全和生产管理的目标来看,二者表现出高度的一致。安全管理是生产管理的重要组成部分,安全与生产在实施过程中存在着密切的联系,存在着进行共同管理的基础。

2）坚持安全管理的目的性

安全管理的内容是对生产中的人、物、环境因素状态的管理,有效地控制人的不安全行为和物的不安全状态,消除或避免事故。没有明确目的的安全管理是一种盲目行为,充其量只能算作花架子,劳民伤财,危险因素依然存在。在一定意义上,盲目的安全管理,只能纵容威胁人的安全与健康状态,使之向更为严重的方向发展或转化。

3）贯彻预防为主的方针

贯彻预防为主的方针，首先要端正对生产中不安全因素的认识，端正消除不安全因素的态度，选准消除不安全因素的时机。在安排与布置生产内容的时候，针对施工生产中可能出现的危险因素，采取措施予以消除是最佳选择。在生产活动过程中，经常检查、及时发现不安全因素，采取措施，明确责任，尽快、坚决予以消除，是安全管理应有的鲜明态度。

4）坚持"四全"动态管理

安全管理不是少数人和安全机构的事，而是一切与生产有关的人共同的事。缺乏全员的参与，安全管理不会有生气、不会出现好的管理效果。因此，生产活动中必须坚持全员、全过程、全方位、全天候的动态安全管理。

5）安全管理重在控制

进行安全管理的目的是预防、消灭事故，防止或消除事故伤害，保护劳动者的安全与健康。安全管理的四项主要内容虽然都是为了达到安全管理的目的，但是对生产因素状态的控制与安全管理目的之间的关系更直接，显得更为突出。因此，对生产中人的不安全行为和物的不安全状态的控制，必须将其看作动态的安全管理的重点。

6）在管理中发展、提高

既然安全管理是在变化着的生产活动中的管理，这就意味着安全管理必须不断发展完善，以适应变化的生产活动，消除新的危险因素。企业需要不间断地摸索新的规律，总结管理、控制的办法与经验，指导新的变化后的管理实践，从而使安全管理水平不断上升到新的高度。

19.2　物流企业安全生产培训

物流企业安全生产培训主要包括四部分内容，分别是安全法律法规培训、安全管理知识培训、安全生产技术培训以及安全文化教育培训，如图 6-11 所示。

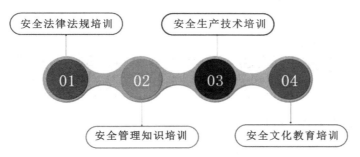

图 6-11　物流企业安全生产培训的内容

1. 安全法律法规培训

安全法律法规培训主要涉及国家关于安全生产的法律法规，特别是与重大危险源相关的法律法规。这部分的培训可以让员工更好地了解国家关于安全生产的法律规定，减少生产工作中的错误，更加安全地进行生产。

（1）法律：由全国人大及其常委会制定。法律是安全生产法律体系中的上位法，居于整个体系的最高层级，其法律地位和效力高于行政法规、地方性法规、部门规章、地方政府规章等下位法。国家现行的有关安全生产的专门法律有《中华人民共和国安全生产法》《中华人民共和国消防法》《中华人民共和国道路交通安全法》等。

（2）法规：由国务院发布，以及由省、自治区、直辖市人民代表大会及其常务委员会和省级地方政府在不同宪法、法律、行政法规相抵触的前提下制定。如《煤矿安全监察条例》《危险化学品安全管理条例》等。

（3）规章：由国务院各部委和具有行政管理职能的直属机构，省、自治区、直辖市和较大的市的人民政府制定。如《劳动防护用品监督管理规定》《安全生产违法行为行政处罚办法》等。

（4）国家标准：由原国家质量监督检疫总局发布。如《重大危险源辨识》《危险货物品名表》等。

2. 安全管理知识培训

安全管理知识培训可以让员工更加清楚地掌握安全生产管理的相关知识以及企业关于安全生产的相应规定，从而有效防范安全事故。

3. 安全生产技术培训

安全生产技术培训主要涉及安全生产的流程和技术，可以让员工更好地掌握安全的生产操作流程，避免一些错误的生产操作引发安全事故。

4. 安全文化教育培训

安全生产文化的教育和培训，能够帮助员工增强安全生产意识，让员工更加重视生产安全，为自己的生命财产安全和企业的生产安全负责。

19.3 物流企业常见安全问题及预防、处理措施

1. 物流企业常见安全问题

对物流企业而言，企业的安全运营十分重要。只有这样，才能有效地降低物流运输的风险，保障企业的经济效益，避免企业受到巨大损失。因此，需要对物流企业常见的安全问题予以足够的关注和重视，如图 6-12 所示。

项目六 物流企业质量管理与安全管理

图 6-12 物流企业常见安全问题

1）企业安全管理责任落实不到位

目前，在我国部分物流企业中，安全管理责任落实不到位，企业安全生产规章制度形同虚设，致使企业在生产中存在较多问题或隐患。企业生产部门和安全管理部门没有很好的协同合作，一些被常提起的安全问题被企业忙碌的生产所掩盖。

2）企业忽视风险评价

在过去一段时间内，很多企业在没有进行合理的安全认证和安全评估的情况下，就擅自开展生产。部分企业安全生产项目审批滞后，忽略了对员工安全健康和设备安全的关注，对危险因素的认识深度不够，并且对运用于自动化生产的设备的安全运行缺少足够的关注。而恰恰是这些被忽视的问题，可能会给企业的生产和经济效益带来巨大的损失。

3）企业员工素质不高

部分企业有时会雇用大量的农民工、施工项目改造相关人员或派遣工。由于他们在企业工作的时间很短，部分企业为节约成本，在开始作业前没有对他们进行安全教育和培训，而且他们自身也缺乏必要的安全意识和自我保护意识。

4）企业员工安全生产管理意识不强

在生产过程中，企业员工安全意识薄弱，思想认识不到位，这也是安全事故频发的主要原因之一。主要体现在：一方面，工人在生产过程中自我保护意识差，或者是经常违章操作、违章指挥，单纯凭借工作经验，总是存在侥幸心理；另一方面，工人对安全生产规章制度熟视无睹，制度意识淡薄，被动应付安全生产工作，甚至可能在开展安全会议时，没有针对性，只是简单地照本宣科，有些安全规章制度只停留在口头上，没有落到实处。

5）企业安全文化管理滞后

部分企业只关注生产过程中的利益，既没有定期开展安全知识培训，也没有建立合理的安全规范制度。企业安全文化管理十分滞后，没有形成良好的安全文化氛围，因此工人很难养成自我保护意识，很难在生产过程中严格实施安全生产规章制度和操作规程。

2. 物流企业安全风险预防处理措施

为了及时排查企业安全隐患，降低安全风险，物流企业需要采取相关预防处理措施，具体如图 6-13 所示。

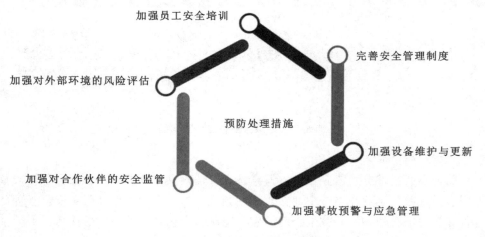

图 6-13　物流企业安全风险预防处理措施

1）加强员工安全培训

作为物流行业的从业人员，员工牢固树立安全意识是预防事故的首要条件。因此，物流企业应加强员工安全培训，增强他们的安全意识，明确安全行为规范。培训内容可包括货物装卸操作的安全技术、应急逃生知识、防火防爆常识等。通过定期组织员工安全培训，可以提高员工的安全素质，减少操作不当引发的事故。

2）完善安全管理制度

物流企业应建立健全安全管理制度，明确各岗位职责和操作规程。制度内容应包括货物装卸、交通运输、仓储管理等方面的安全要求。同时，要加强制度的执行力度，确保员工按照制度要求进行操作，做到不放过任何一个安全隐患。

3）加强设备维护与更新

物流行业的安全生产离不开设备的协助。物流企业应加强对设备的日常维护和定期检查，确保设备的性能正常。对于老化或存在安全隐患的设备，应及时修理或更换，以降低事故发生的风险。

4）加强事故预警与应急管理

事故预警是防范事故的重要手段。物流企业应建立健全事故预警机制，引入先进的监测设备和技术手段，及时掌握危险因素的变化，并采取相应的措施进行预警。同时，要建立健全事故应急管理体系，明确各级责任人和应急处置方案，提高事故应急处置能力。

5）加强对合作伙伴的安全监管

物流行业是一个复杂的生态系统，依赖于各个环节的合作伙伴协同运作。因此，物流企业需要加强对合作伙伴的安全监管，要求合作伙伴具备相应的安全生产资质，并建立起相互沟通、协作和监督的机制，确保整个物流链的安全运行。

6）加强对外部环境的风险评估

物流行业存在许多与外部环境相关的风险，如恶劣天气、交通堵塞等。物流企业应加强对外部环境的风险评估，制定相应的预案，以应对突发事件对生产安全带来的威胁。

知识拓展

邮政系统安全生产的中国行动

2024年年初，国家邮政局印发《邮政系统安全生产治本攻坚三年行动方案（2024—2026年）》，进一步夯实邮政快递业安全生产工作基础，要求继续保持较大以上生产安全生产亡人事故"零发生"，2025年年底前有效遏制重大事故隐患增量风险，2026年年底前形成重大事故隐患动态清零的常态化机制。

行动方案部署了邮政领域安全生产治本攻坚6项重点任务。一是提升重大事故隐患判定标准；二是开展重大事故隐患动态清零；三是开展寄递安全整治；四是强化安全科技支撑；五是提升从业人员安全素质能力；六是开展安全生产精准执法和帮扶。

直通职场

表6-3展示了安全员的岗位职责及其要求。

表6-3　安全员的岗位职责及其要求

岗位名称	安全员
岗位职责	1. 持证上岗，主动组织排查各类相关安全隐患，并制定合理方案或填写排查记录 2. 定期开展日常安全管理培训，参与事故应急救援和演练工作 3. 排查环境设备，消除重大安全隐患 4. 制定对生产部门人员有关安全作业教育的文件，督促其全面履行安全职责 5. 负责跟班中的安全生产隐患的排查治理，排查现场管理中存在的各项不安全因素，参与及时整改和查验 6. 带动全员参与安全工作，积极开展群安员活动

续表

岗位名称	安全员
岗位要求	1. 具备一定的政治理论水平和安全工作管理经验，了解国家法律法规和相关政策 2. 取得安全员资格证或安全工程师资格证 3. 在实施安全管理措施时，要紧密结合生产实际，科学合理地确定各项安全技术措施和防范措施 4. 具有较强的组织能力、分析能力和综合协调能力 5. 能够深入施工作业现场进行调查研究，监督安全技术措施和制度的执行情况 6. 要注重与员工的沟通和交流，及时解决员工操作的安全隐患问题，增强员工的安全意识和责任感

素养课堂

快递与国家安全

一件件快递包裹的流动，承载着人民群众对美好生活的向往，释放出强劲的发展动能。与此同时，快递与个人安全、公共安全、国家安全息息相关。从国家安全角度看，必须严防一些不法分子利用快递运输枪爆物品、毒品等，实施危害国家安全和人民生命财产安全的行为；必须严防一些境外反华敌对势力通过寄递渠道传输各类非法书刊、传单、音像制品等，向境内开展渗透；必须严防一些国家通过寄递渠道对我国开展情报窃密等活动；必须严防我国一些独有动植物样本、稀缺金属资源等通过寄递渠道流向境外，对我非传统安全构成现实威胁。邮政快递企业应当切实落实寄递安全主体责任，全面落实实名收寄、收寄验视和过机安检"三项制度"。广大人民群众要增强国家安全意识，严格遵守法律法规，不购买、寄递违禁物品。

赛场竞技

智慧物流系统方案实施

2023年公布的全国职业院校技能大赛赛项——"智慧物流"，包括1＋X物流职业素养测试、智慧物流系统规划仿真与方案设计、智慧物流系统方案实施与方案汇报答辩三个模块。该赛项主要展示参赛选手在组织管理、专业团队协作、现场问题的分析与处理、工作效率、质量与成本控制、安全及文明生产等方面的职业素养。其中，智慧物流系统方案实施项目对竞赛过程中的质量控制、安全作业等制定了详细的评分细则，如表6-4所示。

表6-4 智慧物流系统方案实施项目评分细则

序号	评价指标	评分细则	评分分值	小计
1	作业策略配置	存储设置	6	18
		补货设置	12	
2	原材料入库	原材料入库作业	13	20
		入库操作规范	7	
3	生产补料	初始补料作业	8	36
		生产物流组织管理	4	
		JIT生产补料作业	18	
		生产及补料操作规范	6	
4	成品存储	成品存储作业	10	15
		成品存储操作规范	5	
5	整体任务完成情况	生产效率	6	11
		"5S"管理	5	
合计			100	

实战8 为京东物流制定服务质量评价体系

◆ 项目任务

以小组为单位分析京东物流的服务质量现状，为其制定服务质量评价体系，并提出改进建议。

◆ 项目要求

1. 了解京东物流的服务内容：包括企业服务范围、服务对象、服务类别等。

2. 分析企业服务的优势和劣势：包括企业的核心技术、运营架构、运营模式、存在的不足和短板等。

3. 选择评价指标：主要从企业服务内容、时效、质量、成本、技术、人员素质等方面进行选择。

4. 确定评价指标权重：对确定的评价指标按照重要程度进行权重赋值。

5. 构建评价体系：根据评价指标和权重构建企业服务质量评价体系。

6. 提出改进建议：根据评价要求对企业目前存在不足的地方提出改进的建议。

◆ 训练步骤

步骤一：划分小组。全班进行分析，5～6人为一组，组内确定小组组长。

步骤二：组内分工。小组成员进行组内分工，包括资料查询、确定指标、制作课件、答辩汇报等。

步骤三：项目实施。小组按照项目分工，列举京东物流的服务内容，对其服务质量分点梳理评价指标，构建评价体系。

步骤四：项目汇报。小组派代表对任务完成情况、小组成果进行分享汇报，并提出小组意见。

◆ 训练评价

训练评价表如表6-5所示。

表6-5 训练评价表

层级	评价内容	满分	自我评分	小组评分	教师评分
1	在规定时间内完成任务	10			
2	合理制定评价指标	30			
3	合理确定评价指标权重	20			
4	分析不足的地方并提出改进建议	20			
5	课件制作质量	10			
6	小组成员合作	20			
总分					

注：评价总分＝自我评分×30％＋小组评分×30％＋教师评分×40％。

本章小结

通过本章学习，学生可以了解物流质量的概念、物流标准化的内容和低碳物流的实施途径，掌握在全面质量管理理论指导下物流企业质量改进的途径和方法，熟悉关于物流企业安全管理、安全培训的基本内容，了解物流企业常见安全问题及预防处理措施等。

同步测试

一、判断题

1. 企业在生产活动中必须坚持全员、全过程、全方位、全天候的动态安全管理。（ ）

2. 安全管理是对生产活动中人员的状态管理与控制。　　　　　　　　（　）

3. 针对施工生产中可能出现的危险因素，采取措施予以消除是最佳选择，这是贯彻预防为主的方针的体现。　　　　　　　　　　　　　　　　　（　）

4. 安全文化教育培训能够帮助员工增强安全生产意识，让员工更加重视生产安全，为自己的生命财产安全和企业的生产安全负责。　　　　　　　　（　）

5. 物流质量管理体现了一种全面的质量观。　　　　　　　　　　　（　）

6. 全面质量管理是以工程质量为核心，建立起一套科学、严密、高效的质量体系，以提供满足用户需要的产品或服务的全部活动。　　　　　　　　（　）

7. "PDCA 循环法"中的 P 是指计划。　　　　　　　　　　　　　（　）

8. 我国托盘的标准尺寸是 1 200mm×1 000mm。　　　　　　　　　（　）

二、单项选择题

1. "PDCA 循环法"中的 C 是指（　　）。
   A. 执行　　　　　　　　　　　　B. 计划
   C. 行动　　　　　　　　　　　　D. 检查

2. 价廉物美实际上反映了人们的价值取向。物有所值，就是质量具有（　　）的表征。
   A. 经济性　　　　　　　　　　　B. 广义性
   C. 时效性　　　　　　　　　　　D. 相对性

3. （　　）可以让员工更加清楚地掌握安全生产管理的相关知识以及企业关于安全生产的相应规定，从而有效防范安全事故。
   A. 安全法律法规培训　　　　　　B. 安全管理知识培训
   C. 安全生产技术培训　　　　　　D. 安全文化教育培训

4. 由国务院各部委和具有行政管理职能的直属机构，省、自治区、直辖市和较大的市的人民政府制定的规范性文件属于（　　）。
   A. 法律　　　　　　　　　　　　B. 法规
   C. 规章　　　　　　　　　　　　D. 国家标准

三、多项选择题

1. 物流质量包括（　　）。
   A. 商品质量　　　　　　　　　　B. 服务质量
   C. 工作质量　　　　　　　　　　D. 工程质量

2. 物流标准化体现"三性"，即（　　）。
   A. 科学性　　　　　　　　　　　B. 民主性
   C. 经济性　　　　　　　　　　　D. 规范性

3. 物流企业安全培训主要包括（　　）。
   A. 安全法律法规培训　　　　　　B. 安全管理知识培训
   C. 安全生产技术培训　　　　　　D. 安全文化教育培训

4. 安全法律法规培训的内容主要涉及（　　）。
A. 法律　　　　　　　　　　　　B. 法规
C. 规章　　　　　　　　　　　　D. 国家标准

四、实务操作题

1. Y 市邮政管理局执法人员在检查 A 物流服务有限公司位于 Y 市的分拣场所时发现，该公司传送带滚轴裸露未包裹，无隔离防护措施，员工有卷入的危险，A 物流服务有限公司未采取措施消除事故隐患，其行为违反《中华人民共和国安全生产法》相关规定。Y 市邮政管理局执法人员责令该公司采取措施消除分拣场所传送带滚轴裸露的事故隐患，并对该公司进行了相应的行政处罚。

请分析：为预防安全事故，该公司应该采取哪些措施，并说明原因。

2. 众所周知，快递服务业是一个人员密集型产业，需要大量的劳动力将快递送到千家万户。以某快递公司为例，其快递服务人员平均年龄在 26 岁左右，年龄不大，工作经历不长，从业人员流动性较大，公司几乎每天都有人员离职，包括普通员工和中层干部。并且该公司招收的员工学历低，专业素质低，公司缺乏针对新员工的物流专业知识培训，培养出来的人才难以适应物流行业发展的需求。风险评估方面，该公司认为损失金额大的事件就是高风险事件，损失金额小的事件就是低风险事件。信息沟通方面，主要分为内部沟通和外部沟通。内部沟通主要通过早会传达制度、管理层沟通交流会和公司内网平台和刊物实现，以自上而下的方式为主。外部沟通主要通过年度管理层声明书实现，该声明书是明确管理层责任的重要方式，也是对公司内部控制执行情况的一种说明，还是确保公司信息真实性的一种保证。

请分析该公司在管理中出现的问题，并提出解决的方法。

参考文献

[1] 鲍琳, 张贵炜. 基于扎根理论的智慧物流体系构建 [J]. 企业经济, 2018 (04): 140-144.

[2] 北京中物联物流采购培训中心. 物流与供应链职业基础 [M]. 南京: 江苏凤凰教育出版社, 2021.

[3] 胡建波. 供应链管理实务 [M]. 成都: 西南财经大学出版社, 2021.

[4] 花永剑, 王娜. 快递公司物流运营实务 [M]. 北京: 清华大学出版社, 2023.

[5] 黄静, 侯心媛. 物流企业管理 [M]. 北京: 中国财富出版社, 2020.

[6] 蓝仁昌. 物流信息技术应用 [M]. 北京: 高等教育出版社, 2012.

[7] 李明玉, 赵阳. 物流法律法规 [M]. 北京: 机械工业出版社, 2024.

[8] 李瑞瑞. 基于目标成本管理的物流企业绩效评价方法研究 [J]. 中国储运, 2024 (04): 152-153.

[9] 李祖滨, 汤鹏. 聚焦于人: 人力资源领先战略 [M]. 北京: 电子工业出版社, 2020.

[10] 刘华, 王月. 现代物流管理与实务 [M]. 北京: 清华大学出版社, 2022.

[11] 陆名录. 信息时代下企业物流成本管理策略研究 [J]. 大陆桥视野, 2023 (11): 101-103.

[12] 骆温平. 物流与供应链管理 [M]. 北京: 电子工业出版社, 2022.

[13] 钱廷仙. 现代物流管理 [M]. 北京: 高等教育出版社, 2023.

[14] 单凤儒. 企业管理——基于"互联网＋"的创新与实践 [M]. 北京: 高等教育出版社, 2020.

[15] 孙浩静, 扬莉. 物流企业运营管理实务 [M]. 北京: 人民交通出版社, 2015.

[16] 孙明贺. 国际货代实务 [M]. 北京: 机械工业出版社, 2023.

[17] 王兰敬. 基于物联网的我国区域智慧物流配送能力评价 [J]. 商业经济研究, 2020 (16): 122-124.

[18] 王晓艳，刘冰冰，郑园园．企业人力资源管理理论与实践［M］．长春：吉林人民出版社，2019．

[19] 杨舒涵．大数据时代物流企业人力资源培训与开发策略［J］．中国物流与采购，2024（03）：67-68．

[20] 杨新凤．物流工程项目管理［M］．北京：机械工业出版社，2022．

[21] 张池．物流企业人力资源效率评价研究［J］．物流科技，2023，46（18）：84-88．

[22] 张广敬，顾晶晶．物流营销与客户关系［M］．北京：机械工业出版社，2023．